DUMONT

CHRISTOPH WÖHRLE

FUSSBALL, SAMBA, TROPENFIEBER

VOM ZUCKERHUT IN DEN BRASILIANISCHEN DSCHUNGEL

DUMONT

1. Auflage 2016
© 2016 DuMont Reiseverlag, Ostfildern
Alle Rechte vorbehalten
Gestaltung: Herburg Weiland, München
Umschlagfoto: David Alan Harvey / Magnum Photos / Agentur Focus
Fotos Innenteil: Peter Wöhrle
Umschlagkarte: Gerald Konopik, DuMont Reisekartografie
Printed in Spain
ISBN 978-3-7701-8278-7

www.dumontreise.de

INHALT

Prolog
Ein Land und ich

*In Brasilien beschwere ich mich oft darüber, dass die Menschen
zu laut reden, sich zu viel anschauen, anfassen, einander streifen,
sich umarmen und küssen. Aber hier empfinde ich diesen Mangel
als einen Entzug von Sinnlichkeit. Ich denke an Montaigne, der,
wenn ich mich nicht irre, schrieb, die Ehe sei wie ein Käfig:
Der Vogel, der drin ist, möchte heraus, der draußen ist, möchte
hinein. Ich glaube, das kann man auf alles im Leben beziehen,
denn gerade heute wäre ich gern nach Hause gekommen mit
dem Gefühl, dass mich auf der Straße jemand gesehen hat.
Und ich hatte Sehnsucht nach Brasilien.*

JOÃO UBALDO RIBEIRO

Ich war noch ein kleiner Junge, vielleicht sieben
oder acht Jahre alt, da erzählte mir mein Vater von einem Land,
in dem immer die Sonne scheint: Brasilien. Bevor er eine Familie gründete, war er viel auf Reisen in Frankreich, Spanien, Marokko. Er war so etwas wie ein Rucksacktourist, lange bevor es
diese Art des Reisens gab. Bis Brasilien hat es mein Vater erst
geschafft, als er mich viel später dort zusammen mit meiner Mutter und meinem Bruder besuchte. 2005 machte ich ein Auslandssemester in Salvador da Bahia und studierte in der drittgrößten
Stadt Brasiliens Soziologie und Politik. Aber es war mein Vater,
der als Erster die Sehnsucht nach Brasilien in mir geweckt hat,
noch bevor ich mir überhaupt richtig vorstellen konnte, wie es
dort aussehen mochte. Ein Land mit 8000 Kilometern Küste, in
dem Sommer ist, wenn es bei uns schneit, wo tropische Früchte

von den Bäumen fallen und man von morgens bis abends Fußball
am Strand spielt – welchen besseren Ort konnte es eigentlich geben?

In unserer Familie wurde schon immer viel vorgelesen. Wahlweise mein Vater oder meine ältere Schwester lasen den anderen
von der Kurzgeschichte über Märchen bis hin zu dicken Wälzern
alles vor. Ich würde behaupten: Mich faszinieren Geschichten
schon, seit ich hören kann. Deshalb habe ich das Geschichtenerzählen später zu meinem Beruf gemacht.

Ganz besonders aufmerksam lauschte ich dem jeweiligen Vor-
leser, wenn es sich um eine Geschichte aus oder über Brasilien
handelte. Viele Jahre, bevor ich es selbst bereisen sollte, war das
fünftgrößte Land der Erde mit seinen über 200 Millionen Einwohnern zu meinem Lieblings- und Traumland geworden. Besonders haben mich die Romane von Jorge Amados »Gabriela wie
Zimt und Nelken« oder João Ubaldo Ribeiros »Ein Brasilianer in
Berlin« oder Klassiker wie Alfred Döblins Roman-Trilogie »Amazonas« begeistert.

Mit meiner Affinität zu Brasilien habe ich später einmal meinen Deutschlehrer verärgert. Er sagte zu mir, immer betonend,
dass er selbst als Lehrer in Lateinamerika tätig gewesen sei, dass
Brasilien ein schmutziges, rückständiges und gefährliches Land
sei. Ich habe ihm nicht geglaubt. Mein Brasilien war anders.

Natürlich hatte ich davon gehört, dass das Land chaotisch und
problembeladen ist, dass die Begriffe Ordnung und Fortschritt,
verewigt auf der Nationalflagge, eher wenig mit der Realität des
Alltags zu tun haben. Aber Chaos und Desorganisation können
ein Land auch liebenswert machen. Bei Brasilianern gibt es immer
den sogenannten *jeito* oder auch *jeitinho brasileiro*: den Weg, ein
Problem durch eine informelle Schlawinerei zu lösen, das Um-
schiffen klarer Regeln und Verbote oder einfach den unkonventio-
nellen Umgang mit etwas Störendem, das man irgendwie aus der
Welt schaffen will.

Danach heißt es: einmal den Daumen hochrecken, die ty-
pischste aller brasilianischen Gesten, und weitermachen. Manch
einer schätzt die Coolness, die andere als Laxheit empfinden, die
aber hilft, so manches Problem informell zu lösen. Die viel ge-
rühmte deutsche Korrektheit ist auch für uns nicht immer ein Segen, da war ich mir damals schon sehr sicher.

Nach dem Abitur machte ich ein Praktikum bei einem Stra-
ßenkinderprojekt in La Paz, Bolivien. Ein Bekannter von mir
kümmerte sich dort um die obdachlosen Jugendlichen im Getto
El Alto. Im Anschluss daran unternahm ich mit meinen beiden
besten Freunden Stefan und Michael meine erste Reise nach Brasilien. Wir »stiegen« mit Bus und Zug durch den bolivianischen
Dschungel von den Bergen herab und erreichten die Grenze. Von
der Grenzstadt Corumbá brachen wir mit einem Führer für zwei
Tage ins Sumpfgebiet des Pantanal auf, in das größte regelmäßig
überflutete Gebiet der Erde. Mit diesem Land ging es mir von Anfang an ein bisschen wie Stefan Zweig, der in seinem Buch »Brasilien – Ein Land der Zukunft« über seine ersten Eindrücke von Rio
de Janeiro schrieb: »Ein Rausch von Schönheit und Glück über-
kam mich, der die Sinne erregte, die Nerven spannte, das Herz er-
weiterte, den Geist beschäftigte, und soviel ich sah, es war nie genug.« Auf diesem Trip beobachteten wir die faszinierende
Tierwelt: Papageien, Krokodile, Wasserschweine. Wir ritten mit
Mulis durchs Pantanal und fühlten uns wie Cowboys dabei. Und
ich hörte zum ersten Mal den Klang dieser wunderbar sonderba-
ren Sprache, Portugiesisch, mit der ich wohl bis zu meinem Le-
bensende werde kämpfen müssen, immer wieder scheiternd, weil
es mir unmöglich ist, sie vollkommen zu beherrschen. Nach dem
Kurztrip war mir klar: Ich hatte nicht zu Unrecht für dieses Land
geschwärmt. Ich wusste: Ich würde wiederkommen.

Es war dann, zurück in Deutschland, abermals mein Vater, der
mir den entscheidenden Anstoß gab. Der Sohn eines seiner Arbeitskollegen lebe schon seit Jahren in São Paulo, erzählte er mir.

Helmut sei dort Unternehmer, habe eine eigene Uhrenfabrik. »Schreib ihm doch mal. Vielleicht kannst du ihn besuchen.« Tatsächlich besuchte ich Helmut ein paar Monate später, als ich, mit dem Rucksack bewaffnet, aufbrach, um mein Traumland endlich richtig kennenzulernen.

Ich habe bis heute über 20 Reisen nach Brasilien unternommen. Die längsten darunter waren eine sechsmonatige Rucksacktour durch das ganze Land 2003 und mein Auslandssemester in Salvador 2005/2006. Später folgten zahlreiche Rechercherreisen, und sogar meine Hochzeitsreise habe ich vor vier Jahren dorthin gemacht. Die in diesem Buch beschriebenen Begegnungen und Geschehnisse habe ich allesamt auf diesen Reisen erlebt und zu einer Rundreise zusammengefügt. Sämtliche Fakten wurden ergänzt und aktualisiert.

Das Land kommt mir so vertraut vor, ich fühle mich in Brasilien ein Stück weit zu Hause. Trotzdem frage ich mich immer wieder, ob ich es verstehe. Es hat so viele Widersprüche und lässt mich immer wieder verstört und ungläubig zurück. Aber es wird immer mein Lieblingsland sein, mit dem ich mich auf Gedeih und Verderb verbunden fühle.

Wenn ich eine Zeit nicht dort war, befällt mich ein Gefühl, das auf Portugiesisch mit dem wunderbaren Wort *saudade* beschrieben wird, was ungefähr zu übersetzen wäre mit dem Ausdruck »weltschmerzliche Sehnsucht«. Ich möchte in diesem Buch Brasilien nicht verklären oder romantisieren. Ich will mich nicht mit Klischees begnügen, möchte versuchen, hinter sie zu schauen.

Deshalb werden in den folgenden Kapiteln Armut, Gewalt, Dreck und Raubbau ebenso beschrieben wie Anmut, Liebenswürdigkeit, Naturschönheit und kulturelle Vielfalt. Am Ende mag der Leser entscheiden, was für ihn bei seiner Bewertung schwerer wiegt. Ich für mich kann nur sagen: Mein Leben wäre ohne die Begegnung mit Brasilien nicht das, was es heute für mich ist.

Teil 1

IN UND UM SÃO PAULO

Kapitel

1

*Willkommen in
der Betonhölle*

Als der Flieger allmählich an Höhe verliert und in großen Schleifen über das Plateau gleitet, auf dem auch die brasilianische Metropole São Paulo liegt, bin ich plötzlich hellwach. Zwölf Stunden Direktflug von Frankfurt am Main, einmal quer über den Atlantik, liegen hinter mir. Ich sollte jetzt eigentlich völlig fertig sein, neben mir hatte ein stundenlang schnarchender Amerikaner gesessen. Bevor er jedoch in Tiefschlaf fiel, erzählte er mir, dass er für einen großen Getränkehersteller arbeite und dienstlich nach Brasilien reise. Als wir landen, weiß ich alles über seine Familienverhältnisse, das Geheimnis von koffeinhaltiger Limonade und warum die USA manchmal ein so verrücktes Land sind, auch und gerade politisch. Selbst kam ich kaum zu Wort, aber das störte mich nicht. Wenn Leute etwas zu berichten haben, höre ich gerne zu. Ich selbst muss nicht völlig fremden Menschen alles über mich erzählen.

Jedenfalls freue ich mich jetzt auf São Paulo. Keine Spur von Müdigkeit. Da unten warten bestimmt wieder einige interessante Begegnungen auf mich, genauer gesagt zwölf Millionen Menschen, zusammen mit der Peripherie hat diese Metropole sogar weit über 20 Millionen Einwohner. Und es werden ständig mehr. Viele davon kommen aus den ärmeren Regionen dieses Riesenlandes, vor allem aus dem Nordosten Brasiliens, um in São Paulo ein besseres Leben zu finden. Manchen gelingt das gut, für viele bleibt dieser Wunsch ein immerwährender Traum.

Helmut holt mich vom Flughafen ab, wie jedes Mal, wenn ich in São Paulo lande. Als ich das erste Mal hierherkam, empfand ich das geschäftige Treiben und die vielen Leute am Flughafen Guarulhos noch als Reizüberflutung. Heute lässt dieser bunte Anblick in mir bloß das Reisefieber steigen. Man muss nur auf die vielen Taschendiebe aufpassen.

Helmut und ich also. Unsere Väter waren Arbeitskollegen bei der Deutschen Bahn, damals hieß sie noch Deutsche Bundesbahn, in unserer Heimatstadt St. Georgen im Schwarzwald. Helmut ist schon über 50, aber trotz des Altersunterschieds sind wir gute Freunde geworden. Er hat mir bei meinem ersten längeren Brasilienaufenthalt 2003 vieles gezeigt, mich mit Tipps versorgt, mir das Land erklärt – das verbindet uns bis heute.

Helmut ist ein erfolgreicher Unternehmer, dem eine Uhrenfabrik im Osten von São Paulo gehört, aber darüber spricht er kaum, macht eher auf Understatement. Er fährt ein vergleichsweise unauffälliges Auto, denn ein Luxusschlitten würde nur Kriminelle anlocken. Wir fahren über die verstopften Schnellstraßen der Stadt – Staus sind hier, ähnlich wie in Los Angeles, tägliche Begleiter –, sehen Nobelviertel und Favelas. São Paulos ungleiche Nachbarbezirke sind über die ganze Stadt verteilt; es gibt kein richtiges Zentrum in der Megastadt.

»Hier geht's ab zurzeit!«, sagt Helmut und grinst dabei. Massenproteste, Korruptionsvorwürfe an Teile der Regierung, die Absetzung der Präsidentin. Dazu Demonstrationen gegen die Olympischen Spiele in Rio. Im Land brodelt es.

Helmut wohnt am nördlichen Stadtrand von São Paulo. Schön, aber, ähnlich wie das Auto, nichts Protziges: Das Haus hat drei Stockwerke und eine herrliche Sonnenterrasse. Dort ist es ruhig. Ich heule fast vor Freude, als ich Helmuts brasilianische Frau Fatima und seine Tochter Carol wiedersehe. Wir haben uns zwei Jahre nicht mehr gesehen. Wir plauschen, tauschen den neuesten Tratsch aus, dann machen wir uns fertig, um auszugehen. An meinem ersten Abend gehen wir in eine *Churrascaria* um die Ecke, ein typisch brasilianisches Fleischrestaurant, in dem die Kellner dem Gast vor allem Rindfleisch von Spießen direkt auf den Teller servieren. *Rodizio de carne* nennt man diesen Service. Die brasilianische Version von *all you can eat,* sehr schmackhaft. Für ihre exzellente Fleischzubereitung ist die brasilianische Küche bekannt. Hat man sie einmal gekostet, möchte man bei deutschen Rindfleischgerichten zum Vegetarier werden, so groß sind die Unterschiede in Qualität und Geschmack.

Auf dem Heimweg fährt Helmut langsam an eine rote Ampel heran. Vier Jugendliche mit Kapuzenpullis stehen da und mustern unseren Wagen genau. »Die wollen uns überfallen«, sage ich aufgeschreckt. »Iwo, sind doch nur Kids«, murmelt Helmut. Obwohl ich in Brasilien noch nie Erfahrungen mit krimineller Gewalt gemacht habe, fürchte ich mich immer davor, vor allem, wenn ich gerade erst wieder gelandet bin. Am Abend schlafe ich mit dem Gefühl ein, dass ich noch nicht recht angekommen bin.

Kapitel

2

Dona Ute und
ihre Kinder

Die nächsten zwei Tage brauche ich zur Akklimatisierung. Helmut und ich sitzen viel zusammen, trinken Bier und palavern. Am dritten Tag wache ich auf und habe schlecht geschlafen. Helmut und ich hatten gestern eine längere Diskussion, bei der es etwas ruppig zuging. Wir beide stammen schließlich aus dem Schwarzwald. Dort spricht man die Dinge deutlich aus und verklausuliert nichts. Kurz: die Schönrednerei ist dem Schwarzwälder ein Graus. Deshalb bin ich Helmut gegenüber auch sehr offen und direkt, auch wenn er mehr als 15 Jahre älter ist als ich. Er passt manchmal wie ein großer Bruder auf mich auf, und man kann vortrefflich mit ihm wortfechten. Wir waren noch einmal in einer Churrascaria, einem echten Gourmettempel, in der Nähe eines nahe gelegenen Einkaufszentrums. Draußen parken die Mitarbeiter die Autos für die Kunden. Drinnen schaut man bei

gedämpftem Licht auf ein fulminantes Buffet mit riesigen
Shrimps, grünem Spargel, Palmenherzen und Mozzarellakugeln –
alles Beilagen, die später zum Fleisch gereicht werden. Die Kellner bieten einem die verschiedensten Fleischsorten an, auch hier
gibt es überwiegend Rind. Wir trinken Caipirinha, mit Hochpro-
zentigem vom Feinsten, und brasilianisches Bier. Unser Ge-
sprächsthema: die Gewinner und Verlierer der Weltwirtschaft.
Die oft zitierten Gegensätze zwischen Arm und Reich haben
mich in Brasilien immer schon sowohl betrübt als auch neugierig
gemacht. Bis heute begegnen einem die großen sozialen Unterschiede auf Schritt und Tritt auf der Reise durch das Land. Ich be-
haupte, als Deutscher weiß man nicht, wie arme Menschen wirklich leben müssen. Vielleicht hat man eine entfernte Ahnung
davon, aber wirklich wissen kann man es wohl nur, wenn man eine
Zeit lang den Alltag mit ihnen teilt.

Genau an diesem Punkt begann unser Streit. Helmut sagte, dass die Armen in Deutschland genauso leiden, dass es ihnen nicht wirklich besser ergehe. Und dass »arm hier oder arm
dort immer die gleiche Scheiße ist«. Ich habe ihm vehement wi-
dersprochen. »Helmut, du warst zu lange nicht in Deutschland«,
habe ich geantwortet, als unsere Mägen voll und unsere Kehlen
geölt waren. »Immerhin gibt es bei uns noch eine soziale Absi-
cherung, und auch wenn trotzdem so mancher durch das soziale Netz fällt, sind die Lebensumstände auch in ärmeren Wohn-
gegenden doch nicht mit denen in einer Favela vergleichbar.« Es
ging noch etwas hin und her, aber wir haben das Gespräch lieber
vertagt, sind nach Hause gefahren und haben uns schlafen gelegt, bevor wir uns die Köpfe heiß redeten. Für den nächsten Tag
hatte ich einen Gesprächstermin vereinbart, der mich in eine
der Favelas im Supermoloch São Paulo führen sollte. Diese Armenviertel sind Teil des Stadtbildes und zwängen sich zwischen
die »normalen« Wohnviertel oder liegen ganz weit draußen am
Stadtrand.

So wie die Favela Monte Azul im Süden von São Paulo. Wenn es das Gesicht der Armut wirklich gibt, dann zeigt es hier seine hässliche Fratze, aber es hat sich auch viel getan. Das ist zumindest mein erster Eindruck, als ich das Viertel im März 2016 betrete. Ich war vor sechs Jahren schon einmal hier, da gab es noch einen brackigen Fluss, Unrat und streunende Hunde. Inzwischen ist das Viertel etwas urbanisiert worden: Ein Abwassersystem und viele neue gepflasterte Straßen und Wege sind die positiven Folgen dieser Entwicklung. Monte Azul scheint zu glühen, so heiß ist es hier heute, auch noch am späteren Nachmittag. Der Slum strahlt aus der Ferne betrachtet in einem schmutzigen Orange. Das kommt von den unverputzten Ziegelsteinwänden der bis zu vierstöckigen, aber dennoch sehr kleinen Häuser der Favela, zwischen denen sich Treppenlabyrinthe die Hügel hinaufschlängeln. Sie werfen das Sonnenlicht warm zurück. Auf dem Weg zu meiner Verabredung gehe ich durch die Straßen, Stromleitungen ziehen sich wie Spinnweben von Haus zu Haus. An den Masten hängt jeweils ein Knäuel aus Kabelsalat. Wer ist hier der Elektriker?, frage ich mich, wenngleich ich weiß, dass hier jeder private Haushalt die vorhandenen Stromleitungen anzapft. Die meisten der Bewohner sind arm – um das zu erkennen, braucht es keinen Armutsexperten: Sie werden von den Besserverdienenden *descamisados* genannt, die Hemdlosen. Jede Gesellschaft hat ihre eigene Bezeichnung für die »Have nots«, die Habenichtse in ihrer Mitte. Helmut hatte mir vor längerer Zeit einmal erzählt, dass es hier in Monte Azul eine deutsche Frau gibt, die sich mit den sozialen Gegebenheiten nicht abfinden mochte. Sie kämpft dafür, dass auch in der Favela jeder ein Hemd tragen kann.

»Als ich hier zum ersten Mal herkam, wusste ich, dass ich helfen will«, sagt Ute Craemer, nachdem wir uns die Hand gegeben, uns vorgestellt und mit etwas Smalltalk in ihrem Büro des Projekts angenähert haben. »Helfen wollen« war anfänglich ein zaghafter Wunsch, aus dem inzwischen ein Bollwerk gegen die Ar-

mut geworden ist. 1975 gründete Ute Craemer ihr Hilfsprojekt
»Monte Azul«, das zu einem der erfolgreichsten und bekanntesten
in Brasilien geworden ist.

»Wie haben Sie angefangen?«, frage ich sie.

Frau Craemer nestelt an ihren grauen Haaren, wenn sie von ihrem Leben erzählt. Sie hat schon viele Interviews gegeben und die
Fragen waren oft die gleichen. Sie hätte früh viel Leid gesehen.
Die 78-Jährige wurde in Weimar geboren. Ihr Vater war Wissenschaftler und die Familie zog mit ihm um die halbe Welt: zuerst
nach Graz, dann nach Jugoslawien, Ägypten und schließlich nach
Pakistan. Sie erlebte die Folgen der Teilung von Indien und Pakistan, die Flüchtlingsströme, das Elend der Entwurzelten. 1949 rief
sich Pakistan zur ersten Islamischen Republik der Welt aus. Im
gleichen Jahr zog Ute Craemer zurück nach Deutschland, studierte dort Französisch und Russisch und wurde Dolmetscherin.
Doch diese Tätigkeit war nicht befriedigend für sie.

»Warum nicht?«, will ich wissen.

»Ich wollte etwas für die Völkerverständigung tun. An etwas
Sinnvollem mitwirken.« Deshalb trat sie 1965 in den Deutschen
Entwicklungsdienst ein. Eigentlich wollte sie nach Asien. Aber als
Ute Craemer dann ins südbrasilianische Londrina geschickt wurde, merkte sie schnell, »dass die Menschen hier auf mich gewartet
haben«. Sie arbeitete von Anfang an mit Kindern, was nicht anders wurde, als sie 1971 nach São Paulo kam.

In diesem Ungetüm von Stadt lebt und wirkt sie bis heute.
Ganz zu Anfang bot sie Spielnachmittage für Kinder aus der Favela an, die sie mit ihren Waldorfschülern zusammenbrachte. In
der Zeit arbeitete sie noch Vollzeit als Lehrerin und wollte schich-
tenübergreifend Brücken bauen. Die Kinder aus reichen Famili-
en sollten mit den weniger betuchten Altersgenossen in Kontakt
kommen. Zwar arbeitet sie in jenen frühen Tagen noch allein, fühlt
sich aber nicht allein gelassen, sondern geht in ihrem Engagement
auf. Täglich kommen ganze Karawanen von Kindern zu ihr. Irgend-

Favelas bestehen meist aus kleinen mehrstöckigen Häusern, durch die sich
enge Gässchen schlängeln.

wann wohnen auch einige von ihnen bei ihr zu Hause, vor allem solche, die aus problematischen Familienverhältnissen kommen.

»Es war klar, dass man hier etwas Größeres aufbauen musste«, sagt
Ute Craemer und ihre hellen Augen leuchten wie Funkelsteine
aus dem sonnengebräunten Gesicht. 1975 gründet sie einen Gemeinschafts-Verein. Ein Anwalt aus München hört von ihrer Arbeit und spendet spontan 10 000 D-Mark. Davon ließ Ute Craemer ein Haus in der Favela als Begegnungsstätte für Kinder bauen.
Wie eine Bienenkönigin, die ihren Stock Wabe für Wabe aufbaut,
lässt Ute Craemer auch das Sozialprojekt Stück um Stück wachsen. Mittlerweile gibt es mehrere Standorte in Monte Azul. In
Krabbelgruppen, Kindergärten, Vorschul- und schulbegleitenden
Jugendgruppen sowie in berufsausbildenden Werkstätten werden
weit über tausend Kinder und Jugendliche betreut.

»Worauf liegt Ihr Hauptaugenmerk?«

»Wir versuchen, die schlechten Bildungschancen hier mit unserem Angebot auszugleichen«, sagt sie. Dabei stehen Spielen und
spielerisches Lernen im Vordergrund. Die Kinder malen, basteln,

spielen Fußball oder werden bei ihren Hausaufgaben unterstützt. In einer eigenen Schreinerei, einer Bäckerei, einer Puppenwerkstatt und einer Papier-Recyclingwerkstatt können junge Menschen aus der Favela einen Beruf erlernen und arbeiten. Man füttert die Menschen nicht durch, sondern zeigt ihnen, wie sie ihr Leben selbst anpacken können.

Ich denke an Helmut und an Deutschland. Vielleicht gibt es doch eine Parallele: Wenn du von unten kommst, bleibst du meist unten. Wichtiger als allein soziale Leistungen zu erhalten, wäre auch in Deutschland, dass man Menschen noch öfter die Chance gibt, ihre Fähigkeiten zu erproben und sich weiterzuqualifizieren. Egal, welchen Bildungsstand und welches Alter sie haben. In der Tischlerei von Monte Azul wirken die Menschen bei der Arbeit zufrieden.

»Das hier ist eine große Chance für mich. Ich kann mein Geld hier auf legale Weise verdienen«, sagt der 17-jährige Paulo, dem ich dort begegne. Wer weiß, was aus ihm sonst geworden wäre, hier, wo Drogen und Gewalt unterschwellig immer eine Rolle spielen und das Leben der Einwohner bedrohen können.

»Wir wollen die Menschen dazu bringen, ihr Leben selbst in die Hand zu nehmen. Sie sollen die harte Realität, in der sie leben, selbst verändern lernen«, sagt Ute Craemer. Sie hat das Angebot in den letzten Jahren ausbauen können. Denn neben Spenden aus aller Welt gibt es seit einigen Jahren auch Unterstützung von der Stadt São Paulo.

»Das wäre zu Zeiten der Militärdiktaturen noch unmöglich gewesen«, ergänzt sie. Es waren fünf Vier-Sterne-Generäle, die Brasilien zwischen 1964 und 1985 nacheinander regierten. In diesen Jahren wurden Tausende Menschen verschleppt, gefoltert und ermordet. Das wirtschaftliche Wachstum geriet in Brasilien nach der erfolgreichen Entwicklung in den 1950er-Jahren ins Stocken. Die Inflationsrate lag teilweise bei 100 Prozent. Später, zwischen 1968 und 1973, dagegen war die wirtschaftliche Entwicklung während der Militärdiktatur mit einem Wachstum von etwa zehn Prozent erfolgreich, auch wenn nicht die ganze Bevölkerung davon profitieren konnte – die Generäle arbeiteten in die eigenen Taschen. Bis heute scheint die politische Klasse zu meinen, dass die Staatskasse ein Selbstbedienungsladen für sie sei.

Was die Verlässlichkeit von Politik angeht, gepaart mit der Stabilität der Währung, sind die Zeiten heute allemal besser, obwohl die neuerliche Entwicklung eher einen wirtschaftlichen Abschwung bringt, begleitet von einer politischen Krise und steigender Arbeitslosigkeit. Wenn sich Dinge aber verbessert haben, dann vor allem dank Projekten wie Monte Azul. Heute gehören auch ein Therapiezentrum für Behinderte und drei Krankenstationen dazu, in denen jeden Monat 2500 Menschen kostenlos behandelt werden. Zudem existiert seit Neuestem eine Partnerschaft mit dem brasilianischen Gesundheitsministerium, die Gesundheitsprävention bei der älteren Bevölkerung leisten soll. Themen bei den Infoabenden sind etwa das Zika-Virus oder Diabetes.

Außerdem gibt es in den Favelas, wo Ute Craemer und ihre Mitstreiter wirken, jetzt Bibliotheken und ein Kulturprogramm, das zum Beispiel Theaterkurse, Chor- und Orchesterproben bietet. Oder es werden Kurse in Capoeira angeboten – der eleganten Mischung aus Tanz und Kampfkunst, die aus der afrobrasilianischen Kultur stammt. Ute Craemer tut immer noch eine Menge, muss aber altersbedingt in den letzten Jahren etwas kürzer treten. Aber sie hat fähige Leute, die für sie weiterwirbeln: 250 angestellte Mitarbeiter zählt der Gemeinschafts-Verein Monte Azul inzwischen, dazu kommen unzählige ehrenamtliche Helfer.

»Welche Rolle nehmen Sie dabei heute ein?«

»Wir haben es geschafft, dass das alles heute auch ohne mich funktioniert. Das Projekt muss autark sein.«

Das gelingt vielen Projekten nicht. Die UNICEF hat Monte Azul schon 1995 ausgezeichnet, dazu wurde es 2002 vom brasilianischen Staat als eine der 50 besten und effektivsten Sozialein-

richtungen in Brasilien eingestuft. Und Ute Craemer ist Ehren-
bürgerin von São Paulo geworden.

Die neunjährige Ana Paula sitzt zusammen mit 25 anderen
Kindern in einem der Gemeinschaftsräume des Projekts, in den
mich Frau Craemer führt. Das Areal wirkt wie eine große Schule
mit Dutzenden Räumen und Sportstätten und einem großen
»Pausenhof«. Es ist von einer Mauer umfriedet. In der Hand hält
Ana Paula stolz eine violette Mütze, die sie unter Anleitung selbst
gestrickt hat.

»Ich komme jeden Tag her, weil es hier einfach schön ist«, sagt
sie. Das braunbezopfte Mädchen lässt sich bei den Schularbeiten
helfen und hat damit seine Noten verbessern können.

»Meine Lieblingsfächer sind Mathe und Portugiesisch, da war
ich früher mal schlecht«, erzählt sie und lacht mit Mund- und
Kinngrübchen. Ana Paula freut sich, dass es hier keine Noten
gibt. Manchmal spielt sie Theater, manchmal Volleyball und ent-
flieht damit ein wenig dem Alltag in den Straßen und Häusern der
Favela, wo es oft heißt: leere Blicke über Tellern mit Reis und Bohnen.

Ihr Vater ist Kellner und muss jeden Tag mit dem Bus zwei
Stunden zur Arbeit hin- und zurückfahren. Sie und ihre drei Geschwister sollen es einmal besser haben. Wie bei vielen Kindern
hier stammt Ana Paulas Familie aus dem armen Nordosten Brasiliens. Von dort kamen und kommen immer noch viele Menschen
in die Megastädte São Paulo und Rio, auf der Suche nach Arbeit
und einer gesicherten Existenz. Es ist eine regelrechte Binnen-
Völkerwanderung.

Doch es gibt nicht genug Jobs, auch nicht in den Metropolen,
die derzeitige wirtschaftliche Schwächung macht es nicht besser,
sodass die Favela-Bewohner oft nicht einmal das Nötigste haben,
geschweige denn eine positive Perspektive. Allein in São Paulo
soll es über 1700 Armenviertel geben, die fast die Hälfte der Fläche der Stadt ausmachen. Und sie wachsen beständig.

Der Innenhof im Begegnungszentrum ist voller Farben. Die Kinder durften die Wände bunt anmalen. Man sieht grüne Wiesen, blauen Himmel, Regenbögen, Tiere, das Meer – eine schöne Welt eben. Auf dem Spielplatz gibt es ein Klettergerüst, einen hohlen Baumstamm, grüne Pflanzen und alles ist sauber. Größer könnte der Kontrast nach draußen nicht sein, denke ich mir. Überall spielen Kinder im Hof, ob allein im Sandkasten oder in der Gruppe beim Volleyball.

»Manche Kinder müssen das Spielen hier erst lernen, weil sie das von zu Hause her so gar nicht kennen«, sagt Ute Craemer. Auch sexueller Missbrauch sei in den Familien mitunter ein Problem. »Durch das Internet und das Fernsehen ist die brasilianische Gesellschaft von heute übersexualisiert.« Oft hinken die starken Jungs den modernen Frauen, die plötzlich studieren gehen und etwas aus ihrem Leben machen, noch hinterher.

Wir gehen durchs Viertel, vorbei an den Ziegelstein-Häuschen der Bewohner – Ute Craemer hat jetzt Feierabend. Ihr eigenes Zuhause

Capoeira-Kämpfer in der Altstadt von Salvador.

verrät einiges über sie. Sie wohnt selbst in unmittelbarer Umgebung der Favela, so ist sie näher bei den Menschen, sagt sie. Das Innere des Gebäudes mit der rot getünchten Veranda mutet esoterisch an: Da gibt es bunte Tücher, indische Kunst, Engelsfiguren. Eine Hängematte spannt sich durch den Raum. Der Abwasch ist gemacht, die Teller trocknen noch. Über eine Wendeltreppe gelangt man ins Schlafzimmer. Auffallend im Bad: nur das Nötigste an Pflegeartikeln, dafür aber homöopathische Medikamente.

»Ich brauche keinen Luxus«, sagt Ute Craemer.

In einem zweiten Haus nebenan wohnen die freiwilligen Helfer aus aller Welt. Momentan sind es um die zehn Helfer, meist junge Menschen, die für ein paar Monate oder ein ganzes Jahr die Welt aus einer anderen Perspektive kennenlernen möchten.

»Warum bist du hier?«, frage ich einen jungen Mann.

»Das ist eine Erfahrung fürs Leben«, sagt Stefan, ein 21-jähriger Hamburger. Er bereut nicht, dass er zu Monte Azul gekommen ist. Der Umgang mit den Kindern hier habe ihn nicht nur die fremde Sprache lernen lassen, sondern auch gelehrt, wie wichtig Zuwendung und Solidarität sind. Ute Craemer, sagt er, sei für ihn einfach nur bewundernswert. Viele der ehemaligen Freiwilligen engagieren sich nach ihrer Zeit in Brasilien weiter im deutschen Förderverein des Projekts.

Weil das nicht nur er denkt und Frau Craemer in Brasilien wie in Deutschland einen Namen hat, ging sie auch andere Projekte an: Sie hat in den zurückliegenden Jahren Bücher über ihre Arbeit geschrieben, Märchen aus der Indiokultur gesammelt und herausgegeben und 2001 die brasilianische Sektion von »Alliance for Childhood« mitgegründet, eine Nichtregierungs-Organisation, die Kinderprojekte verbinden und einen Austausch unter ihnen schaffen soll. Wichtig dabei: Es geht nicht nur um arme Kinder, sondern um einen ganzheitlichen, weltweiten Ansatz. Schwerpunkte sind unter anderem auch hier Kinderschutz, das Spielen und die gesunde Ernährung von Kindern.

»Hat es sich für Sie persönlich ausgezahlt?«, frage ich.

Zu großem Reichtum ist Frau Craemer mit ihrer Arbeit nicht gekommen. Ein Leben außerhalb der Favela könnte sie sich gar nicht leisten. Denn sie bekommt vom brasilianischen Staat nur eine bescheidene Rente.

»Geld war mir nie wichtig«, sagt sie.

Dass eine Europäerin nicht wirklich arm sein kann, glaubten kriminelle Favela-Bewohner. Mehrmals wurde bei Ute Craemer bereits eingebrochen. Das Schlimmste waren jedoch die Drohanrufe: Männerstimmen, die ihr befahlen, Geld zu beschaffen, sonst würden sie sie umbringen. Zermürben lassen hat sie sich auch dadurch nicht:

»Natürlich hatte ich Angst vor denen. Aber man darf sich doch nicht wegen solcher Leute verkriechen.« Mehr hat sie dazu nicht zu sagen. Abends liegt Frau Craemer in ihrer Hängematte und entspannt sich. Draußen in der Favela wird es ruhiger, der Tag verhallt in den Gassen, aber man hört immer noch den Verkehr und die Musik, die aus den Häusern dringt. Wie lange sie den Job noch machen möchte?

»Solange ich eben kann.«

Ob sie es bedauert, dass sie allein lebt? Ihre Stimme bekommt eine sanftere Farbe.

»Ich war zwei Mal verlobt, aber es hat eben nicht sollen sein«, sagt sie. »Kinder habe ich ja trotzdem genug.« Sie schmunzelt. Und auch heute haben wieder einige bei ihr das Spielen gelernt.

Kapitel

3

Der Tanz ums goldene Kind

Die Betonhölle nimmt mir die Luft zum Atmen. Ich muss mal raus. Ich brauche Platz. Ich bin jetzt schon zwei Wochen in der Megacity mit ihrem Betonchic und der pluralen Einwanderungsgesellschaft. Ich habe viel Zeit mit Helmut und seiner Familie verbracht, Klamotten gekauft, war in den großen Einkaufszentren der Stadt unterwegs. Bin richtig angekommen. Und ich habe viel über Brasilien gelesen, um mich für neue Geschichten inspirieren zu lassen. Ich brauche diese freien Tage, denn nichts ist schlimmer für einen Geschichtenerzähler als Stress beim Geschichtenerzählen.

Im Hinterland, die Brasilianer nennen es *sertão*, möchte ich etwas zur Ruhe kommen, das nehme ich mir zumindest vor. Ich werde nach Mirasol fahren, rund 450 Kilometer von São Paulo entfernt, und will dort der brasilianischen Volksseele etwas näher kommen. Und wie ginge das besser, als dem Sport nachzuspüren, der das Land mehr begeistert als alles andere: dem Fußball.

Brasilien ohne Fußball ist wie ein Flugzeug ohne Tragflächen. Und irgendwie schafft es das Land immer wieder, neue Supertalente hervorzubringen. Mich interessiert: Wo kommen sie her, die Ronaldinhos und Neymars? Wie werden sie »herangezüchtet«? Mir ist zu Ohren gekommen, dass die Ausbildung junger Talente in Brasilien ein eigener, lukrativer Geschäftszweig ist.

Weit über 5000 brasilianische Kicker verdienen weltweit in anderen Ligen ihr Geld. Traditionell exportiert Brasilien Brasilholz, Zucker, Kaffee, Kautschuk, Baumwolle und Tabak – heute vermehrt Sportler. Kein Land verschickt so viele Spieler in die weite Welt. Das will ich mir genauer anschauen.

Ich nehme die U-Bahn zum Terminal Tiete im Norden der Stadt, hier fahren die Überlandbusse ab. In der Metro fällt mir auf, wie unbrasilianisch die Bewohner São Paulos, die *paulistanos,* doch sind. Sie flirten nicht. Auch wenn es klischeehaft klingt: Sie schauen sich nicht in die Augen, jeder ist in Gedanken oder schaut auf sein Handy. Man könnte hier auch in der Hamburger U-Bahn sitzen, da gibt es keinen Unterschied. Der Bus ist klimatisiert. Als ich einsteige, ist er halb voll. Auf der Fahrt erinnere ich mich an denkwürdige Fußballereignisse, von denen ich gestern gelesen habe und die ausgefochten wurden, als ich noch nicht auf der Welt war.

Zum Volkssport wurde das Spiel hier in den frühen 1920er-Jahren. Da gab es diesen herausragenden Spieler: Arthur Friedenreich, geboren 1892 in São Paulo, gestorben 1969. Vater: Deutscher. Mutter: Afrobrasilianerin.

Friedenreich durfte nur in der ersten brasilianischen Nationalelf, der *seleção,* spielen, weil er einen weißen Vater hatte. Die Afrobrasilianer mussten ihr krauses Haar glätten, manche mussten sich mit Reismehl einreiben, um möglichst hellhäutig auszusehen. Bis vor dem Zweiten Weltkrieg wurden dunkelhäutige Spieler sogar ganz vom Mitspielen ausgeschlossen.

1919 und 1922 wurde Friedenreich mit der Mannschaft Süd-
amerika-Meister. Er spielte 26 Jahre seines Lebens Fußball auf
höchstem Niveau. Und trotz all dieses Rassismus der frühen Fuß-
balljahre: Friedenreich avancierte zum ersten großen Star Brasiliens, sie nannten ihn *pé de ouro* – den Goldfuß.

Ich schaue aus dem Busfenster und versuche mir vorzustellen,
was aus Brasiliens Fußball wohl geworden wäre, hätte es die afrobrasilianischen Spieler nicht gegeben: Stars wie Pelé, Romario, Ri-
valdo, Ronaldo, Ronaldinho, Neymar. Fünf Mal ist Brasilien Fuß-
ball-Weltmeister geworden und immer waren die Schlüsselspieler
in der Seleção vornehmlich dunkelhäutig.

Wie schade, und vor allem: wie überflüssig, dass es in einem so
bunten Land trotz alldem Rassismus gab und gibt. Im Fußball wie
in allen anderen gesellschaftlichen Bereichen auch. Der Rassismus im heutigen Brasilien ist sehr subtil und nicht so leicht zu
entlarven wie in anderen Einwanderungsländern, etwa den USA
oder Deutschland. Aber das macht es nicht besser. Ich werde in
diesem Buch noch öfter darüber schreiben.

Nichts schmerzte dann viel später die Fußballfans mehr als
das Desaster von 1950. Brasilien trug die WM in diesem Jahr aus
und alle glaubten an die Vormachtstellung und den Sieg. Die
Mannschaft machte keine Fehler, sie rang ihre Gegner nieder, und
im letzten Spiel der Endrunde gegen Uruguay hätte ein Unent-
schieden zum Weltmeistertitel gereicht. 200 000 Zuschauer
schrien, tobten und peitschten an diesem Tag mit ihrer Passion
für den Sport die Mannschaft im altehrwürdigen Maracaná-Stadi-
on voran. Sie führte zunächst mit 1:0. Alles hätte gut werden können. Am Ende verloren die Brasilianer nach einem späten Tor
Uruguays noch mit 1:2. Sie bezeichnen diese Niederlage bis heute
als nationales Trauma. Nie wieder trugen die brasilianischen Nationalspieler ein weißes Trikot wie an diesem Tag. Der Verband er-
setzte es durch den gelb-blauen Dress, weswegen die Kicker der
Seleção bis heute den Spitznamen *os canarinhos* tragen – die Kana-

rienvögelchen. Was sie allerdings nicht vor der historischen De-
montage (7:1) durch die deutsche Nationalelf bei der WM von
2014 auf eigenem Boden zu schützen vermochte.

Überhaupt Spitznamen: Sie gehören zum brasilianischen Fußball wie Beinschuss und Hackentrick. Die meisten Spieler verlei-
hen sich den selbst. Pelé heißt eigentlich Edson Arantes do Nascimento. Ronaldinho ist vom Ronaldo zum kleinen Ronaldo
geworden. Niedlich ist diese Form der Verniedlichung. Ich mag
dieses Land. Ich mag es wirklich.

Im Bus habe ich zwei Sitze für mich. Aber trotzdem kann ich
irgendwann nicht mehr sitzen. Ich habe Hunger und Durst, die
Klimaanlage hat den Bus auf Eistruhen-Temperatur runterge-
kühlt. Dann komme ich endlich in dem kleinen Städtchen Mirasol
im Hinterland des Bundesstaates São Paulo an. Nach vier Stunden
Busfahrt. Man hat mir erzählt, ich würde hier die Fußballschule
von Carlos R. finden, der ein außergewöhnliches Fußballtalent
entdeckt hat, einen echten *craque*, wie sie hier sagen.

Bald habe ich die Schule gefunden. Zweimal geradeaus und
dann links, hat mir ein Passant auf meine Frage nach dem Weg
dorthin geantwortet. In Brasilien erklärt einem immer irgendjemand den Weg, wenn man ihn sucht – selbst wenn sie ihn nicht
kennen, erklären Brasilianer den Weg und heben den Daumen.
Sie sind einfach hilfsbereit und liebenswürdig. Nur, wenn sie einen dann falsch schicken, legt sich die Freude darüber. Heute
werde ich Gott sei Dank richtig geleitet.

Es ist eine eigene Welt, in die ich hier in der Fußballschule
eintauche. Eine Welt, die von Träumen, Hoffnungen und Nie-
derlagen geprägt ist. Und oft wird aus der Niederlage ein Schei-
tern, wie ich bald erfahren werde.

Ich betrete das eingezäunte Trainingsgelände, werde dort vom
Trainer in Empfang genommen, mit dem ich mich telefonisch verabredet habe. Neben einem Stadion gibt es zwei Gras-Trainings-
plätze und separate Umkleideräume. Ihren »Vereinshund« haben

die Kinder erst vor Kurzem neben dem Spielfeld verscharrt, erzählen sie, als ich mich in der Umkleidekabine vorgestellt habe.

Wenn es um Tiere geht, sind Kinder oft empathischer als Erwachsene. Tiere sind Freunde. Ein kleiner Spieler nach dem anderen erklärt mir, wie der Hund war, was er alles gemacht hat, was er
gerne fraß, wie er starb und was danach kam. Eigentlich bin ich
aus einem anderen Grund hier. Aber der Hund ist jetzt erst einmal wichtiger für die Fußballkids. Sogar fast wichtiger als Fußball.
Aber nur fast. Es gab, das erzählen sie alle durcheinander, ein ehrenvolles Begräbnis für den streunenden Köter. Er war doch ihr
Maskottchen. Schlafend lag er im Dreck, als ein Busfahrer rückwärts drüberrollte.

Alle haben geweint, nur Felipe nicht. »Ich mag keine Hunde«,
hat er gesagt. Er ist nicht nur auf dem Platz ein ungewöhnlicher
Mensch, dieses kleine Supertalent. Ungewöhnlich begabt. Ungewöhnlich kaltschnäuzig, scheint es. Er wirkt empathielos. Obwohl er erst ein Kind von zwölf Jahren ist.

»Ich bin Christoph. Wie heißt du?«, frage ich ihn, als ich ihn
endlich in der großen Umkleide gefunden habe. Einige Kids sind
beim Duschen, andere trocknen sich gerade ab. Es riecht nach
Chlor. Die Holzbänke im Raum biegen sich nach unten wie alte
Dachlatten. Eigentlich kenne ich den Namen des Jungen längst.
Aber irgendwie fällt mir kein besserer Einstieg in unser Gespräch
ein.

»Ich bin Felipe. Aber alle nennen mich hier Felipão – den gro
ßen Felipe. Du weißt ja: Profi-Fußballer brauchen einen Spitznamen.«

»Ja, weiß ich.«

Was für ein forsches Kerlchen, denke ich mir. Was hat der
drauf? Und wer wird wie viel an dir verdienen, wenn du ein großer
Star wirst? Was passiert mit dir, wenn du's nicht wirst? Brasilianische Fußball-Wunderkinder gelten als Maschinen zum Gelddrucken. Berater, Trainer, Vereine, Manager, die eigenen Eltern –

alle hoffen sie aufs große Geld. Eltern, die ihn melken könnten, hat der zwölfjährige Felipe nicht. Die Mutter tot, der Vater verschollen, ist er vor anderthalb Jahren hierhergekommen. Er ist ein typischer brasilianischer Wunderkicker: arm, von der Straße, ein Schwarzer.

»Aber ein hübscher Schwarzer mit nicht so krausem Haar und guten Zähnen«, fügt Carlos hinzu. Geheimratsecken, hängende Mundwinkel und ein fast ein wenig böse aussehender Blick. Er ist der Betreiber der Fußballakademie. Als ich ihm zum ersten Mal über den Weg laufe, ist er mir unheimlich. Ein Choleriker, das merke ich sofort.

Seit den 1990er-Jahren gibt es diese Kaderschmieden immer mehr. Perfekte Trainingsplätze, Masseur, Omnibus und Schwimmbad. Nur ausgesuchte Talente schaffen es hierher. 3000 Euro kosten Carlos seine 80 Jungkicker monatlich, so erzählt er. Die Kids werden hinten in die Spielerfabrik hineingeschoben, damit vorne Profis rauskommen. Zehn Prozent schaffen es angeblich. Mir ist diese Form von »Menschenhandel« höchst suspekt.

»Wenn wir nicht gut produzieren, sind wir tot«, bleibt der Chef im Bild – er sagt wirklich »produzieren«. Mit dem Verkauf der Spieler verdient Carlos leidlich. Auch der frühere Hertha-BSC-Spieler Marcelinho war eine Zeit an seiner Schule. Marcelinho war ein Superstar der Bundesliga. Nur ein Ronaldinho fehlt in der hauseigenen Ahnengalerie.

»Felipão wird besser! Wir schleifen ein Juwel«, schwört Carlos. Er war selbst Profi, Stürmer; angriffslustig schaut er jetzt aus tiefen Augenhöhlen. Ich bin mir nicht sicher, ob ich erleben möchte, wenn er sich ärgert, zum Beispiel über dieses Buch, wenn es erschienen ist.

Ein Spielerbeobachter hatte Carlos informiert, in einem Armenviertel einer kleinen Stadt gebe es einen göttlichen Spielmacher. Die kranke Großmutter, die außer Felipe noch zig andere Familienmitglieder durchbringen muss, ließ sich nicht lange bitten. Sie bekommt jetzt eine monatliche Zuwendung. So sind Carlos und seine Frau Rosane jetzt eine Art Stiefeltern für Felipe. Sicher behandeln sie ihn gut, allerdings nur, weil sie in ihm eine *cashcow* sehen. Zum ersten Mal in meinem Leben bin ich richtig froh, noch nie ein guter Fußballer gewesen zu sein. Das Investment lohnte sich für Carlos: Auf ein Probetraining bei einem Verein aus der ersten russischen Liga folgte ein Deal mit einem Verein in Holland. Felipe könnte tatsächlich Karriere machen.

»Was willst du in Europa erreichen?«

»Einen Ferrari fahren«, antwortet Felipe, als wir abends in seiner »Wohngemeinschaft« ein wenig quatschen.

»Wofür braucht man einen Ferrari? Reicht nicht auch ein Golf?«, frage ich zurück.

»Manche Leute können Ferrari fahren. Und ich will so einer sein.«

Am nächsten Morgen beim Training blitzt die perfekte Technik des »großen Felipe« auf. Und seine Spielintelligenz. Er hebt zur rechten Zeit den Kopf, sieht den Mitspieler und schlägt einen präzisen Pass. »Der weiß, dass er was Besonderes ist«, meint Stiefmutter Rosane, die sich auch sicher ist, dass das »Investment« in den Jungen lohnen wird.

Nachdem neulich das Fernsehen da gewesen war, sei er eine Woche sehr verhaltensauffällig gewesen. Ohne Ball am Fuß wird aus dem großen Felipe schnell wieder ein kleiner Junge. Er ist hilflos. Manchmal legt er sich plötzlich auf den Boden, zappelt mit allen Gliedmaßen, gibt seltsame Laute von sich, wie bei einem epileptischen Anfall. Im nächsten Moment knufft er sich sein Kissen um die Ohren und giggelt und gackert wie ein übermütiger Teenager. Narben übersäen seinen Körper. An Hintern, Rücken, Armen und Beinen, eine große über dem rechten Auge. Er zeigt sie mir bereitwillig, alle Journalisten, die wegen ihm hierherkommen, fragen danach. Die üble Vergangenheit ist ein Teil der Vermarktungsstrategie. Als Felipe noch ein Felipinho war, haben sie Zigaretten auf ihm ausgedrückt. Sie, das waren »Freunde« aus seinem Heimatort, die seinen Bruder suchten, einen Junkie. Der sollte wissen, dass er ihnen noch Geld schuldet.

Nachmittags liegt Felipe auf seinem Bett und strampelt sich ins Laken hinein, in die Augen schaut er mir nicht. Unser Gespräch bleibt ziemlich einsilbig. Über was sollen wir auch reden, außer von den großen Erfolgen, die er einmal feiern wird. Meisterschaft, Champions League, Südamerikameister, Weltmeister. Mindestens. Wir verbringen eine Stunde miteinander, in der mehr geschwiegen als geredet wird. Wen wundert es, wir kennen uns kaum und er ist eben doch ein kleiner Junge. Er kann eine gewisse Verlegenheit über seine eigene Erscheinung nicht wirklich verhehlen. Obwohl es gemein ist, immerhin ist Felipe noch ein Kind, denke ich unwillkürlich: Ohne deinen Fußball wärst du verloren, kleiner Mann. Und bereue den Gedanken spätestens einen Tag später.

Am nächsten Morgen darf ich mit ihm in die Schule gehen. Er hat zugestimmt, dass ich ihn einen ganzen Tag lang begleiten darf, um ihm beim Lernen und seinem Alltag zuzusehen.

»Ich hasse die Schule«, verzieht Felipe das Gesicht, »ich werde Fußballer, da brauche ich die nicht.«

In der Klasse beim Portugiesisch-Unterricht steht er einfach auf und läuft herum. Er bekommt ständig schlechte Noten und Verwarnungen von den Lehrern.

»Und was macht er, wenn es mit der Karriere nicht klappt?«, fragt eine Lehrerin und wirkt dabei hilflos, wie eine Gouvernante, die des ihr anvertrauten Zöglings nicht Herr wird. Er ist hier ein Star. Was will sie da machen? Die Mitschüler bewundern Felipe. Manche beneiden ihn bestimmt auch. Aber keiner scheint sich richtig an ihn heranzutrauen oder würde sich vermutlich als seinen Freund bezeichnen.

»Der ist abgehoben«, sagt ein Klassenkamerad.

»Der wird sich noch umschauen«, orakelt ein zweiter.

Das stimmt wohl: Nachmittags im Sportunterricht schwebt er

auf seinen himmelblauen Nikes über den Hallenboden, umgarnt den Ball und dreht sich. Wieder einen ausgespielt. Die Mädchen schauen. Aber wer schätzt ihn als Menschen? Freunde sind im Kindesalter doch fast noch wichtiger als später für Erwachsene, denke ich.

Abends betet er, »dass ich Nationalspieler werde und dass mich alle mögen«. Jeden Tag betet er das, erzählt er mir.

»Wer mag dich denn jetzt nicht?«, frage ich ihn.

»Viele. Wenn du arm bist, mag dich niemand. Und wenn du in etwas gut bist, auch nicht. Dann ist der Neid dein größter Feind.«

Der Kerl ist abgezockt, aber auf eine Art auch reif, zu reif, abgeklärt wie ein Alter. Viel normaler sei sein Verhalten geworden, findet Rosane, die Stiefmutter; als er zu ihnen kam, sei er unterernährt gewesen, habe keine feste Nahrung im Körper behalten. Er konnte nicht mit Messer und Gabel essen, mied das Sprechen und jeglichen Körperkontakt.

»Der Junge hat einfach nie etwas wie Zuwendung oder Zärtlichkeit bekommen.« Doch das habe auch sein Gutes, so werde er kein Heimweh bekommen, wenn er erst einmal im Ausland spiele. Was ich zu dem Zeitpunkt noch nicht weiß: Ich werde Jahre später hören, dass er es nicht gepackt hat. Dass er nie ein großer Fußballprofi geworden ist. Was aus ihm geworden ist, konnte ich nicht in Erfahrung bringen.

Und trotzdem: Ob an der Copacabana, in den Favelas von Bahia, auf den Hochebenen oberhalb der Iguaçu-Wasserfälle oder an den Ufern der Flussläufe des Amazonas – jeder staubige Quadratmeter wird zum Teil eines Spielfelds. Sie kicken notfalls mit ineinander verknoteten Lumpen, wenn sie keinen richtigen Ball haben. Fußball ist für junge Brasilianer der Traum vom Überwinden der Armut.

In Brasilien ist Nachwuchsarbeit eine föderal-chaotische Angelegenheit. Es gibt 27 Verbände der Bundesstaaten und etwa 57 Proficlubs. Die Jugendauswahlen des nationalen Verbandes CBF koordiniert keiner so richtig. Ein wirklicher Überblick fehlt. Es gibt längst nicht nur Clubs und Akademien als Talentschmieden.

Späher, in Brasilien heißen sie *olheiros*, durchpflügen das Land, nach neuen Talenten lechzend. »95 Prozent unserer Talente werden nie entdeckt«, glaubt Osvaldo Coelho, auf den ich später in São Paulo treffen werde. Ich habe mit Coelho E-Mails ausgetauscht und später bei meiner Rückkehr nach São Paulo mit ihm über meine Begegnung mit Felipe gesprochen. Der Sportkolumnist ist einer, der den Mund aufmacht, und er fürchtet, dass sein Land ausblutet: »Die Europäer sind schlau. Sie ködern unsere besten Spieler in jungen Jahren. Irgendwann gewinnen die dann in fremden Nationalteams gegen uns.« Der große Paul Breitner, deutscher Weltmeister von 1974, sagt immer, dass Brasilianer nicht etwa qua Genetik mehr Talent hätten. Es sei vielmehr die Armut, die Hoffnung auf den sozialen Aufstieg, die die Talente aus Brasilien antreibt. Dass das stimmt, sehe ich hier bei meinem Besuch im brasilianischen Hinterland genau.

Zurück bei Felipe. Leuchtende Kerzen und Gesichter am Abend. In der »Spieler-WG« wird heute gefeiert. Felipe wohnt mit fünf anderen Jungs bei seinen Gasteltern, nur die talentiertesten Spieler werden dort aufgenommen. An der Wand hängen Trikots, es sieht aus wie in einer Jugendherberge: Mehrere Tische in einem geräumigen Esszimmer, Spielzeugautos und Zeitschriften liegen auf dem Boden, der Fernseher, wie könnte es anders seit, flimmert ein Fußballspiel in den Raum. Leandro, jetzt 14, hatte gestern Geburtstag und keiner hat daran gedacht. Das könne schon mal vorkommen, bei so vielen, dafür gebe es heute leckeren Kuchen, so Gastmutter Rosane. Sie nutzt die lustige Runde für eine Ansprache. »Wer jetzt den Mädchen hinterherläuft, statt hart zu trainieren, verdirbt sich die Karriere.« Die Jungs werden still, einer zitiert einen Psalm. Felipe schaut teilnahmslos. Rosane tätschelt seinen Kopf, bevor sie aus dem Wohnzimmer geht. »Du

vergisst uns doch nicht, wenn du dann reich und berühmt bist?«
Felipe schaut unsicher und schweigt.

Es ist aber nicht unbedingt einfach, mit den jüngsten Talenten
Geld zu verdienen. Das FIFA-Reglement bezüglich Status und
Transfer von Spielern verbietet in Artikel 12 den Wechsel von un-
ter 18-Jährigen in die EU, dorthin, wo die Vereine mit dem meisten
Geld sind, also die potenziellen Abnehmer für Felipe.

Möglich wird ein Wechsel nur, wenn die Eltern »aus Gründen,
die nichts mit dem Fußballsport zu tun haben, Wohnsitz im Land
des neuen Vereins« nehmen. Seit 2001 will der Weltverband so
Kinderhandel als verantwortungsloses »Talentehamstern« verhindern. Für brasilianische Sportanwälte ist der Fall klar: Hier wird
aus Gründen des Gewinnstrebens oft das Recht gebrochen.

Das Recht wird sogar doppelt gebrochen, denn es gibt auch
ein brasilianisches Gesetz: Das »Lei Pelé« will verhindern, dass
Talente verheizt werden. Bis zum Alter von 14 darf ein Spieler
nicht als Athlet eingestuft werden, er ist ein Kind, weder professi-
onelles Trainieren noch höhere Liga-Wettbewerbe sind erlaubt.
Ein Profivertrag darf frühestens mit 16 Jahren unterschrieben
werden. Leider scheren sich Vereine und Eltern oft nicht darum.

Trotz großer Gefahren. Bei der Internetrecherche bin ich auf
eine Studie der Universität von São Paulo (USP) gestoßen, die offenbart, dass drei von vier Kindern, die unter 14 in Brasilien Leis-
tungssport betreiben, vor ihrem vollendeten 17. Lebensjahr wegen
psychischer oder körperlicher Überlastung aufhören müssen.

»Vielleicht hören wir in zehn Jahren von Felipe nichts mehr.
Der ist bis dahin vielleicht völlig kaputt«, sage ich zu Rosane.

»Das wollen wir alle nicht hoffen«, antwortet sie kalt. »Am
Ende müssen wir es doch versuchen.«

»Was heißt denn versuchen?«

»Na, eben alles daransetzen. Er muss es nur genug wollen.« Du
bist es, die es unbedingt will, denke ich.

Rosane hat aber eine andere Sorge. Weil Felipe das Produkt

eines »amourösen Abenteuers« ist und seine Mutter jung verstarb, will sie ihn auf HIV testen lassen. »Nur zur Routine, zusammen mit den restlichen Spielern.« Das Juwel darf nicht trüb scheinen, wenn es noch in der Polierphase ist.

Felipe wird bald zu einem holländischen Proficlub wechseln. Um die besagte FIFA-Norm zu umgehen, nennt sich das dann im »Rahmen eines Austauschprogramms«. Im Wechsel wird Felipe je drei Monate in Holland und in Brasilien verbringen, bekommt einen Englischkurs und monatlich 500 Dollar als Stipendium.

Wird der Spieler 16, hat der Verein das Vorrecht, ein Vertragsangebot zu machen. Bis zum Alter von 18 Jahren könnte Felipe bei einem Erstligisten geparkt werden, bevor er ganz nach Holland geht – dorthin, wo einst Ronaldo oder Roberto Carlos zu Weltstars reiften. Auch sie stammen aus armen Verhältnissen.

»Für mich sind die Gesetze ein Segen. So werde ich Felipão viel teurer verkaufen können«, feixt Carlos. Drei bis fünf Millionen Euro könne der Junge bis dahin wert sein.

Am nächsten Tag setze ich meine Reise durchs Fußballland Brasilien fort. Ich fahre wieder Richtung Osten an São Paulo vorbei und besuche einen Verein an der Küste, im gleichen Bundesstaat gelegen. Wieder wohne ich einem Fußballtraining bei. Noch weiß hier niemand, warum ich hier bin. Ich habe dem Verein telefonisch mitgeteilt, dass ich etwas über Fußballtalente schreiben möchte.

»Schau! Das Phänomen«, raunt ein Zaungast in die Mittagshitze am Rande des Trainingsplatzes. Er streckt den Nacken, als 35 bewegte Kilo mit Anlauf gegen den Ball treten. Alte und Junge staunen, wie das Leder als Bogenlampe in den rechten Winkel des Tores taucht. Der Schütze hebt den Arm, dreht ab zum Mittelkreis. Der Junge heißt Carlos, sie nennen ihn Carlinho, den kleinen Carl. Er ist ein Kind, das selbst in der ewigen Talentschmiede Brasilien auffällt. Riesenbums, Ballgefühl, Zauberdribblings –

eine echte Nummer zehn. Wie auf ein Stück Fleisch, das man in den Amazonas wirft, stürzen sich alle wie die Piranhas auf ihn, alle Akteure, die an ihm verdienen wollen. Es wird langsam ernst: Unentwegt dudelt das Handy von Anderson, dem Vater von Carlos, den ich direkt am Spielfeldrand kennenlerne. Ich höre unfreiwillig bei den Gesprächen mit und merke schnell: Hier gibt es viel zu holen für meine Geschichte. Es melden sich Talentspäher und Clubvertreter. Den Traumfreistoß hat der Vater verpasst, Italien war wieder dran.

»Bei einem guten Angebot sind wir weg.« Mailand, Rom und Neapel haben Vater, Sohn und Berater zum Probetraining eingeladen. Auch ein portugiesischer Club soll seit Längerem interessiert sein. Eigentlich ist Verschwiegenheit in diesem Geschäft eine Tugend, aber der Vater ist einfach zu stolz. Ich frage mich, wie ehrgeizig ich wohl als »Talent-Papa« wäre, und freue mich, dass ich mich dieser Frage nur theoretisch nähern muss.

Für Anderson nebst Sohn bleibt Brasilien nur eine Durchgangsstation. Zweimal in sechs Monaten ist die Familie umgezogen. Anderson hatte mit Tropenholz gehandelt, eine Firma geführt. Alles hat er aufgegeben »für unseren Erfolg«. Der ehrgeizige Vater hat die Kabinettstückchen seines Filius gefilmt, hymnische Klänge von Vangelis unter die Bilder gelegt und Kopien seiner DVD verschickt. Er will unbedingt den Aufstieg – sportlich wie sozial.

»Eine Odyssee!«, erzählt mir Anderson im Rückblick. Ein Profiverein verpflichtete Carlos, doch nur 48 Tage später war sich Anderson mit dem Club an der Küste einig, wo sein Sohn heute spielt. Jetzt kämpfen die Vereine vor Gericht um einen Zehnjährigen, streiten Juristen, ob das legal, Gazetten, ob es moralisch ist. Laut Vater zahlt der neue Verein der Familie umgerechnet 5000 Euro im Monat als Unterstützung. Man wird wohl noch an sich denken dürfen, lese ich zwischen den Zeilen, bei jedem Satz, den Anderson ausspricht.

Montag bis Freitag trainiert Carlos in zwei Jugendteams,

spielt schon bei den Zwölf- bis Vierzehnjährigen mit. Sonntags ein Spiel, dazu zweimal die Woche Fußball in Schulmannschaften. Davor kickte er zusätzlich jeden Abend zwei Stunden in der Halle, bis die Mutter fand, das sei zu viel.

»Wo willst du hin?«, frage ich Carlos, als ich die Familie in ihrer Hochhauswohnung besuche und feststelle, dass Carlos kaum Spielsachen in seinem Kinderzimmer hat, dafür aber die Wände mit Fußballer-Postern zugekleistert sind.

»Wo willst du mal kicken?«, frage ich noch mal anders.

»Ich werde bei Real spielen oder Barça. Bayern geht auch«, verkündet Carlos. Dabei stopft er sich Onion-Chips in den Mund, was er nicht soll; gesunde Ernährung ist wichtig für einen kommenden Profi wie ihn.

Er schaut sich gerade eine Sendung über sich selbst auf Video an: links Maradona, wie er einen Ball um die Körperachse jongliert, rechts wird Carlos drangeschnitten bei der gleichen Aktion. Er ist ein brillanter *canhoto*, ein Linksfuß. Der Moderator schwelgt im Vergleich, die Fußballrivalität zum argentinischen Nachbarn ist für einen Moment aufgehoben ob solchen Talents. Alle bewundern Carlos.

Und Carlos lächelt. Er hat Charisma, wirkt weit älter, als er ist. Stofftiere mag er nicht, lieber übt er Autogramme schreiben. »Ich gebe ja schon ab und zu welche.«

Der Vater hofft derweil darauf, dass Gott den Kleinen vom Kiffen fernhalten möge, und macht Pläne für seinen anderen Sohn. Pablo ist zwei Jahre alt, »aber der hat vielleicht eine Ballführung. Er wird noch besser als Carlos.« Und wegen Europa, sagt der Vater, da gebe es schon Wege. »Notfalls besorge ich mir auf dem Papier eine Arbeit.« Es gibt keine FIFA-Gesetze, die sich nicht irgendwie umgehen ließen. Was für eine schlimme Branche, denke ich mir.

Auf dem Weg zurück nach São Paulo denke ich viel über Fußball nach. Sollte er nicht eigentlich ein Spiel sein, das schlicht Spaß macht? Vor allem Kindern? Ist es nicht unsere Pflicht, dafür zu sorgen, dass sie unbeschwert spielen können? Das Geld darf diesen Gedanken nicht kaputt machen. Es muss ein Gegengewicht geben.

Kapitel

4

Sprühkunst der Armen

Eine würdevolle Zukunft kann auch Ute Craemer »ihren« Kindern nicht garantieren. Ob sie über die Bildung den Weg aus der Armut schaffen, hängt von vielen Faktoren ab. Oder gelingt eben nicht. Ob irgendjemand ihr Potenzial erkennt und sie fördert, darüber entscheiden auch jene Zufälle im Leben, die unsere Wege manchmal lenken. Ich habe mich entschlossen, mit einer Truppe junger Menschen zu sprechen, die keine Chance bekommen haben oder die ihre Chancen ausschlugen, etwa die Schule schon während der Pubertät verließen. Ich kann es nicht einschätzen. Aber die Jungs sind ein spannender Haufen, das steht fest. Ein befreundeter Fotograf, der selbst gerade von Rio de Janeiro nach São Paulo gezogen ist, hat mich auf sie aufmerksam gemacht.

Um halb elf abends kommt der König. Manche rufen ihm einen Gruß zu, andere fragen gleich nach einem Autogramm.

Wiederum andere stehen einfach nur ehrfürchtig da und schauen.

»Alles meine Jungs«, sagt Djan, 25, und damit ist diese Szene für ihn hinreichend erklärt. »Irgendwie bin ich ihr Anführer, aber bei uns ist jeder Einzelne gleich wichtig.« Keiner kann so großspurig und bescheiden zugleich sein wie Djan, der breitschultrige König, kurz nachdem wir uns begrüßt und einander vorgestellt haben.

Am Himmel ballen sich die Wolken wie Fäuste zusammen, es ist düster und die Luft schmeckt nach Abgasen. Heute Nachmittag war es, als sei die Düsternis höchstselbst erzürnt, sobald sich die Sonne noch einmal kurz zeigen wollte. Kein tropischer Traumtag. Das Epizentrum von Djans Königreich ist die Rua Don José de Barros, eine Straße im Zentrum von São Paulo, auf der sich Trinkstube an Trinkstube reiht. Vornehme Brasilianer und auch Touristen wagen sich wohl selten hierher, schon gar nicht nach acht Uhr abends. Auch ich war mir nicht sicher, ob ich kommen sollte. Aber die Neugier war stärker als die Bedenken um die Sicherheit.

Die rund 300 Jugendlichen, Djans Hofstaat sozusagen, treffen sich hier jeden Donnerstag, Woche für Woche. Sie sind allesamt *pixadores*. Das Schlimmste, was man zu einem Pixador sagen kann, ist, er sei ein Graffitikünstler. Für so eine Unachtsamkeit und vor allem Unwissenheit bezieht man hier schnell Prügel. Aber was sind sie dann?

Pixadores sprühen oder malen den Namen ihrer Gruppe auf Hauswände, egal, wie hoch die auch sein mögen. Es geht darum, eine Botschaft zu hinterlassen, Gefahren zu überwinden, die Stadt zu besetzen. Das Logo wird mit zackigem, fast runenhaftem Schriftzug auf die Außenwände von Gebäuden gesprüht. Es sind immer Buchstaben, niemals Bilder, und es bleibt immer bei derselben Farbe. Keine Schnörkel, keine dickbauchigen Schleifen. Entweder kommen Spraydosen zum Einsatz oder Wandfarben und kleine Pinselrollen.

Je höher ein Gebäude, desto interessanter ist es für die Sprüher. Nicht selten geht es um Leben und Tod. Und weil Djan wa-

gemutiger ist als alle, haben die anderen ihn zu ihrem Anführer gemacht, den gedrungenen Typen mit dem schwarzen Kapuzenpulli
und den Baggypants. Er könnte, rein von seinem Aussehen her, als
Darsteller in einem Hip-Hop-Video mitspielen. Etliche Doku-
mentarfilme wurden über den Mann mittlerweile gedreht, er ist
im ganzen Land bekannt. Er wurde sogar zur Premiere der Kino-
Doku »Pixo« 2009 nach Paris eingeladen, um seine Kunst dort vor-
zuführen. Auch in diesem Film, gedreht vom Regisseur João Wai-
ner, ist Djan der Hauptprotagonist. Das ZDF hat ebenfalls eine
Reportage über ihn gemacht.

Djans Name als Pixador ist »Cripta«. Mit vier Mann Beglei-
tung geht es los. Djan und Co. zeigen, wofür sie so berühmt geworden sind. Die Jungs stacheln sich auf dem Weg gegenseitig an.

»Heute packen wir sie an den Klöten«, sagt einer und reißt dabei die Augen auf, als wolle er sie nie mehr schließen. Angriffslust.
Vorher haben sie ein paar Joints geraucht mit den anderen. Jetzt
grinsen sie, als hätten sie ein ganzes Beet Hanf gekifft.

Die erste Hauswand. Hier hat der Besitzer neu anstreichen
lassen. Genau der richtige Ort, um anzufangen. Djan und sein
Kollege Paulo steigen auf die Schultern ihrer Kumpels und sprühen ihren Schriftzug in aller Gemütsruhe auf. Wände, die etwas
höher liegen, erreichen die Pixadores für gewöhnlich mittels einer
Menschenpyramide. Aber die jetzige Aktion dient nur zum
Warmwerden. Zwar fahren einige Autos vorbei, es scheint sich
aber niemand so recht für die fünf jungen Männer zu interessieren. So fängt es immer an, wenn sie unterwegs sind.

»Warum macht ihr das? Wegen des Nervenkitzels?«, frage ich.

»Die Angst, erwischt zu werden, trägt natürlich zum Kick bei«,
sagt Djan.

»Dann seid ihr doch Graffitikünstler.«

»Nein, wir sind politischer als die«, antwortet Djan und wirkt
etwas genervt, weil ihm der Vergleich immer wieder vorgehalten
wird.

Jetzt wollen sie zeigen, was sie wirklich draufhaben. Bei einer Hochhaussiedlung bleibt die Gruppe stehen. Zehn Stockwerke, hellgelb gestrichen – ganz nach ihrem Geschmack. Djan und Paulo schleichen am Nachtwächter vorbei, erzählen ihm, sie wohnten hier. Er lässt sie passieren, wenngleich es so wirkt, als traue er den Kids nicht. Und das mit Recht. Die beiden fahren mit dem Aufzug nach ganz oben. Dann beginnt der gefährliche Abstieg vom Dach aus. Stockwerk um Stockwerk hangeln sich die beiden herunter, immer über die Balkone, immer im Krebsgang auf Regenrinnen oder Vorsprüngen kletternd. Ich schaue den jungen Männern bei der »Arbeit« zu, der Schweiß fließt ihnen die Stirn herunter, die Muskeln spannen sich ruckartig an. Ein falscher Schritt und es ist aus mit dem »Job« für alle Zeit. Wen jetzt die Angst übermannt, den kann es erwischen. Aber Djans Erfahrung hilft ihm bei solchen Aktionen. Wie eine Spinne klebt er an der Hauswand, klettert von Fenster zu Fenster. Bedächtig und konzentriert, immer weiter, Schritt für Schritt. Heute besprüht er die Rollläden mit schwarzer Farbe. »C-R-I-P-T-A« steht gleich vertikal über sechs Stockwerke hinweg.

»Manchmal geht neben dir ein Fenster auf und der Hausherr schreit, weil er denkt, du bist ein Einbrecher«, sagt Djan später. Auch hat er schon kopulierenden Paaren durchs Fenster zugeschaut, während er ihre Außenwand dekorierte.

Paulo belässt es heute bei zwei Stockwerken. Der Nachwuchs braucht noch Zeit. Beim Klettern Seile zu verwenden oder Baugerüste zu nutzen ist verpönt, das tun nur die absoluten Anfänger. Immer wieder sterben Pixadores bei ihren nächtlichen Ausflügen.

»Wie gefährlich ist es?«, will ich wissen.

»Es ist wie beim Fallschirmspringen: Nur selten passiert etwas, aber wenn, dann endet es meist tödlich«, sagt Djan.

»Beruhigend«, sage ich, weil mir nichts anderes einfällt, und ich irgendwie sarkastisch sein will in dieser Situation.

Manchen Sprühern ist aber auch das Gebäudeklettern zu banal. Sie steigen während der Fahrt aus U-Bahn-Fenstern und »verschönern« die Wagen von außen. Auch dabei gibt es Todesopfer, vor allem dann, wenn ein Pixador abrutscht oder sich zu weit nach hinten lehnt und auf einen Pfeiler prallt.

»Wenn die Polizei kommt, wird's auch ungemütlich«, erzählt Djan.

»Warum?«

Oft schlügen die vermeintlichen Hüter des Gesetzes den Pixador zusammen oder sprühten ihm seine Farbe ins Gesicht, sagt Djan. Auch kam es schon vor, dass Wachleute die Eindringlinge erschossen, von der Wand runterfegten, als seien sie nervende Tauben. Djan wurde schon erwischt, ebenfalls ordentlich vertrimmt, musste eine Strafe bezahlen und bekam vor Gericht 90 Sozialstunden Strafe »verordnet«.

»Aber ich könnte niemals aufhören mit der Sprüherei.« Selbst bei strömendem Regen geht er mit seinen Jungs los. Vandalismus ist für ihn, wenn einer eine Schaufensterscheibe einschlägt oder gegen eine Straßenlaterne tritt. Mir leuchtet die Argumentation ein, auch wenn ich keine Lust auf Sprühereien an meiner eigenen Hauswand hätte. Aber man muss Djan und seinen Kumpels doch zugutehalten, dass ihr Handeln eine politische Dimension hat. Die Mittel- und Oberschicht Brasiliens soll aufwachen. Die Menschen sollen daran erinnert werden, dass es da draußen andere gibt, die beteiligt werden wollen. Um die man sich kümmern muss.

»Wir tun doch keinem weh.«

Djans Husarenstück war, als er einmal ein 30-stöckiges Bankgebäude in der Avenida 23 de Maio, einer großen Hauptstraße, ganz hochstieg und über sieben Stockwerke hinunter seinen Schriftzug aufsprühte. Mit dieser Tat wurde er endgültig zum König der Pixadores.

Wer sich Djans Lebensgeschichte anhört, lernt daraus viel über die *pixação*, wie das Sprühen auf Portugiesisch heißt. Geboren und aufgewachsen ist er in der Cidade de Osasco, einer 65 Quadratkilometer großen Favela am westlichen Rand São Paulos. In dem Armenviertel gibt es Waffen, Drogen, Gewalt – wie in allen Favelas.

»Wie war es, dort aufzuwachsen? Was hast du gelernt?«, will ich wissen.

»Ich war ein Einzelkind ohne Vater. Niemand hat mich verteidigt.«

»Hast du deinen Vater vermisst? Gab es einen Ersatz? Eine Art Vaterfigur?«

»Nein, es hatte keiner Zeit für mich.«

Djan lernte schnell die Regeln der Straße. Auch er hat geklaut und Leute abgezogen, ihnen ihre Wertsachen abgenommen. Bis er mit knapp zwölf Jahren mit der Pixação anfing und seine kriminelle Energie Stück für Stück nur noch in diese Richtung geleitet hat. »Es hat mich davor bewahrt, noch weiter abzurutschen.«

Djan ist inzwischen verheiratet und hat zwei Söhne. Seine Frau Pricila findet es in Ordnung, was er tut. Djan und seine Kollegen filmen ihre Aktionen und verkaufen ihre auf den Sound von harten Hip-Hop-Beats oder Hardrock geschnittenen Aktionen auf DVD, gebrannt für 20 Reais, rund fünf Euro pro Stück. Die Scheiben sind mittlerweile gefragt. »So verdiene ich zumindest ein wenig Geld für die Familie«, sagt Djan. Eigentlich hätte er gerne studiert, doch dafür hatte seine Mutter einfach keine Mittel.

Anders als ein Graffitisprayer halten sich die wenigsten Pixadores für reine Künstler – es geht ihnen mehr um eine politische Botschaft der armen jüngeren Generation aus der Peripherie an die »gestopften« Reichen in der Innenstadt. Oft werden Industrie- und Bankgebäude angesprüht. Die Message: Uns gibt es noch und wir sind böse auf euch. Wir kommen zu euch, wenn ihr nicht zu uns kommt.

So gesehen sind Djan und sein Gefolge also doch Einbrecher. Denn der Abstand zwischen Arm und Reich ist in der brasilianischen Gesellschaft einfach so groß, wie die besprühten Häuser hoch sind. Kein Gesetz zur Armutsbekämpfung, das die verschiedenen Regierungen der vergangenen Jahre aufgelegt haben, hat daran etwas geändert.

Die Armut etwas abschwächen konnten allerdings die noch immer laufenden Programme *bolsa familia* und *fome zero* der Regierung Lula (2003 bis 2011); das erste eine Form von Sozialhilfe, das zweite beinhaltet die Versorgung Bedürftiger mit Nahrungsmitteln. Die Einkommensverteilung in Brasilien ist aber weiterhin höchst ungerecht.

»Die Leute hier in der Innenstadt sollen das immer wieder gesagt kriegen«, sagt Djan. Und dafür nehmen er und seine Kumpels auch die zweistündige Fahrt ins Zentrum gerne in Kauf. Diese politische Haltung wurde schon von den ersten Pixadores geprägt. Ende der 1970er-Jahre entstand die Bewegung. Die Pioniere hießen »Tchentcho«, »Di« oder »Xuim«. Sie wollten die Gesellschaft zugleich geißeln und anstacheln. Die zackige Schrift entwickelten sie in Anlehnung an die Typografie von Rock-Alben-Covern etwa von Kiss, Iron Maiden oder AC/DC. Die Subkultur gedieh und wurde größer. Heute gibt es rund 5000 Pixadores in São Paulo, einige Gruppen sind untereinander verfehdet wie Wespenvölker und verteidigen ihr jeweiliges Revier.

Das klassische Graffiti hielt erst Mitte der 1980er-Jahre Einzug in Brasilien. »Und wir sind stolz darauf, dass unsere Bewegung nicht von Amerika beeinflusst war oder ist«, sagt Florentino, ein Pixador, der die Anfänge miterlebt hat und inzwischen nicht mehr aktiv ist, aber trotzdem noch mit den Jungs im Zentrum abhängt. Er trinkt gerade ein Bier und scheint entspannt zu sein. Er macht mich mit weiteren Vertretern der Gruppe bekannt.

Dass Pixação durchaus etwas mit künstlerischem Talent zu tun hat, beweist mir zum Beispiel der Sprüher Rafael, alias »Pixobomb«. Der 25-Jährige kommt ebenfalls aus einer Favela, ist Teil der Community der Sprüher im Zentrum der Stadt. Und auch er

Pixadores sprühen nur ihre Schriftzüge auf die Mauern. Aber es gibt
in den brasilianischen Großstädten auch große Graffiti-Künstler.

versteht seine Kunst als politischen Akt. Mittlerweile studiert er
Kunst an der staatlichen Universität von São Paulo (USP) und hat
sogar ein Stipendium bekommen. Er möchte bloß nicht in den
Verdacht geraten, deswegen irgendwie elitär geworden zu sein,
als ich ihn frage, ob er jetzt nur noch Kunst mache.

»Für mich wird das illegale Sprühen immer ein Teil meines Lebens bleiben. Das sind einfach meine Wurzeln.« Auch bei den
Mädels komme das Hobby meist gut an, sagt Rafael grinsend.

»Das Gefährliche daran macht Eindruck auf Frauen. Das kennt man doch genauso von anderen Berufen. Stuntmen haben beim anderen Geschlecht Erfolg.« Frauen als Sprüher gibt es aber kaum. In Sachen Gender Mainstreaming sind die Pixadores noch hintendran.

Auch nachts um drei stehen sie wieder in ihrer Straße und quatschen und lachen, als seien sie ein Kegelklub nach dem letzten Wurf. Ein paar Meter weiter liegen die Obdachlosen unter ihren verdreckten Decken; jeder hat hier seinen Platz. Der König isst fettige asiatische Nudeln, die ihm einer seiner Vasallen gebracht hat, dazu trinkt er Dosenbier und doziert mit raumgreifenden Gesten.

»Heute war super«, sagt er und alle in der Gruppe geben ihm recht.

»Ich hoffe, du konntest etwas für deine Arbeit mitnehmen«, sagt Djan zu mir. »Klar«, murmele ich. Und ich meine es ernst. Noch vor zwei Tagen hätte ich nicht einmal im Ansatz gewusst, wofür Pixação eigentlich steht. Mir ist eine völlig neue Kunstform vorgeführt worden. Die Jungs lachen vergnügt. Spätestens morgen früh werden sich wieder einige Menschen, wenn sie ihre Fensterläden aufmachen, daran erinnern, dass es die Pixadores gibt.

Kapitel

5

Spion für Feinkost

São Paulo ist schon so ein Tummelplatz verrückter Gestalten – ob Pixadores oder Fast-Ronaldos. Ich treffe hier immer wieder auf Menschen und deren Biografien, die mich zum Staunen bringen. Was mir an der Stadt gefällt: Jeder kann so sein, wie er ist. Im Supermoloch ist die Gesellschaft heterogen, und das scheint die meisten nicht zu stören.

Eine buntere Stadt gibt es in ganz Brasilien nicht, meint auch mein Kumpel Helmut. Das zeigt sich, wenn man sich irgendwo hinsetzt und die Menschen beobachtet: alle Hautfarben, alle Staturen, alle Haartrachten und Kleidungsstile. Das Straßenbild unterscheidet sich, je nachdem, welche Einwohner in den jeweiligen Vierteln zu Hause sind und welche Lebensart dort gepflegt wird. Das zeigt sich ebenfalls bei der Einrichtung und dem Angebot von Restaurants und Kneipen. Im Englischen nennt man so eine ge-

sellschaftliche Durchmischung *melting pot*. In diesem Schmelztie-
gel formen sich die einzelnen Kulturen zu etwas Neuem. Auch
Einwanderer aus anderen Ländern – Chinesen, Japaner, Araber,
Italiener, Deutsche – haben in dieser Stadt in den letzten Jahrzehnten ihre Spuren hinterlassen.

Was die Heterogenität der Gesellschaft und die Integrations-
leistung angeht, schrieb der Schriftsteller Stefan Zweig: »Keinem
Lande hat es sich durch eine besonders komplizierte Konstellati-
on gefährlicher gestellt als Brasilien, und keines hat es [...] in so
glücklicher und vorbildlicher Weise gelöst wie Brasilien.« Aber
auch in Brasilien gibt es leider Rassismus. Er tritt nur nicht so öffentlich zutage wie anderswo, doch dazu später mehr.

Legendär ist schon die Rivalität zwischen den Einwohnern
von São Paulo *(paulistanos)* und denen von Rio *(cariocas)*. Während
die Ersteren als Workaholics und sehr europäisch gelten, sagt man
Letzteren nach, sich der Lebenslust und dem Exotischen hinzuge-
ben. Paulistanos sagen, Cariocas seien faul und vergnügungssüch-
tig. Umgekehrt besteht das Vorurteil, die Paulistanos seien spaß-
befreit.

Und was machen die Deutschen in São Paulo? Sie sind ebenfalls eine große Gemeinde, die sich teilweise mit den Brasilianern mischt und teilweise unter sich bleibt. Die Stadt ist der
größte deutsche Industriestandort außerhalb Deutschlands. 900
deutsche Firmen unterhalten in São Paulo große Dependancen
oder produzieren sogar hier, darunter Volkswagen, Siemens und
Würth.

São Paulo macht ein Drittel der brasilianischen Wirtschaftsleistung aus. Fast die Hälfte der in Brasilien gebauten Autos wird
hier hergestellt. Kulturell ist es ebenso ein Moloch: Es gibt zum
Beispiel allein 100 Museen und 300 Kinos.

Viele Deutsche sind vor, während oder kurz nach dem Zweiten
Weltkrieg hierhergekommen. Sie flohen vor Verfolgung und
Krieg. Oder sie waren selbst Kriegsteilnehmer oder Nazi-Täter

und setzten sich 1945 nach Südamerika ab. Südamerika, doch Brasilien und Argentinien im Besonderen, sind bis heute ein Sammelbecken für alte Nazis – wenn sie denn noch leben.

Nie werde ich vergessen, wie ich bei meiner ersten langen Brasilienreise auf den alten Nazi-Spion Erich Gimpel stieß. Helmut hatte mir erzählt, dass es da »diesen Spion« gebe und ob mich das nicht interessiere. Zuerst hielt ich das Ganze für wenig erquicklich. Dann aber ging ich vorbei beim Spion. Er war so etwas wie ein »Scoop«, eine Exklusiv-Geschichte, die, was deutsche Medien anbelangte, nur ich hatte. Ich weiß es noch, als wäre es gestern gewesen, wie ich das erste Mal diesen »deutschen Feinkostladen« betreten habe.

Mein erster Gedanke war: einsames Sauerkraut. »Sauerkraut kann einsam sein« – das war dann auch der Satz, mit dem meine damalige Reportage begonnen hat, die in einem großen deutschen Männermagazin erschien. Schließlich stand da ein Dutzend Konserven auf durchgebogenen Regalbrettern und konkurrierte mit gähnender Leere. Der Putz bröckelte, es stank nach Katzenpisse.

»Herr Gimpel?«, rief ich.

»Ich renoviere«, drang mir die Stimme des alten Mannes mit dem schlohweißen Haar entgegen. Wahrscheinlich war das sein Standardspruch, um Besuchern den Zustand seines Ladens zu erklären. Er saß auf einem weinroten, abgewetzten Ledersessel am Ende des Raumes. Deutsche Feinkost biete er feil, sagte Erich Gimpel, damals 95 Jahre.

1944 war seine Mission spektakulärer: Als Naziagent 146 sollte er – per U-Boot ins Land geschleust – die Konstruktion der Atombombe auskundschaften. Und sabotieren.

Er war der letzte Spion, den die Deutschen nach Amerika geschickt haben, und er hat dort mehr erreicht als alle vor ihm. All das wusste ich zu dem Zeitpunkt schon, denn ich hatte mir auf die Schnelle ein Buch besorgt, das mir ein Bekannter von Helmut lieh: »Spion für Deutschland«. In den 1950er-Jahren ein Bestseller von Will Berthold, verfilmt fürs Kino in einem Berolina-Streifen mit Martin Held in der Hauptrolle. Jetzt saß dieser hohlwangige Mann vor mir, vergessen in einem Vorort von São Paulo. 1,86 Meter mit krummem Kreuz. Im Internet war in dieser Zeit zu lesen, Gimpel sei verschollen oder tot. Aber er war weder das eine noch das andere. Ich war begeistert, dass ich ihn, ganz zufällig, gefunden hatte.

Gimpel stimmte zu, mir ausführlich aus seinem Leben zu berichten, und wir verabredeten uns für den nächsten Tag. Ich nahm einen Schreibblock mit und war gespannt, was er erzählen würde.

»Ich möchte Ihre Geschichte aufschreiben«, sagte ich zu Gimpel und er war gewillt zu sprechen. Also fingen wir an der Stelle an, die Gimpel als Einstieg wählte. Begonnen hatte alles 1935, über 3000 Kilometer westlich von São Paulo in Lima, Peru, wo Gimpel eine Anstellung bei Telefunken bekam. Der gebürtige Merseburger war neugierig auf die weite Welt. Mit den »Goldfasanen«, den übereifrig braunen NSDAP-Parteigängern, hatte er sich zu Hause in Deutschland öfter angelegt.

»Die wurden seit der Machtergreifung immer frecher. Ich war ein Hitzkopf und ließ mir nichts gefallen.«

»Sind Sie deshalb abgehauen aus Deutschland?«, wollte ich wissen. Gimpel nickte. Die Auswanderung war ein Flügelschlag gen Freiheit für ihn. Schnell gewöhnte sich der junge Radioingenieur an das süße Leben: bester Scotch, lukullische Speisen, schöne Frauen. Oh, diese Südamerikanerinnen, sie sollten das große Laster seines Lebens bleiben.

Gimpel ließ keine Liaison aus, übte die angesagten Hüftschwünge, balzte sich tanzend an die Latinas heran. In Lima habe er das Küssen, das Lieben und das Binden einer Smokingschleife erst richtig gelernt, schwärmte Gimpel und ich glaubte es ihm in dem Moment wohl.

Als der Krieg nahte, übten sich die deutschen Einwanderer in Peru im Nationalismus. Trafen Gimpel und seine Kumpane in

Bars auf Engländer, wurde drauflosgefrotzelt. »*Fuck King George*«
war der Schmähruf und schon wurde gerauft.

»Es war ein Spiel. Natürlich haben sich Tommys und Amis auch
geschlagen.« Doch dann wurde ernst gespielt. Zu seinem ersten
Spionageauftrag kam Gimpel wie die Jungfrau zum Kinde. Von
der Wand schaute ihn das Porträt des Führers an, als ihm ein Vertreter der deutschen Gesandtschaft vor Ort antrug, alliierte Schiffe auszukundschaften. Gimpels Funker-Kenntnisse machten ihn
interessant für Hitler-Deutschland.

Er sollte die Informationen per Kurzwelle durchgeben. Wohin bewegen sich die Schiffe? Was haben sie geladen? Werden
sie bewacht? Das machte er gut, vor allem, weil er stets den Weg
über die Frauen und Töchter der Handelsbosse ging. Evelyn T.
etwa war als Spross des Direktors der englisch-amerikanischen
Schifffahrtslinien eines seiner ersten »Opfer«. Ihre Familie lud
Gimpel als künftigen Schwiegersohn an ihren Tisch, selbst als
der Krieg in Europa schon tobte. Von da an wussten deutsche
U-Boote im Pazifik bestens Bescheid, wann Kühlschränke oder
wann Sprengköpfe durch die Fluten glitten. Teilzeit-Spion Gimpel freute sich, wenn seine blitzartigen Tipps den Landsleu-
ten auf See zupass kamen, und begoss derweil mit teutonischen
Schnapsdrosseln die fernen Blitzkriegssiege der Wehrmacht.
Leider – für Gimpel leider – unterstützte Peru die Alliierten.
Gimpel wurde also verhaftet und als Kriegsgefangener in die
USA gebracht.

An der Stelle des Gesprächs fragte ich mich das erste Mal, wie
ich wohl gehandelt hätte in dieser Zeit. Hätte ich für Hitler-
Deutschland spioniert? Oder als Soldat gekämpft? Wenn ich ehrlich zu mir war, konnte ich Ersteres nicht ausschließen. Es ist einfach zu sagen: Niemals! Aber in der konkreten Situation und
unter Angst vor Repressalien reagieren Menschen oft anders. Ich
wünschte mir jedenfalls, dass ich in diesem Krieg nicht mitgespielt hätte.

Gimpel wusste damals nicht, wie viel Zeit er noch in verschiedenen Gefängnissen schmoren sollte. Bei diesem ersten Knast-Aufenthalt ging es schnell, Gimpel wurde 1942 ausgetauscht, nach Hause berufen und in Hamburg von der deutschen Abwehr zum echten Spion geschliffen.

»Wie wird man eigentlich zum Spion?«, fragte ich.

»Man geht in die Schule. Eine Spionageschule – das war das Tollste auf der Welt. Alles roch nach Abenteuer.« Ich meinte zu sehen, wie die Begeisterung in Gimpel immer noch glomm. Einmal Spion, immer Spion.

Beim Geheimdienst der Wehrmacht lernte er, wie Verfolger unauffällig ausgespäht werden: Stehen bleiben an einem Schaufenster, warten, bis sich das Gesicht des Passierenden darin spiegelt. Bloß nicht umdrehen!

Er lernte auch, wie man mittels Mikrofotografie ganze Dokumente als winzigen Punkt unauffällig in einen Brief einfügt und wie man mit Geheimtinte schreibt. Gimpel schmuggelte, stahl, log, schoss, boxte, lernte sogar Jiu-Jitsu. James Bond wäre vor Ehrfurcht erstarrt bei der Güte dieser Ausbildung.

Der Spion in spe trainierte sein Gedächtnis, indem er Hunderte von Adressen und Namen auswendig lernte. Ein Merkzettel kann für einen Spion den Tod bedeuten und für sein Land den Untergang.

»Haben Sie das alles heute noch drauf?«, wollte ich wissen.

»Noch heute mit 95 brauche ich kein Adressbuch.«

Zu dieser Zeit beschäftigte die Abwehr weltweit über 20 000 Agenten und V-Männer. Admiral Wilhelm Canaris stand ihnen vor, Gimpel verehrte seinen Dienstherrn fast schon. Zwei Jahre später wurde Canaris als Mittäter des 20. Juli an einer Klaviersaite aufgehängt.

»Eine barbarische Tat. Ab da sah ich die Nazis immer kritischer.« Immerhin.

Doch zunächst verdiente sich Gimpel die ersten Sporen. Einem Probeauftrag in Holland folgten etliche in Spanien. Dort führte Franco seit dem Ende des Bürgerkrieges despotisch die Staatsgeschäfte; sein Land war offiziell neutral im Zweiten Weltkrieg. Allerdings gab es eindeutige Sympathien für Hitler-Deutschland und damit auch Konspiration – immerhin hatten ihm die Faschistenbrüder Waffenhilfe beim Putschen geleistet. Auf Canaris' Tisch stand ein Bild von Franco, keines von Hitler, die beiden waren befreundet, seit der Deutsche im Bürgerkrieg für die Abwehr in Spanien war. Canaris nutzte diese Kanäle. Weil Gimpel gut Spanisch sprach – viel davon hatte er in den Betten der Frauen gelernt –, war er auf die Einsätze abonniert.

»Gibt es ein Geheimnis, das Sie mir exklusiv erzählen können? Irgendetwas, was Sie sonst noch niemandem erzählt haben?«, fragte ich Gimpel.

Da verriet er mir folgende Anekdote: »Francos Schwager Serrano Súñer, Chefideologe und zeitweilig Außenminister, war mein iberischer Verbindungsmann.«

Er habe dem *cuñadísimo* (der große Schwager) Súñer einen Koffer voller Geld mit 250 000 Schweizer Franken übergeben, die er von der Schweiz aus über drei Grenzen als Päckchen unterm Arm schleuste. Wo immer Gimpel erwischt worden wäre, hätten ihn seine ausländischen Kontaktpersonen sowie die Abwehr sofort fallen gelassen. Spionage ist ein risikoreiches und einsames Geschäft. Und vier von fünf Spionen wurden irgendwann erwischt.

Im Gegenzug für das Geld bekam Agent 146 Informationen über die militärischen Bewegungen der Alliierten oder geheime Inhalte aus Gesprächen von Europas Spitzen mit Franco, der immer wieder erwog, in den Krieg einzugreifen. Am Ende soll es Canaris selbst gewesen sein, der Franco beschwor, sich rauszuhalten. Gimpel wiederum gelobte Súñer, dass er von den Treffen keiner Menschenseele erzählen würde. »Ich habe mich daran gehalten. 2003 starb er mit 101 Jahren. Jetzt bin ich von meiner Zusage entbunden.«

Noch beim Interview wog er seine Worte genau ab, das Ringen um das Aussprechbare quälte ihn. Sein Leben lang hat er verschlüsselt, getarnt, getäuscht. Ich merkte schnell, dass Gimpels Misstrauen berufsbedingt ist. Er hatte verinnerlicht, dass es keine wahren Freunde auf der Welt gibt. Dass jeder ein potenzieller Gegner ist. Irgendwie tat er mir fast ein bisschen leid, es musste ein Leben mit Scheuklappen und Borniertheit gewesen sein.

Bald hatte Gimpel einen waghalsigen Auftrag: das Unternehmen »Pelikan« im Herbst 1943. Er sollte den Panamakanal so sprengen, dass er für die Feindflotten unpassierbar wird, verkürzte dieser doch den Weg vom Atlantik in den Pazifik um mehr als 10 000 Kilometer.

Geld und Aufwand spielten keine Rolle. Gimpel hatte eine Sondervollmacht von Marine und Luftwaffe, alles zu fordern, was er wollte.

»Warum nicht gleich eine Landung auf dem Mars?«, fragte Gimpel. Dann spann er wieder Pläne. Zwei deutsche Bomber könnten das Stauwehr mit wenigen Bomben zerstören, das Wasser aus dem Gatun-See würde die Dämme brechen lassen und dem starken Gefälle des Kanals nach ins Meer abfließen, errechnete Gimpel.

Er hatte sich vorher insgeheim mit einem deutschen Ingenieur getroffen, der den Kanal mit konstruiert und noch alle Pläne in Verwahrung hatte. Experten im Amt VI berechneten, welche Sprengkraft die Bomben brauchen würden.

Aber wie bekam er die Sturzbomber mit geringem Flugradius nach Mittelamerika?

Wieder war Gimpel kreativ. Die Flugzeuge wurden auseinandergeschraubt und je in ein U-Boot gepackt.

Dann sollten sie auf irgendeiner einsamen Karibikinsel wieder zusammengebaut werden und von einem Strand aus starten. »Spionage besteht im Kern immer aus teuflisch-kreativen Ideen.« Und ich glaubte in dem Moment, nachvollziehen zu können, was Gimpel meinte.

Gimpel forderte Piloten, die sich freiwillig zu dem Einsatz meldeten – die verbündeten Japaner zeigten, wie viel mit Ehrhungrigen in fliegenden Bomben machbar war.

Klappte alles, war der Kanal mindestens zwei Jahre außer Gefecht. Wieder klopften Gimpel alle auf die Schulter. Er mietete ein langes Uferstrandstück am Berliner Wannsee, wo die Prozedur geübt wurde, und besorgte Luftaufnahmen des Panama-Kanals.

Alles war gut vorbereitet, die Flieger waren verstaut.

Einen Tag vor Abreise erreichte Berlin die Meldung: Der Plan war an den Feind verraten worden, wahrscheinlich von den eigenen Leuten. Hätte Gimpel die Nachricht später empfangen, wäre er in den sicheren Tod gezogen.

Er sollte aber seinen dicken Fisch an die Angel bekommen. Mit der deutschen Atomforschung war er bereits auf Tuchfühlung, als er in Norwegen eine britische Spionage an der Großanlage »Norsk-Hydro« vereitelte, der weltweit einzigen Fabrik, die schweres Wasser in großen Mengen herstellen konnte. Schweres Wasser wurde zur Atomspaltung benötigt. Die Aktivität dieser Anlage und ein Brief von Albert Einstein, in dem er davor warnte, dass Deutschland bald Kernwaffen bauen könne, bewirkten, dass US-Präsident Franklin Roosevelt die Atombombe zur Chefsache machte und Heerscharen von Wissenschaftlern daransetzte. Die Nazis durften die Bombe nicht zuerst haben. Die Pläne für die Spaltung von Uranium kamen aus Deutschland durch die emigrierte Sekretärin von Otto Hahn, dem das Kunststück bereits gelungen war.

Gimpels großer Auftrag hieß: »Unternehmen Elster« – er sollte das geheime »Manhattan Project« ausspionieren und möglichst sabotieren. Das Projekt bündelte alle Bemühungen um die Bombe, der Physiker Robert Oppenheimer war sein Chefstratege.

»Hatten Sie Angst?«, wollte ich wissen.

»Meine Mission war ein Höllenjob, alle im Amt VI sahen mich mitleidig an. Aber ich war davon besessen«, erinnerte sich Gimpel.

Vor ihm waren bereits sechs deutsche Spione auf dem elektrischen Stuhl gelandet. Gimpel stellte nur eine Bedingung: Er wollte einen echten Amerikaner zur Seite gestellt bekommen. Einen, der ihm die neusten Tanzschritte beibringt, das Fluchen, die trendigen Redensarten. Der amerikanische Kriegsgefangene William »Billy« Colepough kollaborierte mit den Deutschen und sollte ihr trojanisches Pferd werden.

»Ich hätte wissen müssen, dass er mich irgendwann verpfeift.«

Später steckte ihm ein Mitarbeiter des FBI nach seiner Verhaftung, Gimpels einziger Fehler habe darin bestanden, Billy nicht gleich »zwischen die Augen zu schießen«. Das Unternehmen Elster begann. Mit 60 000 Dollar in bar, 99 Diamanten und zwei Revolvern stach Gimpel am Freitag, den 13. September 1944 in See, natürlich wieder in einem U-Boot. Sieben Wochen sollte er sich weder waschen noch rasieren. Das Ziel war die Frenchman Bay, Maine. Schon unterwegs stand es mehrmals Spitz auf Knopf. U-1230 passierte mit Glück alle Wasserbomben und Seeminen unbeschadet. Einmal strömten Abgase zurück ins Boot und die Mannschaft erstickte fast, acht Mann verloren das Bewusstsein, aber alle überlebten. Vor der amerikanischen Küste übersah ein Zerstörer das deutsche U-Boot.

»Die hatten Horch- und Radargeräte. Ein Knopfdrücken hätte gereicht, uns auf den Grund zu schicken«, sagte Gimpel und wirkte fast gleichgültig in seinem roten Sessel. Spätestens jetzt begriff ich, dass man Spione nicht verstehen kann.

Die nächste Hiobsbotschaft, ein Funkspruch aus Deutschland: Der Auftrag sei vielleicht wieder verraten worden; Gimpel, Sie können umkehren. Und zu allem Unglück schmierte auch noch das Tiefenmessgerät ab, ohne das die Einfahrt in eine seichte Bucht Selbstmord gewesen wäre.

Gimpel wollte nicht aufgeben, es gab für ihn keinen Weg mehr zurück. War er nicht einmal Radioingenieur gewesen? Er zerlegte die Transformatoren, wickelte sie mühevoll neu auf und das Messgerät war repariert. Das U-Boot tauchte in die Bucht.

Und als Gimpel gerade erzählte und ich gespannt zuhörte, klingelte das Telefon. Das Läuten unterbrach Gimpels Erinnerungen. Er schlurfte zum Hörer. Und dann? Welch große Freude, U-1230-Kommandant Kapitänleutnant Hans Hilbig rief ihn tatsächlich in dem Moment aus Bielefeld an, so als hätte er gewusst, dass gerade von ihm gesprochen wurde. Er hatte als Einziger an Bord damals von Gimpels Auftrag wissen dürfen. Die beiden Männer tauschten also am Telefon alte Anekdoten aus.

»Kaleut, erinnern Sie sich, wie sie uns an der Küste fast erwischt haben?«, fragte Gimpel in den Hörer.

Ein Boyscout hatte die Landung entdeckt und fast wäre die Mission schon am Anfang gescheitert. Doch Gimpels Glück blieb ihm gewogen. Niemand glaubte dem beflissenen Grünschnabel von Pfadfinder, der später einen Orden erhalten sollte. Der Krieg war fast gewonnen, da werden die Deutschen doch keine U-Boote mehr schicken, sagten die Grenzschützer. Gimpel und Billy schlugen sich nach der Landung durchs Dickicht zum nächsten Bahnhof, fuhren mit dem Zug nach New York, kauften neue Kleider und breitkrempige Hüte.

Dort traf Agent 146 alias Edward Green Informanten, hörte sich um, sah Dokumente ein und fand das Wesentliche über die Atombombe heraus. Ein Mammutunternehmen wie das Manhattan Project ließ sich eben nicht geheim halten.

Gimpel achtete stets auf seine Ausbildungsregeln. Er fuhr nie direkt zum Ziel, benutzte immer drei verschiedene Taxen und stieg zwei Straßen vor seinem Ziel aus, achtete darauf, ob er beschattet wurde. Einmal verursachte ein Taxi, in dem er saß, einen Unfall. Nur mit Mühe konnte er fliehen, eine Zeugenbefragung hätte ihn auffliegen lassen. Bald wusste er viel: Das Uran für die Kernspaltung wurde in Nordkanada und Belgisch-Kongo gewonnen, die ersten Atomtests in New Mexico waren in Vorbereitung

und in Kalifornien übten Piloten in der B-29 das Starten mit über-
schweren Bombenattrappen und wussten dabei weniger über den
Grund dieser Maßnahme als Gimpel.

Die Bombe sollte in fünf Monaten einsatzbereit sein. Gimpel
erfuhr das Gros dieser Dinge von einem früheren V-Mann der Abwehr, dem Geschäftsmann »Mr. Brown« in der 41. Straße von Manhattan. Gimpel erpresste ihn: »Sie haben von uns 65 000 Dollar
bekommen und damit Ihren Laden aufgezogen. Das dürfte einige
Leute in diesem Land interessieren.« Brown half ihm in Panik,
aber beschwor ihn, sich schnell nach Südamerika abzusetzen.
Gimpel dachte nicht daran. Die Informationen morste er mit einem selbst gebauten Sender verschlüsselt nach Berlin, wo der
Führer im Bunker noch immer von Germania träumte. Die
»Reichshauptstadt« galt als sicheres Abwurfziel für die Bombe.

»Das konnte ich doch nicht zulassen. Mir waren die Nazis
egal, ich dachte nur an meine Heimat«, sagte Gimpel zu mir.

»Aber Sie waren doch angeblich selbst kein Nazi«, warf ich ein.

Gimpel schwieg in dem Moment. Möglicherweise waren es
auch die Informationen Gimpels, welche die NS-Führung kurz
vor Kriegsende noch zu verzweifelten eigenen Kernwaffenversu-
chen trieben, die Rainer Karlsch in seinem Buch »Hitlers Bombe«
zu enthüllen suchte. Agent 146 hatte den ersten Teil seines Auf-
trags mit Bravour bestanden, jetzt wollte er sabotieren.

Sein Begleiter Billy wurde ihm allerdings zum Verhängnis. Er
betrank sich ständig und verprasste das Geld, Gimpel ohrfeigte
ihn, nachdem Billy einmal besonders angeduselt nach Hause kam,
und merkte, dass er ihm nicht vertrauen konnte.

Schließlich türmte Billy mit den beiden Koffern voller Geld
und Gimpels Sender. »Kamerad Judas«, höhnte Gimpel an dieser
Stelle seiner Erzählung. Ich schaute ihn an und sah den Hass in
seinem Gesicht. Normalerweise kenne ich es von alternden Männern, dass sie milde werden. Aber Gimpel war in diesem Fall kein
bisschen milde.

Als er später erfuhr, dass Billy als alter Mann schwerkrank in Michigan lebte, empfand er ebenso wenig Mitleid. Ich dachte: Nach all der Zeit, warum bist du so unversöhnlich? Aber ich sagte das nicht laut.

Gimpel stand in der damals größten Stadt der Welt und suchte seine Koffer. Es war, als sollte er im Polarmeer nach Perlen tauchen.

Er fragte sich: Was würde er tun, wenn er Billy wäre? Gimpel schaffte das Unmögliche, fand seine Koffer in einer Gepäckabgabe wieder, wo Billy sie für ein paar Stunden abgegeben hatte. Gimpel holte sie mit List zurück, indem er vorschützte, die Gepäckscheine verloren zu haben, und die Kofferschlüssel herzeigte. Die Bahnmitarbeiter hatten Mitleid, und als er die Musterung der Pyjamas im Koffer beschreiben konnte, bekam er sie ausgehändigt. Dass zwischen einem doppelten Boden Geld und Waffen lagen, hatte niemand bemerkt.

Noch einmal hatte er dann Fortune, als er rein zufällig in einen alten Kumpel aus Lima hineinrannte, der ihm sein Apartment in Manhattan überließ. Dort baute sich Gimpel ein Liebesnest und machte es sich mit einer nichts ahnenden Amerikanerin gemütlich, die er kennen gelernthatte. Joan hieß sie, und sie teilte das Bett mit dem Staatsfeind Nummer eins.

»Was sind Ihre Erinnerungen an diese Frau? War sie besonders?«, fragte ich.

Gimpel bekam feuchte Augen, als er von ihr sprach. Er sagte, sie sei vielleicht die Liebe seines Lebens gewesen. Sie feierten zusammen das Weihnachtsfest 1944 mit einem Truthahn und einer heißen Nacht. Danach verließ Gimpel die Schlafende.

»Ich wollte nicht, dass sie mit mir gehängt wird.«

Billy war da längst vom FBI gefasst worden, nachdem er in bierseligem Überschwang allerorts dreist mit seinen Abenteuern prahlte. Im Verhör wurde er windelweich gehauen und verriet alles. Gimpel wähnte sich noch sicher, als schon überall die Fahnder lauerten. Im Weißen Haus fand seinetwegen eine Sondersitzung statt, während er den nächsten Schritt einleitete.

Seine Sabotagehelfer in Südamerika hatten ihr Zeichen bekommen: Eine harmlose Zeitungsannonce war der Geheimcode. Sie mussten längst unterwegs sein, dachte Gimpel. Mit ihnen wollte er die atomaren Produktionsstätten in Oak Ridge, Hanford, Savannah River und Los Alamos in die Luft jagen. Außerdem hatte Brown ihm die Adresse von einem Atomphysiker des Manhattan Project besorgt, den Gimpel auf dessen New-York-Reise beschatten und aushorchen wollte. Griffith hieß er. Den Liebeskummer wegen Joan ersäufte Gimpel im Whisky.

Doch als er eifrig Pläne austüftelte, wurde er verhaftet – Silvester beim Zeitungskauf. Der entscheidende Hinweis kam von Billy: Gimpel trug sein Wechselgeld in der linken Hemdtasche. Tausende Agenten standen an diesem Tag an den Zeitungsbuden von New York. Gimpel verzieh sich auch ein ganzes Leben später diese Nachlässigkeit nicht, als er mir davon erzählte.

»Ich war so dicht dran. Schon meine Mutter sagte immer: Jung, steck das Geld nich' ins Hemd!«, sagte er.

Im Kreuzverhör des FBI plauderte Gimpel nichts aus, was die Beamten nicht schon wussten. Er wurde respektvoll behandelt, wünschte sich jeden Tag ein Essen, wurde nicht gefoltert, rauchte, bis seine Fingerkuppen gelb wurden.

»Warum sind Sie wohl so gut behandelt worden?«

»Loyale Agenten respektieren sich über alle Grenzen. Verräter wie Billy dagegen bekommen die volle Härte zu spüren.« Das FBI gratulierte Gimpel bis ins hohe Alter alljährlich zum Geburtstag. Retten konnten ihn die Sympathien aber nicht. Es herrschte Krieg, da hatten gefasste Spione nichts zu hoffen. Das Urteil war keine Überraschung: Tod durch den Strang. Der Geheimdienst machte Gimpel das Angebot, ihn zu schonen, wenn er für sie arbeite. Gimpel überlegte lange, aber letztlich konnte es für ihn nur eine Antwort geben: Lieber sterben als sich umdrehen lassen!

Wie Rilkes Panther im Gedicht schlich Gimpel im Gefängnis von Fort Jay hinter seinen Gitterstäben auf und ab. Es war eine immer gleiche, schwebende, unerträgliche Ruhe. Er spürte die Schlinge bereits um den Hals, bekam Wahnvorstellungen, als hätte eine Walze sein Gehirn planiert.

In ihnen begegnete ihm Joan, sie liebten sich innig und sie war zärtlich, um dann gleich wieder zu verschwinden. »Alles war so sinnlos! Ich war Mitte 30 und wollte leben«, sagte Gimpel, um mir seine Gemütslage im Knast zu beschreiben.

Sein Gnadengesuch wurde abgelehnt, ihm blieben noch 96 Stunden. Zuerst verging die Zeit schleppend, dann raste sie dahin. Ein Geistlicher kam und sollte Gimpel das Sterben beibringen, er wurde gefragt, welche Henkersmahlzeit er sich wünschte.

»Dabei blieb mir sowieso jeder Bissen im Hals stecken.«

Nur ein Wunder konnte ihn jetzt retten; Gimpel schloss mit allem ab. Drei Tage vor dem Gang aufs Schafott wurde das Wunder als Gerücht durch den Zellentrakt gewispert und Gimpels Wärter wurden zum Sendboten des abermaligen Glücks. Präsident Roosevelt war am 12. April 1945 unerwartet gestorben, alle Todesurteile wurden daher für vier Wochen ausgesetzt.

»Was hieß das denn für Sie?«

»Ich habe ihn immer so gehasst. Aber am Ende hat er mir das Leben gerettet.« Ein Treppenwitz der Geschichte. Der Krieg endete in der Staatstrauer.

Der Nachfolger Roosevelts, Harry Truman, begnadigte Gimpel. Zuerst hieß das lebenslange Haft, dann 30 Jahre. Knapp zehn saß er tatsächlich ab und flocht unzählige Körbe in der Zeit, knüpfte Seile, schaufelte Kohlen, bevor er entlassen wurde. Dreieinhalb Jahre saß er auf der berüchtigten Gefängnisinsel Alcatraz ein, von der nie ein Mensch entflohen ist. Dem Ort, wo Al Capone saß, bis sie ihn mit seiner drittgradigen Syphilis todkrank entließen. Mit Gimpel war »Machine Gun« Kelly dort, über den gemunkelt wurde, er habe seinen Namen mit einem Maschinengewehr in die Wand ballern können. Verbrieft war seine Mordlust, mehr als 30 Leute soll er erschossen haben. Mörder, Zuhälter, Diebe waren Gimpels Genossen.

»Was war am schlimmsten?«, wollte ich wissen.

»Wirklich schlimm war für mich nur eines: Es gab keine Frauen.«

Gimpels Vater starb in dieser Zeit, und er erfuhr es noch nicht einmal. Er durchlitt den Knastkoller, bekam eine Haftpsychose, drehte durch und kam in Einzelhaft. Per Klopfzeichen unterhielt er sich mit anderen Insassen in den Zellen neben sich. Und unternahm einen Fluchtversuch.

»Ich weiß nicht, wie lange ich es ausgehalten hätte. Der härteste Mann weint hinter Gittern und denkt daran, sich etwas anzutun.« Gimpels endgültige Begnadigung kam dann völlig unverhofft. Nach der Entlassung zog es ihn zurück nach Deutschland, das aber nicht lange sein Hafen blieb. Er flüchtete 1958 vor dem Rummel um seine Person nach Brasilien. Davor heiratete er das Mannequin Eva Scheidel und sackte 30 000 Mark von der »Münchner Illustrierten« für seine Geschichte ein. In São Paulo machte Gimpel mit dem Geld in Gabelstaplern und produzierte eine Riesenpleite. Die Frau brannte mit einem Geschäftsmann durch und ging zurück nach München. Sie hinterließ ihm das Geschäft für deutsche Lebensmittel, in dem er jetzt mit mir saß.

Und da saß dieser alte Mann auf dem roten Ledersessel mit dem einäugigen Kater Chico auf den Knien. Er tat mir plötzlich leid. Auf eine Art war auch er ein Kriegsopfer – der Gedanke schoss mir in diesem Moment durch den Kopf.

»Ich würde es nicht noch mal machen. Zehn Jahre meines Lebens sind mir geraubt worden«, sagte Gimpel noch und stierte aus seinen faltig-eingefurchten Augenhöhlen. »Aber bereuen muss ich nichts.« Er sei kein Nazi gewesen, sagte er immer wieder, Politik habe ihn nie interessiert.

»Warum haben Sie es dann gemacht?«, fragte ich.

»Mein Bruder Paul fiel in Stalingrad. Meinem besten Freund haben sie beide Beine weggeschossen. Meine Cousine wurde von einer Bombe auf der Straße getötet. An sie alle dachte ich, als ich den Auftrag annahm.«

In Brasilien zeigten die Medien reges Interesse am Spion a.D. Er hatte es sogar aufs Titelbild von »Ja« geschafft, dem Magazin der Tageszeitung »Diário Popular«. Gimpel mit langem Ledermantel vor einem überdimensionalen Hakenkreuz – die Brasilianer sahen ihn sehr wohl als alten Nazi. Nach dem 11. September fielen Postkarten durch den Briefschlitz im Feinkostladen: »Gimpel, Du musst Bin Laden fangen!«, schrieben da ein paar Witzbolde. Aber dafür sei er zu alt, fand Gimpel. Sogar die Japaner hatten ihn als Kultfigur entdeckt und ein Buch über ihn herausgebracht. Er wartete auf eine Einladung ins Reich der aufgehenden Sonne und genoss den Ruhm, ganz egal, von welcher Seite er kam – Historikern oder U-Boot-Fachleuten. Oder gar von alten Nazis: Gimpel ging zu Treffen der Kriegsveteranen im deutschen Restaurant »Windhuk« bei Schlachtplatte und importiertem Erdinger. Manche dieser Kumpane konnten sich in ihrem Heimatland nicht mehr blicken lassen.

Später nahm mich Gimpel einmal mit zu einem solchen Treffen. Als dort der Marsch »Alte Kameraden« aus einem Radiorekorder rauschte, sangen alle mit. Dazwischen betätigte sich der Veteranenchef als ideologischer Einpeitscher. »Deutschland wollte den Krieg nicht. Die Alliierten haben die Polen angestachelt, uns zu provozieren.«

Die Amerikaner seien die Aggressoren gewesen. Flankiert würden sie stets von den »Ölberg-Tirolern«, so pflegte der Ex-HJ-Stammführer die Juden zu nennen. Er war ein richtiger Raubauz in Hosenträgern. Kameradschaft und Pressefreiheit – das gebe es nur noch in Südamerika, sagten er und seine Kameraden. Am Schluss seiner Hetzen stimmte der ein oder andere auch gerne mal das Horst-Wessel-Lied an. In dieser Runde durfte man das. »Zu politisch« war das alles für Gimpel. Er saß stumm dabei und sagte kein Wort, als der Rest in Soldatengeschichten schwelgte. Man hörte die Kugeln förmlich pfeifen, die Hacken schlagen – Landser-Romantik pur. Aber der Meisterspion lächelte nur verlegen. Er hatte ja auch nie »auf freiem Feld dem Feind ins Auge geblickt«, wie er später zu mir sagte.

Ich bin über die Jahre immer wieder bei Gimpel zu Besuch gewesen. Obwohl er mir suspekt war, mochte ich ihn. Weil er mich irgendwie rührte, dieser alte Mann. Wenn wir in seinem heruntergekommenen Laden saßen, hatte das auch etwas Rituelles. Das Geschäft lief zuletzt schlecht. So schlecht, dass Gimpel meist was drauflegen musste. Er wolle den Laden halten, als Treffpunkt, sagte er immer. »Mir geht's doch gut«, sagte er dann. Sogar ein paar Freundinnen habe er immer noch.

»Was für Freundinnen?«

»Ach – die Frauen rennen mir heute noch hinterher.« Gimpels Arzt hatte ihm damals prophezeit, dass er über hundert werden würde. Ab und an hatte er Albträume. Ihm träumte, er würde verfolgt und käme nicht weg, oder der Mossad jage ihn. Im realen Leben stürmten mehrmals junge Paulistanos mit gezogenen Waffen in seinen Laden, um ihn auszurauben.

Früher hatte Gimpel auf die Kasse gezeigt, jetzt aber schrie er: »Cai fora!« – »Zieh' Leine!« Seinen Revolver ließ er lieber im Safe liegen.

»Wovor soll ich Angst haben bei dem, was ich erlebt habe?« fragte er mich öfter.

Am Ende eines solchen Interview-Tages starrte Gimpel einmal in Richtung Straße und zog dann den Rollladen herunter. Die Abermillionen Lichter der Stadt gingen an. Irgendwo da draußen mussten sie sein, die letzten Sauerkrautesser von São Paulo.

Als ich einige Jahre später erfuhr, dass Gimpel mit 101 Jahren gestorben war, hatte ich lange nicht mehr an ihn gedacht. Ich habe ihn nicht vermisst, aber ich wusste: Würde ich jemals über Brasilien ein Buch schreiben, musste er darin vorkommen.

Kapitel

6

Mädchen aus Leidenschaft

In São Paulo braucht man oft Stunden, um von einem Ort zum anderen zu gelangen – egal, ob man mit U-Bahn, Taxi oder Bussen unterwegs ist. Ich genieße die Fahrten trotzdem immer, denn ich tue nichts lieber, als Menschen zu beobachten. Die Dicken, die Dünnen, die Schönheiten, die Extravaganten. »Leute schauen« funktioniert hier bestens und nebenbei hängt man seinen Gedanken nach. Mein Ziel ist heute das Shoppingcenter Vila Lobos im Westen der Stadt, nahe der Universität; dort werde ich eine tolle Frau treffen, die zur Kulturgeschichte Brasiliens gehört wie Carmen Miranda oder Joa Gilberto. Ich habe ein Treffen anberaumt, das etwas ganz Besonderes werden dürfte. Kaffee trinken mit dem wahren »Girl from Ipanema«! Ja, sie lebt. Sie wohnt heute in São Paulo und hat nichts von ihrem Charme verloren, auch wenn die Jugendjahre schon verstrichen sind. Ihre Geschichte ist einzigartig und ein Stück brasilianischer Kultur. Alles fing so an:

Kreisende Hüften, ein runder Hintern. Die junge Frau läuft an Rios Strand entlang. Sie soll eigentlich nur Zigaretten kaufen für ihre Mutter. Aber sie flaniert, ja defiliert. Im Sommer 1962 wurde das »Girl from Ipanema« geboren.

Ich bin etwas aufgeregt, als ich sie treffe. Schöne Frauen haben oft etwas bezaubernd Unnahbares. Sie sind auch im Interview bisweilen schwer zu knacken.

Helô Pinheiro sitzt auf einem umbrafarbenen Fauteuil in ihrem Büro im Konsumtempel Vila Lobos. Es gehört zu dem Geschäft, in dem sie ihre Bikini-Kollektion verkauft. Der Ventilator surrt, und die 62-Jährige träufelt sich Wasser aus ihrem Trinkglas mit einer Hand übers Gesicht. In einem mannshohen Glasschrank liegen Muscheln, die am Ohr so rauschen wie das Meer, aus dem sie gefischt wurden.

»Ich hätte nie gedacht, dass alles so kommt. Aber das Leben ist nicht planbar«, sagt sie und lächelt dabei versonnen.

Ich frage, wann sie das Lied zum letzten Mal gehört hat.

»Am Dienstag beim Autofahren. Ich habe nicht ausgeschaltet.«

Warum auch. Das Lied hat ihr Leben verändert. Der zauberhafte Song verkaufte sich Abermillionen Mal – nur »Yesterday« von den Beatles ging öfter über den Ladentisch. 1964 gewann die LP einen Grammy und die Version von Astrud Gilberto und Stan Getz wurde zur Single des Jahres gewählt. Es gibt bis heute rund 200 Versionen, unter anderem Cover von Louis Armstrong, Ella Fitzgerald, Frank Sinatra, Nat »King« Cole, Caterina Valente und sogar von den Wiener Sängerknaben.

»Können Sie noch einmal erzählen, wie dieses Lied entstanden ist?«, frage ich, immer noch etwas aufgeregt.

»Natürlich, darin habe ich Übung. Es gibt kaum einen Tag, an dem ich das nicht gefragt werde«, antwortet sie mit einem geduldigen Lächeln. Die Entstehung des Liedes ist in Brasilien längst eine Legende, die in den Ohren der Kinder klingt, seit sie hören können. Ein Dichter und ein Musiker trinken reichlich Cachaça in der Bar Veloso am Strand von Ipanema. Es ist ein heißer Nachmittag. Sie sind beschwipst.

Da schlendert dieses 17-jährige Mädchen vorbei, voller Eleganz. Die beiden können ihre Augen nicht abwenden, sind in ihren Bann gezogen. Als Künstler wissen sie, was zu tun ist: Die Muse muss verewigt werden. Vinicius de Moraes und Antonio Carlos Jobim schreiben noch in der Bar das Lied »Garota de Ipanema«, das bald darauf die Welt als »The Girl from Ipanema« erobern wird. Manche Chronisten beharren darauf, dass das Lied erst später geschrieben wurde, in irgendeinem Studio oder Musikzimmer. Aber für die Legende ist es nun mal schöner, an die künstlerische Kraft des Augenblicks zu glauben.

»Schau doch, welche Schönheit, voller Anmut / ist sie, dieses Mädchen, das da kommt und vorbeigeht«, flüstert Helô Pinheiro und in ihrer Stimme klingt der Sing-Sang dieses Liedes mit.

So beginnt das Lied, stark beeinflusst von Jazz und der populären brasilianischen Musik – vor allem dem Samba. Die rhythmische Betonung ist aber weicher, die Interpretation melodischer. Der Bossa Nova steht für Leichtigkeit, für einen melancholischen Unterton. Er wird die Musik der Studenten, Jugendlichen und der Intellektuellen. Kein Musiker hat diesen Musikstil so geprägt wie João Gilberto mit seinem zurückhaltenden Gesang und der leisen Gitarrenbegleitung.

Und kein Musikstil trägt so viel von der brasilianischen *saudade* in sich, der weltschmerzlichen Sehnsucht. Einer Sehnsucht nach allem, was sinnlich ist. Ohne Bossa Nova wäre Brasilien nicht Brasilien. Mich hat die Musik zuerst nicht besonders interessiert. Aber als ich anfing, ihr in Cafés und Bars an Rios Stränden zu lauschen, hat es auch mich gepackt.

»Der Bossa Nova ist wie ein schweifender Blick über den ruhigen Ozean«, sagt Helô Pinheiro. Aber auch der ruhigste Ozean trägt Schaumkronen als wilden Schmuck, ist in Bewegung.

»Wie haben Sie davon erfahren, dass Sie plötzlich zur Künstlermuse geworden sind?«, will ich wissen.

»Aus den Medien natürlich«, antwortet sie knapp.

Als Helô Pinheiro mitbekommt, dass sie die *musa inspiradora* für den neuen Welthit war, bricht ein mediales Erdbeben über sie herein.

»Jeder wollte mich interviewen, fotografieren, zeigen. Ich habe die Aufmerksamkeit schnell genossen«, sagt sie.

Sie arbeitet fortan als Fotomodell und Schauspielerin. Ihre Mutter, die die ganze Geschichte mit ihrer Gewohnheit zu rauchen erst ins Rollen gebracht hatte, ist nicht begeistert. Sie hat ihre Tochter Helô immer streng erzogen. Schließlich ist der Vater General beim brasilianischen Militär und zu Hause herrschen Zucht und Ordnung. In einer Rolle, der Film heißt »Rio, Liebe und Sommer«, soll sie einen Jungen küssen – die Mutter verbietet ihr mitzuspielen.

Doch lange lässt sie sich das nicht gefallen: 1966 heiratet Helô Pinheiro und kappt das enge, fesselnde Verhältnis mit der Mama. Ihr Ehemann ist der adrette Fernando, bürgerlich und Schnurrbartträger. Davor hatte ihr Tom Jobim höchstpersönlich im weißen Anzug am Strand von Ipanema einen Antrag gemacht. Aber Helô Pinheiro lehnte ab: »Du bist zu alt, schon verheiratet und ich bin außerdem noch Jungfrau.« Der Barde ist verdutzt und wird am Ende ihr Trauzeuge.

1987 zeigt Helô zum ersten Mal ihre Körperkurven im brasilianischen Playboy.

»Da habe ich mich richtig unwohl gefühlt. Besonders selbstbewusst war ich damals nicht.« Mit den Jahren ändert sich das. So sehr, dass sie sich 2003 nochmals für das Magazin fotografieren lässt, diesmal zusammen mit ihrer 24-jährigen Tochter Ticiane.

»Es fiel mir leichter, obwohl ich eine reife Frau bin, in deren Alter manch einer das unschicklich findet, sich so zu zeigen. Ich habe meine Tochter nur angeschaut und gedacht: Du bist so

schön. Die Jugend ist alles!« Auf einem Bild verdeckt sie mit der
Hand die Scham ihrer Tochter.

»Warum haben Sie das gemacht? War das nicht eine seltsame
Situation?«

»Da steckt eine Menge Symbolik drin«, sagt Helô Pinheiro
und stockt einen Moment, »ich beschütze meine Tochter. Sicher
anders als meine Mutter damals bei mir und dennoch vergleichbar.«

Schönheit ist alles. An dieser blonden Frau verzweifeln Femi-
nistinnen. Bis heute inszeniert sie sich als die sinnliche Muse, als
das Schaustück in der Vitrine männlicher Fantasien. Sie ist eine
Frau, die nicht vergehen will. Eine Frau, für die es nur einen Feind
gibt im Leben: das Altern.

»Natürlich genieße ich es, dass die Männer mich noch immer
toll finden. Gehört das nicht einfach dazu?«

Aber sie ist auch knallharte Geschäftsfrau: In Rio und São
Paulo betreibt sie Läden, in denen sie ihre Bademoden verkauft.
Der Verkaufsschlager selbstredend: die eigene Bikini-Kollektion.
Auch übers Internet vertreibt sie den Hauch von Nichts in allen
Farben.

Fio dental, Zahnseide, nennen die Brasilianer die knappen
Strings, deren Bändchen zwischen den Popacken verschwindet.
Oben-ohne oder FKK kommt im konservativen Brasilien nicht
infrage. Aber die Bikinis sind so unzüchtig, dass man fast trotzdem alles sehen kann.

Helô Pinheiro steht nicht selbst hinter dem Verkaufstresen.
Sie muss sich um den ganzen Trubel kümmern. Denn dass sie die
Geschäfte unter dem Namen »Garota de Ipanema« führt, stört
die Erben der inzwischen verstorbenen Künstler Tom Jobim und
Vinicius de Moraes gewaltig. Bei den eifersüchtigen Nachfahren
ist die Beißhemmung so ausgeprägt wie bei einem Schwarm Bar-
rakudas. Seit Jahren schon führt Helô Pinheiro einen Rechts-
streit mit ihnen. Sie fühlt sich betrogen: »Ich habe nicht einen

Cent an dem Lied verdient und wollte das auch nicht. Aber den Namen habe ich nun mal bekommen und möchte ihn daher auch nutzen.«

»Warum ist der Name denn so wichtig?«

»Weil er unsterblich ist, unsterblich macht. Das Lied wird es noch geben, wenn ich – und auch du – längst nicht mehr leben.« Die Einwohner von Ipanema sahen das ganz genauso und gingen für Helô Pinheiro auf die Straße, es war eine kleine Demonstration mit allem, was dazugehört: Transparenten und Sprechchören. Sie verliehen ihr gar den Titel »Girl from Ipanema auf Lebenszeit«. Und sie ist sicher: Tom Jobim würde seinen Sargdeckel sprengen, wenn er von dem Zank wüsste. Aber Helô Pinheiro hat kurzerhand beschlossen, sich selbst zu helfen, und auf ihre reifen Tage ein Jurastudium aufgenommen.

»Ich bin im achten Semester und bald verstehe ich all den Mist. Sollte irgendwann eines meiner Kinder einen Anwalt brauchen, ist die Mama zur Stelle.« Mit Fernando ist Helô Pinheiro bis heute glücklich verheiratet. Drei Töchter und einen geistig behinderten Sohn haben die beiden zusammen. »Ich bin ein Familienmensch und sehr treu.« Aber sie bleibt ein Sexsymbol, das die Männer anzieht wie Blut im Meer die Haie.

»Waren Sie nie auf amourösen Abwegen?« Jetzt traue ich mich, auch mal eine freche Frage zu stellen.

»Natürlich habe ich mich zwischendurch hier und da in einen anderen verliebt. Aber ich bin immer wieder zu meinem Fernando zurück.« Sie wölbt ihre vollen Lippen zu einem Lächeln.

Brasilien ist nicht nur das Land der sozialen Gegensätze, denke ich. Nein, Brasilien ist auch das Land des Schönheitswahns. Aus aller Welt kommen sie her, um sich aufspritzen, absaugen, straffen zu lassen. In keinem Land wird beim Äußeren so häufig chirurgisch nachgeholfen: Seit 2013 hat Brasilien mit einem Drittel der weltweiten Schönheits-OPs den Spitzenplatz von den USA übernommen. Die Brustvergrößerung und das Fettabsaugen sind am beliebtesten. Ich würde fast so weit gehen zu sagen: Auch das ist eine Art von Tropenfieber, denn nirgendwo auf der Welt eifern sie der Schönheit und dem perfekten Körper so sehr nach wie in Brasilien.

Heute macht Helô Pinheiro Werbung für einen plastischen Chirurgen im Hinterland von São Paulo. »Wenn nicht ich, wer dann?«, sagt sie und beugt sich mit bedeutungsschwangerer Miene vor, legt den Blick frei auf ihr Dekolleté, das ohne Silikon wohl heute nicht mehr ganz so straff aussähe. Ich fühle mich als Sexist, als ich mich selbst bei solchen Gedanken erwische. Aber diese Frau macht einen einfach fertig. Sie verkörpert den viel zitierten *jeitinho brasileiro*, denn sie ist nie um eine Antwort verlegen und findet immer einen Weg.

»Das Girl von Ipanema muss nun mal immer hübsch aussehen.« Helô öffnet das Fenster. Draußen strahlt der Himmel blau, die Luft ist durchdrungen von Sonnendunst.

»Wo sind sie hin, die Musen?«

»Ich glaube, dass die bloße Verehrung und Inspiration durch eine Muse verloren gegangen ist mit Künstlern wie Tom und Vinicius. Viele denken, ich müsste mit den beiden gestorben sein. Kein Poet – keine Muse.«

Manchmal geht sie am Strand von Ipanema entlang, wenn sie in Rio ist. Dann sagen die Leute: »Hey, du siehst aus wie Helô Pinheiro.« Sie lacht dann immer nur und geht einfach weiter.

Teil 2

ÜBER LAND: SÃO PAULO – SANTOS – RIO DE JANEIRO

Kapitel

7

Mehr Meer wagen

Der Atlantische Ozean schiebt seine Wellen mit ganzer Kraft an Brasiliens Küsten. Manchmal treffen sie sanft rauschend auf feinsandige Strände, manchmal brechen sich riesige Brecher lautstark an schroffen Felsen. Lange Sandstrände oder jäh abfallende Steilküsten – Brasiliens Küstenlinien sind vollkommen. Deshalb genieße ich es immer sehr, an ihnen entlangzureisen. Als die portugiesischen Seefahrer vor mehr als 500 Jahren hier ankamen, bedeckte endloser Regenwald die Küstenzone. Heute sind vom Atlantischen Regenwald nur noch Überbleibsel in der Kulturlandschaft erhalten, die Vegetation ist jedoch immer noch faszinierend. Dieses Land bietet eine grandiose Natur: Berge, Regenwald, Wüste, Meer. Zwischen São Paulo und Rio hat man manchmal den Eindruck, dass man gleich mehrere Kontinente gleichzeitig durchquert. Diese Wahrnehmung wird noch verstärkt, weil sich in diesem Land die indigene, die afrikanische und die europäische Kultur seit dem 16. Jahrhundert miteinander verbunden haben. Später kamen auch Menschen aus Vorder- und Hinterasien als Migranten ins Land. Nirgendwo auf der Welt scheint die Verflechtung der Kulturen so gut funktioniert zu haben wie hier. Nicht alles ist perfekt, auch im brasilianischen Zusammenleben hat man Vorurteile und gibt es soziale Segregation. Aber während man etwa in Sydney oder New York eher koexistiert, hat sich in Brasilien die Bevölkerung durchmischt.

Von São Paulo, der europäischsten Großstadt des Landes kommend, setze ich meine Reise durch das Land, meine tropische Fährte, nun mit einem Mietwagen fort und werde dem Küstenverlauf nach Rio de Janeiro folgen – auch wenn mich die Hitze und die Luftfeuchtigkeit zwischendurch fast verzweifeln lassen werden.

Der Highway One in Kalifornien mag wunderschön sein, aber die Rodovia Rio–Santos, die rund 500 Kilometer immer am Meer entlangführt, toppt einfach alles, was man mit dem Pkw unterwegs in Brasilien erleben kann. Ich mache erst einmal ein paar Kilometer mit dem Mietwagen, ehe ich das erste Mal anhalte. Die Busfahrt von São Paulo zur Hafenstadt Santos hatte mich wegen des dichten Großstadtverkehrs fast eine Stunde gekostet. Am Straßenrand steht direkt ein Marktstand aus Holz, mit einem Dach, das mit einem Schatten spendenden Baumwolltuch bespannt ist. Die Sonneneinstrahlung auf der anderen Seite der Welthalbkugel kann heftig sein, nirgendwo habe ich mir die helle Gringohaut so schlimm verbrannt wie in Brasilien. Der obligatorische Sonnenbrand verschont die wenigsten »Bleichgesichter« aus Mitteleuropa. Der Wunsch nach Schatten und meine Neugier, was man an dem Stand kaufen kann, lässt mich näher schlendern. Ich sehe Scheren, die sich wie Beißzangen öffnen und schließen: 18 lebende Krebse hängen an Schnüren unter dem Sonnendach.

Cássio Donizete Resende, der Besitzer des Standes, wartet auf Käufer, direkt an der Straße. Sechs Krebse kosten umgerechnet vier Euro. Verkauft er zwölf, hat er das Abendessen für seine zehnköpfige Familie zusammen. Von Montag bis Donnerstag arbeitet er im nahe gelegenen Guaratuba als Maler, von Freitag bis Sonntag bietet er Reisenden die Schalentiere zum Verkauf an, die er in den frühen Morgenstunden bei Ebbe selbst am Strand eingesammelt hat. Dann, wenn andere Menschen sich noch einmal in ihrem Bett umdrehen und weiterschlafen. Aber der Brasilianer klagt nicht: »Ich arbeite, wo andere Urlaub machen. Jeden Tag bitte ich den lieben Gott, dass er mich hier lässt.« Brasilianer können einen lehren, Zufriedenheit zu verinnerlichen. Auch ich habe das Gefühl, dass ich, seit ich in Brasilien bin, schon viel ruhiger geworden bin – nicht so oft an die Zwänge des Lebens wie Job und Zukunft denke, sondern dass es einfach mal reicht zu sein und nichts sonst.

Ich kaufe keine Krebse. Irgendwie tun mir die Viecher leid. Aber ich freue mich über die kurze Begegnung am Straßenrand. Mit Brasilianern kommt man meist leicht ins Gespräch. Wenn man allein reist, ist man selten einsam. Wer kontaktfreudige, hilfsbereite und gesprächige Leute schätzt, der wird sich hier wohlfühlen.

Allerdings ist Brasilien nicht gleich Brasilien, wie ich auf meiner Reise noch öfter feststellen werde. Im armen Nordosten etwa kann es passieren, dass die Menschen eher zurückhaltend sind und einem nicht direkt in die Augen schauen. Den Bewohnern der Amazonas-Region sagt man hingegen nach, dass sie eher stoisch seien. Und auch wenn der Versuch Eigenarten von Bewohnern ganzer Landstriche zu beschreiben, immer sehr pauschal ist, und erst recht wenn man über die Bevölkerung eines ganzen Landes spricht: Irgendwie sind die Brasilianer ein überwiegend entspanntes Volk, dabei bleibe ich.

Ein paar Kilometer weiter die Straße runter liegt der Strand von Boracéia. Ein flacher Sandstrand, an dem ich ins Meer hüpfen will. Nachdem ich ausgiebig geschwommen bin, komme ich wie-

der ins Gespräch. Rettungsschwimmer Roberto Teodoro schaut
konzentriert auf den Atlantik. Mit 20 hat er angefangen, seit neun
Jahren macht der Mann im gelb-roten Dress diesen Job. Die wichtigste Regel: Niemals mit dem Rücken zum Meer stehen. Teodoro hat schon so manchen gerettet, der seine Schwimmkünste hier
überschätzt hat. Dann ist er mit seinem kurzen Board rausgepad-
delt und hat den Verunglückten an Land gezogen. Und auch Teodoro sagt – genau wie der Krabbenverkäufer: »Ich liebe das Meer.
Es gibt keinen besseren Arbeitsplatz für mich.« Er reckt den Daumen: Alles entspannt. Gut zu wissen, dass da einer aufpasst, der
seinen Job liebt. Nach einer weiteren Runde im Wasser mache ich
mich wieder auf den Weg.

Auf halber Strecke, mitten im Nirgendwo, taucht an einer Ab-
zweigung ein Schild auf: Indianerreservat, auf Brasilianisch *aldeia*.
Ich beschließe spontan abzubiegen und blinke, fast verpasse ich
die Einfahrt. Auf Sandpisten geht es zu einem kleinen Dorf. Die
meisten Häuser sind aus Holz, mit Dächern aus Wellblech. Sie
sind nicht angestrichen, wirken daher seltsam gleichförmig. Es
gibt kein fließendes Wasser, dafür aber immerhin Strom, man hört
die Kühlschränke bis vors Haus brummen. Als ich aussteige, spüre
ich die Tristesse, die über dem Ort liegt.

Die Historie der indigenen Bevölkerung Brasiliens ist ein trauri-
ges Thema: Am Anfang der Besiedelung des Landes durch die Europäer stand ein Genozid.
     Aber die Geschichte Brasiliens geht sehr viel weiter zurück
und nahm ihren Anfang nicht erst mit der Ankunft der Kolonisatoren. Archäologische Funde offenbaren, dass Brasilien schon vor
bis zu 60 000 Jahren besiedelt war. Die Forscher vermuten, dass
die erste Einwanderungswelle von Asien über die große Bering-
straße erfolgte. Als der portugiesische Seefahrer Pedro Alvares de
Cabral Brasilien also »entdeckte«, tat er das lediglich für die Euro-

päer: Mit 13 Schiffen und 1200 Mann ging er an der bahianischen Küste, auf Höhe des Ortes Porto Seguro, am 22. April im Jahre 1500 an Land. Sein Auftrag lautete, eine Route zu finden, die das Handelsmonopol mit asiatischen Gewürzen aus Indien sichern sollte. Die Eroberer und Entdecker nannten das Land zunächst »Terra de Vera Cruz« (»Land des wahren Kreuzes«), errichteten ein Kreuz und segelten bald weiter. Erst ab etwa der Mitte des 16. Jahrhunderts wurde Brasilien für das portugiesische Handelsimperium bedeutsam. 1531 schickte der portugiesische König João III. die ersten Siedler auf den südamerikanischen Kontinent. Die Folgen der Kolonisation für die indigene Bevölkerung sind bekannt: Unterdrückung und Ausrottung. Danach brachten die Portugiesen afrikanische Sklaven ins Land, um landwirtschaftliche Produkte wie Zucker, Kaffee, Tabak und Baumwolle anzubauen und zu verschiffen.

Die indigene Bevölkerung aber taugte für die Sklavenarbeit nicht, so sahen es die Eroberer. Sie hielten die Ureinwohner für nicht ausreichend belastbar im tropischen Klima, denn bei der harten Feldarbeit starben viele von ihnen.

Als die portugiesischen Kolonisatoren nach Brasilien kamen, gab es schätzungsweise 1000 verschiedene Völker und man nimmt an, dass die Bevölkerung etwa fünf Millionen Menschen umfasste. Heute leben gerade mal noch etwas weniger als 200 000 Indios im Land, die sich auf 240 Völker verteilen. Die Mehrheit von ihnen lebt in den Urwäldern im Landesinneren.

Bis heute ist Brasilien übrigens auch das Land mit den meisten »unkontaktierten Völkern« weltweit. Das heißt, dass vor allem in den Regenwäldern der Amazonasregion Menschen leben, die noch nie mit der übrigen Welt in Berührung kamen.

Die Kultur der Indios prägte und prägt Brasilien aber bis heute. So galt die Sprache des Volkes der Guarani Tupí zur Kolonialzeit schnell als »lingua franca« im Brasilien des 16. und 17. Jahrhunderts. Sie wurde wie eine Universalsprache zur Kommunikation mit indigenen Völkern des ganzen Kontinents. Man könnte die Bedeutung fast gleichsetzen mit dem Ketschua im Andenraum oder dem Nahuatl in Mexiko. Interessant ist, dass viele Tierarten, Flüsse, Berge und Orte bis heute Namen aus der Tupí-Sprache tragen.

Es gibt brasilianische Gesetze zum Schutz der Urbevölkerung – oft werden sie aber ignoriert. Anfang des 20. Jahrhunderts wurde zum Schutz der indigenen Völker die Behörde FUNAI (Fundação Nacional do Índio) gegründet. Sie untersteht dem brasilianischen Justizministerium und scheitert aufgrund fehlenden Geldes und fehlenden Willens oft an ihren Aufgaben.

Das alles habe ich mir angelesen und es kommt mir wieder in den Sinn, da sich mir diese für mich fremde Welt offenbart. Als ich in das Reservat weiter hineinfahre, drückt es mir fast die Luft ab. Ich sehe Männer, die auf ungepflasterten Straßen und Wegen im Vollrausch hin- und herschwanken. Kleine Kinder, die von einem Felsvorsprung in einen Teich mit brackigem Wasser hüpfen. Als ich aus dem Wagen steige, werde ich nicht freundlich angeschaut – von den Passanten. Aber ein paar Kinder lachen, als sie mich sehen. Eines zeigt auf mich und raunt: »Gringo!« Bei allem, was ich über die Behandlung der Indios durch die Brasilianer weiß, verwundert mich das Misstrauen nicht. Ein Säugling schreit aus einem Häuschen am Teich heraus. Alles sieht verwahrlost aus: die Gebäude, die wild wuchernde Natur am Wegesrand, die Menschen. Von was will man hier leben?

Offenbar mag man hier keine Besucher. Es gibt zwar ein paar Verkäufer von selbst gemachtem Schmuck – Ohrringe mit roten Federn, Ringe mit auffälligen Ornamenten, Halsketten aus bunten Steinen. Da ich keine Anstalten mache, etwas zu kaufen, reagieren auch diese Menschen abweisend.

Ich will niemanden mit meiner Anwesenheit belästigen und beschließe weiterzufahren. Es ist deprimierend, zu sehen, was aus einem Großteil der Urbevölkerung Brasiliens geworden ist. Viele Nachkommen der Ureinwohner erreichen nie ein erfolgreiches Leben. Man gibt ihnen keine Chance, integriert sie nicht, schließt sie lieber aus. Sie sind politisch nicht repräsentiert, es fehlt die Lobby. Und das Bewusstsein und Interesse in der Restbevölkerung ist gering. Sicher, um die Amazonas-Region funktioniert die Integration besser, weil hier auf dem Land teilweise über 90 Prozent der Bevölkerung indigene Vorfahren hat, man ist quasi autark und unter sich. Es gibt also auch Lichtblicke, aber im Großen und Ganzen sind die Ureinwohner die Parias in der brasilianischen Gesellschaft. Vielleicht können manche Indio-Völker von Glück sagen, dass sie noch gar keinen Kontakt zur Außenwelt hatten. Oder anders gefragt: Gäbe es nicht die Möglichkeit, die Nachfahren der Indio-Völker partizipieren zu lassen? Bislang ist das weder auf politischer noch auf sozioökonomischer Ebene gelungen.

Dann fahre ich wieder los. Wer das Meer liebt, der ist auf dieser Fahrt richtig. Die Strecke zwischen Santos und Rio bringt wohl jeden zum Staunen. So schön, wie ich sie selbst erlebt habe, kann sie keine Postkarte abbilden. Und auch nicht dieser Text. Denn die Natur hat hier etwas Transzendentes. Ich glaube, selbst Atheisten denken bei diesem Anblick hier an so etwas wie »die schöne Schöpfung«, vor der man sich verneigt. Die einem zeigt, wie klein man selbst ist – und wie vergänglich, wird es diese Küste doch noch geben, wenn man selbst längst Vergangenheit ist. Während ich so meinen Gedanken nachhänge und die Landschaft genieße, möchte ich gerade nirgendwo sonst sein. Mehr Meer wagen will ich. Langsam mit dem Wagen dahinfahren und von Zeit zu Zeit anhalten, wo mir etwas sehenswert erscheint.

Auch bei Einheimischen ist der Roadtrip beliebt. Rio–Santos, das sind 554 Kilometer Straße am Wasser, Ausblicke auf einsame Strände, an denen man oft keinen Menschen sieht. Dazu die tropische Vegetation des dichten Regenwalds. Manchmal fährt man über Hügel, auf deren höchstem Punkt man den von Wolkenbäuschen und Sonnenflimmern gezeichneten Horizont vor sich in der Ferne erkennt, um ihm staunend entgegenzufahren, während der Blick nach rechts im Blau des Atlantiks verschwimmt. Ob mit dem Auto oder dem Motorrad: Die kurvenreiche Reise ist inzwischen ein Geheimtipp für Besucher aus der ganzen Welt. Ich wollte sie unbedingt einmal fahren – und bin jetzt doch fast ein wenig traurig, dass ich das allein tun muss. Gerne würde ich die Eindrücke mit jemandem teilen.

Ein echtes Kleinod an der Strecke ist ein Örtchen mit dem eigenwilligen Namen Toque-Toque Grande, wo ich mir einen Abend gönne und in einem einfachen Hostel übernachte. Hier haben viele Bewohner aus São Paulo ein Wochenendhäuschen. Es gibt fast nur einstöckige Gebäude, der Strand ist sehr sauber, und man kann sehr gut und günstig Fisch essen. Die kleine Kirche Nossa Senhora da Conceição ist im kolonialen Stil erbaut und blaugelb getüncht. Eine Glocke ruft die Dorfbewohner zum Gottesdienst. Jeden Tag. Frauen im sommerlichen Kleid und Männer mit langen Leinenhosen strömen dann zum Gebet.

Ich frage mich, ob so ein Leben nicht eintönig ist. Aber vielleicht liegt in der Ruhe tatsächlich die Kraft. Vielleicht reden wir Weltreisenden, also wir, die mit Rucksack und kleinem Budget den Globus erobern wollen, uns immer ein, dass wir jeden Tag etwas Neues erleben müssen, und verlieren uns im Aktionismus. Vielleicht ist dieser Antrieb eine Auswirkung des kapitalistischen Höher-schneller-weiter. Ja, vielleicht müssen wir als Angehörige der westlichen Industrienationen immer nach irgendetwas streben, statt im Jetzt zu sein.

Der Strand ist einsam, der Wind zeichnet Bilder in den Sand. Mitten in den Wellen steht Carlos Daniel Silva auf seinem Brett. Der Achtjährige ist hier geboren, war noch nie in einer Großstadt. Mit fünf fing er das Wellenreiten an und hat mittlerweile schon einige Wettbewerbe gewonnen.

»Ich will Profi werden«, sagt der Knirps, während ihm sein Vater stolz mit der Hand über den schwarzen Schopf streicht.

»Und wo willst du dann wohnen?«, frage ich.

»Na, auf der ganzen Welt. Überall, wo es Strände gibt. Und natürlich immer noch hier.«

Ich esse, wie Touristen und Dorfbewohner gleichermaßen, frittierten Fisch mitsamt den Gräten beim alten Adrião, der einen Kiosk in Strandnähe betreibt. Während der Fisch brutzelt, erzählt Adrião, wie es früher hier war, vor dem Zweiten Weltkrieg und danach, während der brasilianischen Militärdiktatur von 1964 bis 1985 und dann in der wiedergewonnenen Freiheit. Seine Erzählweise finde ich teils etwas wirr. Er hat kaum noch Zähne im Mund und nuschelt fürchterlich. Soweit ich ihn verstehe, sagt er das, was die meisten alten Menschen irgendwann in einem Gespräch von sich geben: Früher war es härter. Aber früher war auch alles besser. Wer hier isst, muss Zeit mitbringen, denn über das viele Reden vergisst Adrião schon mal das Kochen. Eine Wanduhr hängt hier auch nicht, so was gehört in die Hektik der Stadt, findet der Gastgeber wohl. Aber ich merke, wie ich immer kribbeliger werde.

Vergiss es, mein lieber Adrião, iss deinen Fisch selbst, ich möchte weiter, bin mit meiner Geduld am Ende, denke ich. Mit vorgeschütztem Zeitdruck, ich sage, dass ich abends noch ein Interview machen müsse, verlasse ich den Kiosk und esse woanders. Am nächsten Morgen verlasse ich Toque-Toque Grande und fahre weiter.

Auf der Höhe von Kilometer 139 liegt São Sebastião, die nächstgelegene größere Stadt. Im Winter leben hier 13 000 Menschen, im Sommer sind es 100 000. Von hier kann man zur Insel Ilhabela übersetzen, die Fahrt mit der Fähre dauert nur eine Viertelstunde. Ich würde das gerne tun, aber in Rio wartet so langsam die Arbeit. Wenn ich in Brasilien reise, bin ich seltsamerweise viel entspannter als in Deutschland – obwohl ich hier viel mehr in viel kürzerer Zeit arbeite.

Laut meinem Reiseführer ist die »schöne Insel« mit 340 Quadratkilometern die größte entlang der gesamten brasilianischen Küste. Das klingt alles verlockend: Steil ansteigende Felsen zeugen von ihrem vulkanischen Ursprung, die Gipfel ragen wie Zacken einer Krone in den Himmel. Die Insel gilt als kinderfreundlich, da es an den meisten Stränden hier keinen hohen Wellengang gibt. Ein rühriges Nachtleben wird der Insel ebenfalls zugeschrieben und der Absatz über die schönen Wanderstrecken durch den tropischen Urwald klingt verlockend. Die touristische Infrastruktur soll bestens sein: Es gibt Kajaks, Jet-Skis, Strand-Buggies und Fahrräder zu mieten, Tennisplätze sowie Tauch- und Surfschulen. Außerdem wird auf der Insel Zuckerrohr angebaut und daraus ein hervorragender Cachaça gebrannt. In der Hauptsaison sei die Ilhabela oft überlaufen, lese ich, aber im milden brasilianischen Winter, also dann, wenn in Europa Sommer ist, hat man die Inselstrände mitunter ganz für sich. Klingt gut, so beschließe ich, im Winter wiederzukommen. Rio wartet. Meine Reportage-Projekte beginnen mir durch den Kopf zu wabern. Ich möchte in ein, zwei Tagen dort sein und wieder recherchieren.

Es geht weiter nordwärts. Nahe der Stadt Ubatuba dröhnt es plötzlich wie auf einem Rock-`n`-Roll-Konzert. Musik von Iron Maiden wummert aus mannshohen Lautsprechern. Die Wellen brechen mit leisem Grummeln vor dem strandnahen Riff. Biker-Treffen auf Brasilianisch mit Harley, Moto Guzzi, Triumph. Geschlafen wird in Zelten, die Frauen haben wenig an oder ziehen gleich blank. Hier ist Prüderie verpönt. Motorradrocker haben weltweit einen schlechten Ruf, aber eines muss man ihnen lassen: Sie ziehen ihr Ding durch. Und sind sie dir wohlgesonnen, auch gute Gastgeber. Carlos Alberto Paixão Silveira ist 56 und fährt Motorrad, seit er volljährig ist. Der 1,90-Hüne hat graues, langes Haar und einen Indianer auf den linken Oberarm tätowiert. Ob er ein brasilianischer Hell's Angel ist? Ich traue mich nicht zu fragen. Er leert ein Bier nach dem anderen, fragt mich, warum ich als Deut-

scher so wenig trinke, und fährt vor meinen Augen stolz mit seiner
Suzuki Boulevard eine Runde, um das knatternde Ungetüm vorzustellen. Sportlehrer Silveira ist im vergangenen Jahr mit der Ma-
schine über die Anden gefahren. Aber nichts geht für ihn über die
Rio–Santos, selbst wenn die salzige Seeluft die Lackierung seines
»Bocks« angreift. »Die Kurven sind oft gefährlich, aber die Natur
ist so wunderschön auf dieser Strecke.«

»Das ist sie!«, stimme ich zu.

Ich schaue noch mal auf die Phalanx der stolzen Maschinen.
Auf die Zelte und Bierstände. Höre die Gitarrenriffs. Und verabschiede mich. Während die Gegend um Ubatuba touristisch er-
schlossen ist, liefert mir das Fischerdorf Picinguaba auf halber
Strecke, was ich bei diesem Roadtrip eher suche: eine einsame
Meer-Idylle. Der Ort passt zum Gefühl dieser Reise, zu diesen
Eindrücken der Unberührtheit. Rund 600 Einwohner wohnen
hier und leben vom Fischfang, fahren jeden Morgen raus und singen manchmal ihre Lieder dabei, knüpfen nach der Rückkehr an
ihren Netzen. Kriminalität gibt es hier so gut wie gar nicht.

»Und wenn einer Blödsinn macht, dann sorgen wir schon dafür, dass er seine Lektion bekommt«, sagt Benedito Silva und hält
sein Netz hoch. Doch der Strand ist hier mindestens so schön wie
die Copacabana in Rio.

In den Abendstunden schwanken die Boote wie handge-
schnitzte Spielzeuge auf dem Wasser hin und her. Nur ein Mann
verdingt sich hier nicht als Fischer: Peter Rudolf Zinngraff. Der
gebürtige Aschaffenburger kam vor 28 Jahren hierher und begeis-
terte sich für den Ort. Heute betreibt er das beste Restaurant von
Picinguaba, das »Picimbar«. Es gibt Fischfilet, wahlweise in Butter
gebraten oder mit Krabbensoße. Als Beilagen werden *feijão* gereicht, die in ganz Brasilien beliebten Bohnen, sowie Reis.

»Es kommen jedes Jahr mehr Leute«, sagt Zinngraff. Gerade
Touristen aus anderen Ländern entdeckten den Ort zunehmend
für sich. Ein Leben in Deutschland kann er sich nicht vorstellen.

Wo er seine Frau kennengelernt hat? Natürlich am Strand. »Das war in Santos. Er hat mir die schönsten Komplimente gemacht«, sagt die brasilianische Gattin Maria Angela lächelnd.

Eine ganz andere Sorte Wirt ist Tato Bulhões in Trindade, das eine halbe Stunde nördlich von Picinguaba liegt. Viele brasilianische Freunde von mir haben mir dieses Dorf empfohlen. Der Ort war einst eine große Hippie-Kommune, mittlerweile ist der Tourismus eingezogen.

»Ich war selbst ein Hippie, aber die Zeiten sind vorbei«, sagt Bulhões, der vor 28 Jahren kam. In seiner »Bar do Tato«, die direkt am Meer liegt, wird den ganzen Tag getanzt.

Zu den Forro-Rhythmen – das ist die Tanzmusik aus dem Nordosten Brasiliens – und ihrem unverwechselbaren Akkordeon-Sound bewegen sich die Gäste mit so weichen Bewegungen, als schwömmen sie durch den Ozean. Nur eine rassige Schönheit klebt unbekümmert auf ihrem Stuhl. Mit ihren übereinandergeschlagenen Beinen sieht sie aus wie eine Meernixe. Mein Hüftschwung reicht leider nicht aus, sie zu beeindrucken.

»Es ist doch ein Traum: Ich trinke hier mein Bier und schaue den Kellnerinnen beim Bedienen zu«, sagt der Gastwirt. Schon fast die Hälfte der Besucher seien Europäer, sagt er, und das sei gut, denn die ließen mehr Geld liegen als die Brasilianer. An der Hauptstraße von Trindade reihen sich Boutiquen für Bademoden und Eisdielen aneinander. Das ist die richtige Mischung aus Party und Entspannung, denke ich.

Am nächsten Morgen ziehe ich wieder weiter. Es ist nicht mehr weit nach Rio. Aber ich will noch etwas anderes sehen. Das architektonische Erbe der Kolonialzeit wird in Paraty bei Kilometer 239 bewahrt. Als der Entdecker Amerigo Vespucci, nach dem der ganze amerikanische Kontinent benannt ist, die Natur mit ihren waldbewachsenen Bergen und den vielen Inseln, die von hohen Ufern gesäumt sind, zum ersten Mal gesehen hat, soll er gesagt haben: »*Oh Deus! Se na terra houvesse um paraiso, não seria muito longe daqui!«* »Oh Gott! Wenn es auf Erden ein Paradies gäbe, dann würde es diesem Fleckchen Erde ähneln!«

Paraty ist auch heute der größte Touristenhotspot an der Strecke Rio–Santos. Die Altstadt ist ein Schmuckstück. Dazu gehören die Kirche Santa Rita im Kolonialstil mit einem eigenen Museum für Kirchenkunst, aber auch die wunderbaren Häuser. Die Haustüren sind grün, blau, orange oder in einem samtigen Violett angestrichen, die Straßen grob gepflastert. Die Häuser stehen offen. Hunde strecken sich auf den Türschwellen aus.

Vor vier Jahren besuchte der italienische Fotograf Giancarlo Mecarelli Paraty und wusste sofort, dass er hier bleiben wollte. »Ich habe mich in die Stadt verliebt wie in eine Frau«, sagt er. Er eröffnete eine Galerie in der Altstadt, die wechselnde Fotoausstellungen zeigt. Ich schaue mir die aktuellen Arbeiten an: Porträts von Arbeitern in Brasilien von Paulo Fridman – einem Fotografen, den ich sogar persönlich kenne. Es sind anregende Bilder mit einem oft melancholischen Touch. Und trotzdem transportieren sie den Stolz von Menschen, die sich wenigstens durch ihre Arbeit über Wasser halten können. Schwalben kreisen am Himmel wie kleine Papierflugzeuge. Es ist Mittag und um die 30 Grad warm. In der Innenstadt dürfen keine Autos fahren, sondern nur Eselskarren.

»Man muss diese Tiere einfach schätzen. Sie sind so schlau wie wir Menschen«, sagt Anderson da Conceição. Er liefert mit seinem Karren Baumaterialien ins historische Zentrum, wo immer irgendwo renoviert wird. Heute bringt er Sand und Pflastersteine in die Stadt. Arbeit gibt es genug für das Muligespann und der dreijährige Sohn Kava darf auch mitfahren. Ich schätze diese flüchtigen Begegnungen, die man in Brasilien so leicht machen kann. Niemand fühlt sich überrumpelt, wenn man ihn anspricht. Mein Streifzug durch die »antike« Stadt füllt einen Nachmittag aus und ich freue mich, nach der Einsamkeit auf der Strecke wieder unter Menschen zu sein.

Abends pilgert eine Marienprozession durch die Straßen, die vom Zünden von Feuerwerkskörpern begleitet wird, die einige Mitlaufende nebenbei gen Himmel böllern – es soll die bösen Geister vertreiben. Ich sehe Gläubige, die in einem seltsamen Zustand der meditativen Entrückung zu sein scheinen, den ich so das letzte Mal bei Rosenkranz betenden Bäuerinnen in einem Schwarzwalddorf gesehen habe. Es ist mir ein wenig unheimlich, befremdlich für mich, so bleibe ich in sicherem Abstand stehen und beobachte die Vorübergehenden. Morgen werden die Touristen nach dem Frühstück wieder aufbrechen zu den einsamen Stränden, die allesamt innerhalb von maximal zwei Stunden per Boot oder Bus erreichbar sind. Die größte Attraktion ist aber die »Ilha Grande«, eine Insel, die man von Angra dos Reis erreicht. Drei Städte, tropischer Urwald und saubere Strände mit kristallklarem Wasser. Hier entspanne ich noch einmal einen halben Tag, weil die Insel nicht so überlaufen ist wie andere an der Strecke Rio–Santos. Für mich heißt es aber: Hit the road! Auf dem Weg nach Rio warten noch unzählige schöne Strände. Ich kann nicht nochmals anhalten – zumindest nicht bei diesem Trip. Schon grüßt die große Christusfigur mit ausgebreiteten Armen vom Berg Corcovado herab und der Zuckerhut strahlt im Abendlicht. Rio, die *cidade maravilhosa*, die »wunderschöne Stadt«, wie sie die Brasilianer nennen. Oder wie Stefan Zweig schrieb: »Es gibt – wer sie einmal gesehen, wird mir nicht widersprechen – keine schönere Stadt auf Erden.« Jede Reise endet viel zu früh. Auch ein Roadtrip. Ich war für vier Tage entrückt. Jetzt muss ich mich wieder erden.

Teil 3

IN UND UM RIO DE JANEIRO

Kapitel

8

Rio, meine Perle

Rio ist ein Saftladen. Duftmarken von Frucht-
säure wehen auf die Straße, es riecht nach Mango, Orange, Mara-
cuja. Es ist Freitagmorgen im Stadtteil Copacabana. Ich bin gerade in meinem etwas trostlosen Hostel aufgewacht und auf die
Straße gelaufen. Gestern bin ich mit meinem VW-Mietwagen
über die Avenida Niemeyer in diese Weltstadt hineingefahren,
die sich in eine reiche Süd- und eine arme Nordzone teilt, von
zahlreichen Stränden gesäumt wird und aus einer eleganten Mischung von Grün (Natur) und Grau (Beton) besteht, die von den
berühmten Hügeln unterbrochen wird. Hier thronen Zuckerhut
und Jesusstatue über Meer und Häusermeer. Aus meinem Hostel-
fenster trifft der Blick auf andere Hochhäuser. Meinen Schlaf-
raum mit acht Betten teile ich mir mit einer Gruppe Argentinier,
die ebenfalls diese weltberühmte Stadt entdecken wollen. Aber

mich interessiert das touristische Rio bei dieser Reise nicht. Ich will nicht Museen und Wahrzeichen besuchen, sondern die »einfachen« Menschen in ihrer Stadt porträtieren.

Ich mache einen ersten Streifzug. Die U-Bahn-Haltestelle Siquera Campos, einen Steinwurf vom Hostel entfernt, speit ständig neue Menschen aus, die raus in den Tag eilen. Manche im schicken Anzug mit Aktentasche, andere in Achselshirt und Badelatschen, die in Brasilien *ginelas* heißen. Auch ich habe mir welche gekauft, schon in São Paulo. Meine sind blau. Wer etwas auf sich hält, trägt Havaianas, der einheimische Hersteller bietet sie in allen Farben feil. Sie haben alle eine kleine brasilianische Flagge auf dem Riemen, den man zwischen die Zehen klemmt. Badelatschen sind ein Stück Alltagskultur in Brasilien. Man trägt sie immer, nicht nur am Strand, nur bei Hochzeiten sind sie nicht gern gesehen.

Die Leute hier in einem Stadtteil, der so dicht besiedelt ist wie Tokio, sehen völlig unterschiedlich aus. Aber es gibt etwas, das sie verbindet: Sie alle trinken ihren *suco* am Morgen, ihren frisch gepressten Saft, bevor sie arbeiten gehen oder an den Strand zum Sonnenbaden. Ein *suco* geht immer. Jeder hat seinen Stamm-Saftladen. Seit ich das erste Mal 2002 in Rio war, zieht es mich zum »Safttanken« auch immer wieder zum gleichen Stand an der Siqueira Campos, einer Straße, die zum Strand von Copacabana führt. Er ist bunt eingerichtet und seine Mitarbeiter sind besonders freundlich. Zum Teil sind es noch dieselben Angestellten, die Früchte auspressen und Geld kassieren, wie bei meinem ersten Besuch. Der Laden scheint seine Leute gut zu behandeln. Auch deshalb unterstütze ich das Geschäft, wenn auch nur mit einem Glas Saft am Tag. Für mich hat der Moment, wenn ich den ersten Saft in Rio trinke, immer etwas von Nachhausekommen. Die Mixer kreischen wie malträtierte Katzen, wenn sie dem Kunden Flüssigkeit aus dem Obst häckseln. Pfirsich-Erdbeere ist gerade der Geheimtipp. Und natürlich gibt es auch die dunkel-violette Tropenfrucht Açai, Beeren, die mittlerweile auch in Deutschland immer beliebter werden. Ich bevorzuge den Klassiker: Orange mit Acerolakirsche – etwas sauer und extrem reich an Vitaminen.

»Mit Zucker?«, fragt mich die Bedienung.

»Nein, pur bitte«, bestelle ich.

Auf diese Frage habe ich schon gewartet. Meistens können es die Brasilianer nicht fassen, dass man etwas Saures mag, das nicht gesüßt wird. Sie schauen dann immer ungläubig und denken wohl: Die spinnen, die Gringos.

In keinem Land Südamerikas gibt es übrigens mehr Diabetiker als in Brasilien. Ein Grund dafür dürfte tatsächlich in diesem ständigen Nachsüßen von Speisen und Getränken liegen. In diesem Punkt bin ich also überhaupt nicht brasilianisch. Bei mir darf sauer auch sauer schmecken.

Die Cariocas – so nennen sich die Einwohner Rios selbst – haben Sinn für die kleinen Freuden des Lebens, nicht nur beim Essen und Trinken. Sie lieben ihre Heimatstadt. Reiseführer machen aus der zweifellos reizvollen Stadt gar die schönste Stadt der Welt. Rio – gegründet 1565 und ehemals Sitz des portugiesischen Königshauses, das in den napoleonischen Kriegen aus Europa vertrieben worden war – ist unbeschreiblich schön. Die *morros,* die Granithügel, die zu den Ausläufern der Serra do Mar gezählt werden, wirken wie Spielfiguren auf dem Brett, ummantelt vom Regenwald, die weitläufigen Parkanlagen und die vielen Buchten und Strände und dazu das weite Blau des Atlantiks. Aber das mit der schönsten Stadt der Welt stimmt leider nur bedingt – äußerlich mag es zutreffen. Ich habe aber auch das andere Rio kennengelernt.

Mein Saft ist ausgetrunken und ich ziehe los. Auf meinem Weg zum Strand, dem Epizentrum der Stadt, wo sich die Brasilianer treffen und den Tag genießen, begegne ich dem Treiben auf der Straße. Überall sehe ich Verkäufer, die Obst, Armbanduhren

und Ledergürtel feilbieten, Wecker, Spielzeug, Raubkopien oder
gefälschte Polohemden mit dem Krokodil auf der Brust. Verkäufer sind vor allem mittellose Menschen aus dem Nordosten Brasiliens, hier und da auch ein paar illegale Einwanderer aus Bolivien
und Paraguay.

»Kaufen Sie hier! Halber Preis«, ruft eine Marketenderin der
Straße. Ich muss ein wenig lächeln, weil ich in dem Moment an
den Fischmarkt in Hamburg denken muss. Die Art, die Waren an-
zupreisen, weist durchaus Parallelen auf. Ein paar Hundert Meter
weiter, am wohl bekanntesten Strand der Welt, der Copacabana,
sitzen ein paar Araber vor einem libanesischen Café und rauchen
Wasserpfeife. Es gurgelt wie in einem Whirlpool.

»Setz dich zu uns!«, rufen sie mir gestenreich zu, als ich interessiert schaue. Ich hätte große Lust, denn Shisharauchen ist mein
größtes Laster. Aber jetzt will ich den Strand erkunden »in dieser
Stadt der ewigen Entdeckungen und Entzückungen« und winke ab.

In Rio mischt sich das Volk: Einwanderer und Brasilianer, Besucher und Einheimische. Überhaupt, die Menschen. Sie sind neben den besagten großartigen Naturschönheiten und der Lage der
Grund, warum Rio so unvergleichlich ist. Wer sich hier als Frem-
der fühlt, der hat etwas falsch gemacht.

Ich laufe weiter am Strand entlang und umkurve Liegestühle
und Sonnenschirme. Es liegt ein sanfter Dunst über dem Ufer. Neben der Promenade verläuft eine Asphaltbahn für Jogger und In-
line-Skater. Sie rauschen an mir vorbei, und ich stelle wieder mal
fest: Brasilianer lieben perfekte Körper. Der Strand quillt über vor
bronzefarbenen Leibern in den knappsten Badehosen und Bikinis.
Die *Fio Dental,* die knappen Strings, werden hier von vielen Frauen
getragen. Man kann sie wirklich nur einen Hauch von Nichts nennen. Die pralle Sonne brennt von einem – zumindest heute – wol-
kenfreien Himmel. Wenn es dagegen regnet in Rio, wenn die Tro-
pengewitter mit einer Gewalt hereinbrechen wie ein regelrechtes
Armageddon, dann bleiben die Cariocas zu Hause.

Ob Männer, ob Frauen – Fitness und jede andere Art von Sport werden in Brasilien ganz groß geschrieben, aber auch die Schönheitschirurgie und andere Tricks, beim Aussehen etwas nachzuhelfen, gehören für viele dazu. Das Nachrichtenmagazin »Veja« schrieb vor einigen Jahren, der Gang in die Schönheitsklinik sei in der oberen Mittelschicht schon fast so selbstverständlich wie der Friseurbesuch. Ich laufe durch den heißen Sand und beobachte einen trainierten Beau dabei, wie er die Brustmuskeln anspannt. Dazu klingen die Rufe der Strandverkäufer durch die Luft. »Kamele« werden sie hier genannt – sie bringen Getränke, Strandtücher *(cangas)*, Sonnencreme und Leckereien direkt ans Badehandtuch der Gäste. Ja, und es gibt auch dicke Brasilianer, viele sogar. Die Stadtstrände sind in Abschnitte unterteilt, die allesamt als sogenannte *postos* durchnummeriert wurden und anhand von Schildern sichtbar gekennzeichnet sind, pro Zone gibt es auch eine Rettungsschwimmerstation. Die Besucher haben ihre bevorzugten Bereiche: So gibt es einen Abschnitt für Surfer, einen für Schwule und Lesben, einen für die Älteren, einen für Studenten und Intellektuelle und so weiter.

Der Strand ist des Brasilianers erste Adresse, wenn er in erreichbarer Entfernung seines Zuhauses liegt, was bei sehr vielen der Fall ist: Zwei Drittel der Bevölkerung des Landes leben in höchstens 100 Kilometer Entfernung vom Meer. »Man verliebt sich am Strand, man streitet am Strand, man versöhnt sich am Strand. Der Strand ist Sehnsucht und Versprechen und Heimat und Erfüllung. Und vor allem ist er ein großer Spielplatz für Erwachsene«, schreibt der Fernsehjournalist Andreas Wunn in seinem lesenswerten Buch »Brasilien für Insider«. Und weiter: »Der Strand gilt als ein Ort aller Generationen, aller Milieus und aller sozialen Schichten. Brasilien hat gesetzlich geregelt, dass der Strand im ganzen Land öffentlich zugänglich sein muss.« An Rios Stränden bleibt man nie allein.

Aber Rio ist mehr als seine legendären Sandstrände. Am Nachmittag zieht es mich nach Santa Teresa, die auf einem Berg be-
findliche Altstadt, die trotz des offensichtlichen Verfalls einen
Zauber hat, vor allem auch dank der Farben und der besonderen
Lichtstimmungen. Ich nehme die alte Straßenbahn, die schon seit
dem 19. Jahrhundert ihre Fahrgäste transportiert und bei Einheimischen wie Touristen beliebt ist. Die *bonde* genannte Bahn zuckelt knarzend und ächzend über die Schienen. Wer drinnen sitzt
– wie ich –, muss bezahlen, wer sich draußen dranhängt, fährt gratis mit. Ich steige an der Haltestelle Largo das Neves aus und gehe
durch die Straßen. Getreu dem brasilianischen Sprichwort »Lee-
rer Bauch kennt keine Freude«, schlemmen Touristen an Holzti-
schen in den Straßenrestaurants *feijoada*, das brasilianische Nati-
onalgericht   aus   schwarzen   Bohnen   und   verschiedenen
Fleischsorten. »*Só alegria*«, ruft mir ein Carioca zu, der vorbeiläuft.
Das heißt übersetzt »nur Freude«, es ist das Motto der Menschen
hier. Rio atmet diese Lebensfreude. Und das, obwohl viele Bewohner der Stadt es nicht leicht haben.

Vielleicht kann man in den ärmeren Vierteln Brasilien am
stärksten fühlen und habe ich es hier am besten verstanden. Trotz
aller Widersprüche. Oder gerade wegen ihnen. In einer Favela
sieht man bisweilen 20 Leute im Kreis stehen, in der Mitte zwei
Frauen und ein Mann. Sie tanzen zu schnellen Rhythmen. So eine
roda de samba entsteht oft ganz spontan. Dann tanzen die Bewohner ihre Sorgen und Probleme für einen Moment aus sich heraus.
Dort, wo Rio hässlich ist, kann es besonders schön sein.

Kulinarisch kann Rio, was die Vielfalt angeht, zwar nicht ganz
mit São Paulo mithalten. Aber es gibt auch hier ein paar tolle Lokale. Wenn die Fleischtempel dann irgendwann nach Mitternacht schließen, gehen die Kellner manchmal noch Fußball spielen. Sie ziehen sich um, laufen zu den öffentlichen Fußballplätzen
von Botafogo und bolzen die ganze Nacht. Schwitzen und schwat-
zen. Nach der Partie palavern sie mit den Pförtnern, gegen die sie

gerade verloren haben. Diese Szenen sind mir noch gut im Gedächtnis, weil ich so ein Fußballspiel schon einmal fürs Fernsehen
begleitet habe. Einer der Kellner, ausgerechnet der, den ich interviewen wollte, war sehr wortkarg. Am Ende kamen kaum verwert-
bare O-Töne heraus. Aus dem nächtens gedrehten Material wurde niemals ein Beitrag. Ich habe journalistisch in Brasilien hier
und da Enttäuschungen hinnehmen müssen. Aber diese Nacht
gehört komischerweise nicht dazu. Sie war für mich Fußball-Tro-
penfieber pur. Zwar war ich nicht erfolgreich im eigentlichen Sinne, habe aber an Lebenserfahrung gewonnen.

Die Nacht lehrte mich, dass Fußball in Brasilien, und wohl
überall auf der Welt, Menschen verbindet, die sich sonst vielleicht wenig zu sagen hätten. Fußball kann ein Kitt sein, der vieles
zusammenhält. Wann immer ich mit dem Bus oder Taxi an den
Fußballplätzen von Botafogo vorbeifahre – ihr Flutlicht brennt
jede Nacht, 365 Tage im Jahr, die Plätze sind 24 Stunden am Tag zu
nutzen –, kommen mir solche Gedanken und werden Erinnerungen wach. Fußball ist hier so essenziell wie essen und trinken.

Ich entscheide mich, noch auf ein paar Stündchen nach Lapa
zu gehen. Heute ist Freitag. Ausgehtag. Bunte Reklameleuchten
und die Straßenlaternen vereinen sich zu einer überdimensionalen Lichterkette. Hier in Lapa feiern Cariocas, Reiche und Arme,
Touristen unterschiedlichster Herkunft, Backpacker wie Kreuz-
fahrtgäste, deren Ozeankolosse im Hafen von Rio für drei Tage
angelegt haben. Die Läden sind voll. Hier heißt es: tanzen, trinken
und noch mal tanzen.

Ich entscheide mich für das »Teatro Municipal«, das ich schon
von früheren Besuchen kenne. Hier werden wie an jedem Freitag
Samba- und Forro-Rhythmen gespielt. Ich wippe mit dem Beat
mit und fühle mich schon fast brasilianisch, als ich in einem Spiegel an der Wand erkenne, wie hüftsteif ich doch bin, trotzdem
komme ich ins Schwitzen. Ich muss für einen Moment an die frische Luft. Der Hot-Dog-Mann draußen an der Kreuzung sagt, er

habe die besten Würstchen der Stadt. Wer will, bekommt eine Erbsensoße darübergeträufelt.

Hier draußen gibt es auch immer etwas zu gucken: Ich sehe die gut aussehenden Transvestiten, perfekt zurechtgemacht und gestylt. Schöner als echte Frauen, denke ich und weiß dabei, dass das Unsinn ist. Ich möchte gerne mehr über sie erfahren und beschließe, dem Thema in der Zeit meines Aufenthalts nachzugehen.

Nach dem Tanzen und Essen sehne ich mich nach meinem Hostelbett. Das Wochenende hat gerade erst begonnen. Morgens um acht ist die Party vorbei. Auf dem Heimweg, vor dem Schlafengehen, gibt es erst noch einen *suco*. Der Saftladen hat längst geöffnet.

Kapitel

9

Arm wie im Film

An Rio gewöhne ich mich immer schnell. Die Metropole mit ihren sieben Millionen Einwohnern ist zusammen mit São Paulo der Ort in Brasilien, der am mondänsten rüberkommt. Die teils klassizistisch anmutende Architektur, die Schaufenster mit sommerlicher Kleidung von auch bei uns beliebten Marken, die vielen Autos europäischer Firmen aus brasilianischer Produktion – Rio ist ein Ziel für Einwanderer aus aller Welt. Auch für Einheimische, die aus den übrigen Landesteilen zuwandern.

»Man wird nicht fertig mit Rio. Man kann es nie zu Ende kennen, und das ist seine eigentliche, seine unvergängliche Schönheit«, schrieb Stefan Zweig.

Die sozialen Gegensätze sind hier so präsent wie die salzige Meerluft und die Tropensonne. Wer sich für dieses Thema inte-

ressiert, der kommt an dem Film »Cidade de Deus« (»City of God«)
nicht vorbei. Ich habe mich für eine Auftragsarbeit eines Interview-
magazins mit einem der Hauptdarsteller verabredet, Alexandre
Rodrigues.

Als wir uns die Hand geben, spüre ich sofort die guten *vibes,*
die zwischen uns hin- und hergehen. Mit ihm werde ich mich verstehen. Und ich kann von ihm etwas lernen. Wir gehen zusammen
in die Favela, in der er wohnt: Vidigal, der Wurmfortsatz der
Strandstadtteile von Rio, ein paar Schritte vom edlen Sheraton
Hotel entfernt, auf einem Hügel gelegen. Ich bin mit dem Bus gekommen und in der Nähe des Hotels ausgestiegen. Als wir den
Berg hinaufgehen, stockt Alexandre mitten im Satz. »Nicht weiter«, zischt er und drückt mich gegen eine Mauer.

Wie Ratten aus ihren Löchern huschen vor uns ein Dutzend
schweißnasser Körper in die sengende Hitze. Polizisten mit grau-
en Schutzwesten und Maschinenpistolen. Lautlos hasten sie die
Hauptstraße des Armenviertels hinauf. Sekunden später schallen
Schusssalven herab, in denen sich Schreie verlieren.

»Was war das?«, will ich wissen.

»So leben wir in Vidigal«, knurrt Alexandre missmutig. Eigent-
lich sollte es ein entspannter Bummel durch sein Viertel werden.
Ein Interview, während wir einfach herumlaufen. Ich habe noch
gar nicht richtig verstanden, was los ist, bin nicht schnell genug,
um schon Angst zu verspüren. Am Straßenrand verschmauchen
Maiskolben auf einem Rost. Passanten staunen dem bekannten
Schauspieler hinterher. Neben dem verstorbenen Papst Johannes
Paul II. dürfte Alexandre hier der prominenteste Mitbürger sein.
Er war als junger Mann für den Film »City of God«, der ein Welt-
erfolg wurde, von der Straße weggecastet worden.

Auch der Papst war »gecastet« worden: Als er 1980 die Favela
bei seinem Besuch in Rio de Janeiro beehrte, ließen ihn die Bewohner als einen der Ihren willkommen. Seither wohnt Johannes
Paul II. als Bild oder Spruchband in jedem der Abertausend un-

verputzten Häuser, steht sein Name neben den Reviermarken der Drogenbanden entlang der verästelten Schleichpfade und der engen Treppenlabyrinthe an die Wände gesprüht. Der verstorbene Papst ist immer noch viel beliebter als der aktuelle – denn Letzterer ist schließlich Argentinier.

Alexandre Rodrigues aber ist leibhaftig da geblieben und das ist den Bewohnern bei aller Beliebtheit suspekt. Ein bekannter Schauspieler in der Favela? So was erlebt man nur in Rio.

»Warum fährst du Fahrrad? Du bist ein Weltstar!«, rufen Cariocas und auch amerikanische Urlauber hinter Alexandre her, wenn er die Copacabana entlangflitzt.

»Weil ich kein Geld für den Bus hatte«, antwortet er und erntet dafür schallendes Gelächter – niemand kann sich vorstellen, dass ein weltbekannter Mime arm ist. Doch das Setting aus dem Film, in dem er die Starbesetzung war, nimmt in seinem eigenen Leben die Hauptrolle ein. Wie ein Fötus an der Nabelschnur scheint Alexandre an der Favela zu hängen. Und wie in seiner Rolle des Buscapé in »City of God« will er nur heraus aus diesem Elend und schafft es nicht – bis heute. Ich spüre bei Alexandre auch ein wenig Scham darüber, dass er arm ist wie im Film. Und mir fällt nichts Intelligentes ein, was ich dazu sagen könnte. Jeder beschwichtigende Kommentar käme mir albern vor. Was will ich auch sagen, als einer, der solche Sorgen nicht hat.

Alexandre ruft seine Mutter auf ihrem Handy an. »Ist es da oben jetzt wieder ruhig, können wir hochsteigen?« Sie wiegelt ab: »Besser, ich hole euch.« Wir warten.

Die Familie wohnt auf einem der Hügel. Dort tobt der Krieg zwischen Drogendealern und der Polizei am heftigsten. Neulich wurde in der Nachbarschaft ein Junge erschossen, der bei McDonald's im benachbarten Reichenviertel Leblon arbeitete. Als er abends geschafft vom Burgerbraten heimlief, hielten Polizisten seinen eingegipsten Arm für eine Waffe und drückten ab, den Körper schleiften sie weg.

Alexandres Mutter Rosangela ist eingetroffen und umarmt Alexandre kurz. Wieder Glück gehabt. Sie haben viele Bekannte durch *balas perdidas* verloren – verirrte Kugeln, die hier häufiger durch die Luft schwirren und Ahnungslose treffen.

Die Hundertschaften von Gesetzeshütern, die gerade wieder über das Viertel pflügen, um es angeblich zu befrieden, haben in Vidigal einen miserablen Ruf. Oft stecken sie gar mit den *traficantes*, den Drogenhändlern, unter einer Decke und erschossen werden Unschuldige. Blutzoll, bezahlt von den vom Leben ohnehin nicht Verwöhnten.

»War das schon immer so?«, will ich wissen.

Rosangela berichtet auf dem Heimweg, wie leicht das Leben früher war, als sie hier noch im Minirock auf der Straße Samba tanzte.

»Heute wird ein hübsches Ding, kaum ist sie zwölf, hinter die Bude gezogen und kommt mit einem dicken Bauch zurück.«

Sie tönt mit einem dunklen Raucherbass, der in jedem Hörspiel Verwendung fände. Der Weg, den wir eingeschlagen haben, führt längs eines brackigen Flusses entlang, dann geht es eine gewundene Treppe endlos hinauf. Wie überall in den Favelas hängt Kabelsalat an den Hauswänden. Rosangela sammelt leere Getränkedosen auf. Für ein Kilo bekommt sie zwei Euro.

»Ich will, dass meine Mutter nicht mehr arbeiten muss«, sagt Alexandre später zu mir. Sie hat sich als Putzfrau lange Jahre für ihn und seine drei Schwestern den Rücken krummgeschuftet. In seinem kleinen Haus wuchert der Schimmel an den Wänden. Früher wohnte die Familie in einer Favela in der Nordzone Rios und Rosangela musste vier Stunden täglich Bus fahren, um bei feinen Herrschaften sauber zu machen. Das war etwa die Zeit, als Alex mit fünf Jahren sein Showtalent entdeckte und die Familie mit Louis-Armstrong-Imitationen belustigte. Zum Lachen war ihnen dennoch nicht immer, wenn es mal wieder nur für einen Teller Reis und Bohnen für alle reichte. Oder wenn der Vater betrunken wie so oft die Hand gegen die Mutter erhob. Er verließ die Familie. »Besser war das! Sonst hätte ich ihn irgendwann umgebracht«, sagt Alexandre.

Dann kam der Umzug nach Vidigal in das Haus mit den drei kleinen Zimmern. Alexandre war bereits ein Teenager, doch schneller als seine ersten Bartstoppeln wächst die Gewalt im Viertel. Das Koksgeschäft kommt in Gang und die Dealerbanden verteilen ihre Herrschaftsgebiete, jeden Häuserblock unter sich. Alexandre liegt abends im Bett und zählt die Schüsse. Am nächsten Tag in der Schule vergleicht er mit seinem besten Freund, wer auf mehr kommt.

»Was ist aus diesen Schulfreunden geworden?«

»Die meisten sind in dieser Zeit abgerutscht, aber ich hatte ja Mama«, erzählt Alexandre. Rosangela brachte ihren Sohn eisern jeden Tag in die Schule und holte ihn nachmittags wieder ab. Auch wenn das gar nicht cool ankam bei den Klassenkameraden. Sie warnte ihn:

»Wenn ich irgendwann eine Waffe bei dir finde, knalle ich dich eigenhändig damit ab!« Abgeknallt wollte er nicht werden, also spielte er lieber Schultheater, obwohl er keine Perspektive für sich sah. Schließlich schmiss er die Schule und versuchte, sich mit Gelegenheitsjobs über Wasser zu halten. 2001 veränderte sich alles, Alexandre gehört zu den auserwählten Laien, die »Cidade de Deus« authentischer machen sollen, den Film, der die Geschichte der gleichnamigen Favela erzählt.

»Endlich war ich für etwas auf der Welt.« Alexandre bekommt täglich intensiven Schauspielunterricht, sein Potenzial wird erkannt. Er weint vor Freude, als sie ihm sagen, dass er die Hauptrolle des Buscapé spielen soll, der davon träumt, Fotograf zu werden, und durch dessen Augen der Plot erzählt wird. Der Film wird ein weltweiter Kassenschlager. Die Brasilianer wollen wissen, wie es dort zugeht, wo sich Normalbürger nicht hinwagen. Die Welt ist geschockt von der Gewalt auf Rios Straßen und begeistert von der souveränen Regiearbeit. Der Streifen gewinnt etliche internationale Preise und wird für vier Oscars nominiert. Während mir Alexandre das alles erzählt, scheint er kurz wieder in Euphorie zu verfallen.

Für Alexandre beginnt damals ein Leben voller ausgelassener Partys. Das Festival in Cannes – das erste Mal weg aus Rio – lässt ihn in eine wundersame Welt eintauchen. Roter Teppich, Blitzlichtgewitter, Tränen und stehende Ovationen nach dem Film. Alles bezahlt von den Mäzenen der Branche. Doch einmal die Lider geschlossen, und schon ist er zurück in Vidigal, in der Favela.

»Willkommen in deiner dreckigen Baracke!«, spöttelt Mutter Rosangela. Alexandre seufzt, als er den Regen als Rinnsal von der Decke fließen sieht, verwünscht sein Heim und sehnt sich nach den Fünf-Sterne-Häusern und schlaglochfreien Straßen zurück. Jetzt will er sich freischwimmen und bloß nicht mehr von Mutter zum Müllrausbringen schicken lassen.

»Was war der Plan?«, frage ich.

»Auf nach São Paulo. Ich wollte mich im Filmgeschäft durchbeißen, etwas werden.«

»Wie hast du das angestellt?«

»Ich hatte alles so wunderbar geplant: Ich habe ein kleines Appartement in einem Hochhaus gemietet, hatte erste Kontakte und einen Job bei einer Produktionsfirma.« Doch dann lag er in seinem Bett unter dem ruckelnden Ventilator und erkannte durchs Fenster, dass Wolken den Himmel verdeckten, an denen die Betonriesen kratzten. Gegen dieses Grau in Grau hatte er sein Meer-Panorama eingetauscht.

Alexandre bekommt Fieber und kann nicht arbeiten, bis er begreift: Diese Krankheit heißt *saudade* – bitteres Heimweh.

»Mein Aufbruch in die große weite Welt war nach ein paar Tagen vorbei.« Wie wohltuend ihm doch seine einfache Behausung plötzlich vorgekommen ist. Seit dieser Heimkehr hat er es immerhin geschafft, die Familie mit seiner Schauspielerei zu versorgen. Hat in drei Lang- und mehreren Kurzfilmen mitgespielt. Und in einer Telenovela des Fernsehgiganten »Globo«, was sich finanziell noch am meisten lohnte.

»Aber leider werde ich uns nicht so schnell aus der Favela rausbringen.« Ich überlege: Was würde ich wohl machen, wenn ich plötzlich für die ganze Sippe verantwortlich wäre? Es wäre eine riesige Bürde, da bin ich mir sicher.

»Ich bin schon froh, dass ich in Deutschland groß geworden bin«, sage ich mehr zu mir als zu Alexandre. »Was willst du noch erreichen?«, frage ich und konzentriere mich wieder auf mein Gegenüber.

»Schau, da drüben«, sagt Alexandre und zeigt mit beiden Armen auf eine benachbarte Bergkuppe. Dort hat er auf der gegenüberliegenden Anhöhe, die auch zu Vidigal gehört, ein größeres Haus gefunden. Das Geld bekam Alexandre von Fernando Meirelles, dem Regisseur von »City of God«, der sich überzeugen ließ, dass er ihm noch etwas schuldig war. 7000 Reais hatte Alexandre für seinen Part in dem Film bekommen – damals umgerechnet weniger als 2000 Euro. Das weltweite Einspielergebnis hatte bei einer halben Milliarde Dollar gelegen.

Alexandre ist vom nationalen olympischen Komitee als einer der Teilnehmer ausgewählt worden, der das Feuer trug, als es durch Rio zog. Außerdem macht er gerade seinen Schulabschluss nach. Von Rückschlägen lässt er sich nicht ausbremsen: Neulich stürzte er rittlings über seinen Fahrradlenker und schlug sich einen halben Schneidezahn aus. Er selbst hatte kein Geld für einen Zahnarzt, doch Gott sei Dank sei der Bruder seiner Managerin einer und behandelte ihn kostenlos.

»Ein Schauspieler muss doch lächeln können«, sagt er. Wir müssen beide lachen. Alexandre weiß, dass er ein anderes Leben führen will, und macht Pläne. Bis dahin fällt ihm das Pendeln zwischen den beiden Welten leichter, dem armen und dem reichen Rio. Er blickt beim Renovieren vom First seines neuen Hauses

aus über die Dächer. Unten klatscht die Gischt aus türkisblauer
See gegen die Klippen. Vielleicht kann er wirklich nirgendwo anders leben.

Am nächsten Tag, ich war nach dem Gespräch mit Alexandre
recht nachdenklich gestimmt, treffe ich einen weiteren Schauspieler aus dem Film. Alexandre hat den Kontakt für mich über
seine Agentin hergestellt. Manche haben wirklich Angst vor Leandro Firmino da Hora. Weil er so böse schauen kann, genau wie im
Film. Leandro sitzt vor einer Bar auf einem Plastikstuhl und nippt
an seinem Bier, sieht dabei aus wie ein kleiner Buddha.

»Hier kennt mich jeder«, sagt er zu mir. Hier, das ist das Armenviertel »Cidade de Deus« im nördlichen Teil von Rio, der Ort,
auf den sich der Film »City of God« bezieht. Die Straßen sind staubig, die Menschen hektisch. Hier tobt das Leben. Eselskarren
kommen vorbei, verbeulte Autos, Schulkinder auf dem Heimweg.
Nebenan stehen die Koks-Dealer und warten auf Kundschaft.

Leandro ist auch außerhalb der Favela bekannt, er spielte eine
weitere Hauptrolle in »City of God«: den Oberganoven und Dro-
genboss Zé Pequeno, in der deutschen Fassung heißt er »Locke«.
Die Zuschauer waren geschockt, aber auch beeindruckt von der
schauspielerischen Leistung, die Leandro zeigte. Man könnte also
sagen, dass Leandro, heute 37 Jahre alt, kleine schwarze Löckchen,
rotes T-Shirt, schwarze Chucks, ein Filmstar ist – genau wie Alexandre Rodrigues. Die Sache hat nur auch bei ihm den Haken: Er
lebt nicht wie einer. Leandro wohnt immer noch bei seinen Eltern
in der Favela, und es gibt wenig Aussicht, dass sich daran so schnell
etwas ändern wird. Keine üppigen Buffets, keine hübschen Hos-
tessen; Drogenschmuggel, Gewalt und Dreck – das ist die vorherr-
schende Realität, die der Schauspieler hier täglich erlebt.

»Wie ist das, hier zu leben?«

»Ich wohne gerne hier«, sagt Leandro fast trotzig. Schließlich
sei er in dem Viertel geboren und aufgewachsen. Seine Kindheit

verlief gut, sofern das an so einem Ort möglich sei. Seine Zensuren waren leidlich, ihm machte die Schule Spaß. Die Mutter, sie ging putzen, unterstützte ihren zweitältesten Sohn – Leandro hat noch drei Brüder. Sein Vater ist ein niedriger Beamter, die Familie schlägt sich durch. Anderen in der Favela geht es viel schlechter. Oder richtig gut – wenn sie sich entschließen, in den Drogenhandel einzusteigen.

Noch in der Schule wusste Leandro nicht so recht, wohin es mit ihm beruflich gehen sollte. Er versuchte sich in verschiedenen Gelegenheitsjobs, nichts Festes. Für künstlerische Berufe interessierte er sich, aber er hatte nicht den Mut und auch kein Geld, um sich in diese Richtung weiterzubilden.

Leandro sagt in seinen Sätzen oft *merda*, *caralho* und *porra*, was man wohlwollend mit Mist, Penis und Sperma übersetzen kann. Aber Kraftausdrücke gehören untrennbar zur Favela wie die Drogen und der Schmutz.

»Hast du selbst schon einmal gekokst?«, frage ich.

Leandro verdreht die Augen. »Natürlich nicht.« Aber von seinen Schulkameraden sind einige Konsumenten und Dealer geworden, meist in Kombination. Das »weiße Gold« ist für viele in der »Stadt Gottes« der Brötchengeber.

Doch durch den Film veränderte sich plötzlich alles für Leandro. Er gehörte zu den Auserwählten, auch er bekam intensiven Schauspielunterricht. Als sie ihm sagten, dass er den Gangsterboss spielen werde, begriff er noch nicht, was das für sein Leben bedeuten würde. Es sind solche kleinen Wendungen in einer Vita, die im Rückblick den Unterschied machen.

»Hattest du nicht davon geträumt?«

»Nein, mir ging es eigentlich nur darum, überhaupt mitmachen zu dürfen.«

»Aber man will doch ein Star ...«

»Nein, das wollte ich nicht«, unterbricht mich Leandro und schaut dabei giftig. Im Gegensatz zu Alexandre werde ich nicht so recht warm mit ihm. Im Film ist die Rolle von Locke zentral. Er entwickelt sich vom heimtückischen Kind zu einem großkotzigen Mörder mit psychopathischen Zügen. Mit ihm an der Spitze bricht ein grausamer Drogenkrieg in der Favela aus. Marihuana und eben Koks, die Favelas sind unter einigen Ganoven aufgeteilt und alle wollen die ganze Macht, nicht nur ein Stück vom Kuchen, sondern alles. Das Koks kommt aus Bolivien und wird über Rio weiter vercheckt. Natürlich bleibt noch genug übrig, um die eigenen Mitstreiter mit frischen, ungestreckten Lines zu versorgen.

Genau wie damals im Film sieht es auch heute noch in manchen von Rios Armenvierteln aus. Sie sind geprägt von einer eigenen Hierarchie: Unten stehen die Läufer, oft Kinder und Jugendliche, die Schmiere stehen und Zeichen geben, wenn die Drogenfahnder und die Polizei in die Favela einrücken. Dann kommen die Dealer und ganz oben die Bezirksverwalter, die ein Drogenlabor leiten und die Finanzen im Griff behalten. Drogenkriege, große und kleine, gibt es ständig hier. In Wirklichkeit hat Leandro gar nichts von einem bösen Buben. Kaum jemand glaubt, wie schüchtern und unsicher er eigentlich ist, wenn er ihn kennenlernt. Ich merke schnell: Das kann auch der Gossenslang nicht kaschieren. Er ist eine richtige Künstlerseele! Und genauso unglaublich ist, wie wenig er mit seiner Rolle verdient hat. Er hat den gleichen Betrag wie Alexandre Rodrigues erhalten: 7000 Reais, weniger als 2000 Euro.

»Bist du deswegen nicht sauer?«, frage ich.

»Klar habe ich wenig bekommen, aber was sollte ich denn machen? Der Film war doch meine große Chance. Da konnte ich nicht verhandeln«, sagt Leandro mit leiser Stimme.

»Ich find's unfassbar«, sage ich.

»Die Kinofans können es nicht begreifen, wenn ich ihnen erkläre, dass ich mir noch nicht mal einen VW-Käfer leisten kann und keinen Führerschein habe.« Leandro musste sich ebenso wie seine anderen Schauspielkollegen aus dem Film daran gewöhnen, zwischen zwei Welten zu pendeln und zu beiden nicht richtig zu gehören.

»Wäre ich ein Drogendealer geworden, hätte ich heute keine finanziellen Sorgen. Aber vielleicht säße ich dann auch im Knast oder wäre längst erschossen worden«, sagt Leandro lakonisch.

Mit der Arbeit läuft es heute nicht gut. Leandro hat 2005 im Kinofilm »Cafundó« eine größere Rolle gespielt, dann in einer Telenovela namens »Vidas opostas«. Viel mehr war da nicht. Woran das liegt?

»Der Markt für Schauspieler ist hier sehr dicht und es gibt kein Geld. Die wenigsten können wirklich davon leben«, sagt Carolina Condé, die Leandro und andere Favela-Schauspieler managt. Sie ist gerade zum Gespräch dazugekommen. Eine hübsche Frau. Vielleicht will sie aufpassen, dass Leandro nichts Falsches sagt.

»Wie willst du weitermachen?«

»Ich muss dringend abnehmen, dann kommen auch wieder mehr Rollen«, sagt Leandro.

Er sei zu rundlich geworden in den letzten Jahren. Ein stattlicher Mann mit einem ebenso stattlichen Bauch. Seine großen Vorbilder als Schauspieler sind Marlon Brando und Al Pacino. Hollywood, das wäre schon was. Aber Leandro spricht kein Englisch.

»Ich bin jetzt Schauspieler und bleibe es«, sagt er bestimmt und schaut sich zu Hause viele DVDs seiner Helden an. Die Dramen mag er am liebsten. Die alten Schulkameraden, die jetzt Dealer sind, zu ihnen hat Leandro keinen Kontakt mehr. Mögen sie auch gut verdient haben, neidisch ist Leandro nicht auf sie. Am frühen Nachmittag schlendern wir zu ihm nach Hause. Er schiebt sich die Sonnenbrille auf die Nase und sieht damit aus wie eine Ameise. Das Haus mutet für die Verhältnisse einer Favela mittelständisch an. Es ist wie nur wenige in der Umgebung ordentlich verputzt, türkis angestrichen, es gibt einen Zaun und auch die Fenster sind vergittert.

»Wir sind alle so stolz auf Leandro«, sagt Mutter Marly Firmino da Hora und strahlt dabei. Sie ist 53 Jahre alt und erzählt gerne
und ausschweifend von ihrem Sohn. Dass er immer schon so ruhig
und besonnen gewesen sei und dass er »erst mit 17 was mit den
Mädchen angefangen hat«. Leandro lächelt peinlich berührt. Die
Mutter legt aber höchsten Wert darauf, zu sagen, dass sie auch
stolz auf ihn wäre, wenn er heute Taxi führe.

Im Haus wohnen neben Leandro und den Eltern noch ein Bruder und die Großmutter. Leandro hat kein eigenes Zimmer, sondern schläft auf dem Sofa im Wohnzimmer, aus dem an manchen
Stellen schon die Sprungfedern herausschauen. Gerade läuft eine
DVD: Marvin Gaye – Greatest Hits. »Der ist so großartig«, raunt
Leandro. Auf dem Fernseher steht ein vergilbtes Engelsbildnis.
Das Badezimmer hat bessere Zeiten gesehen. Die krumm gefliesten Wände haben allerhand Risse und Sprünge, als Beleuchtung
dient eine einfache Glühbirne in der nackten Fassung, die Kabel
am Durchlauferhitzer in der Dusche ragen aus der Isolierung heraus. Ob ihnen dieser Lebensstandard ausreicht?

»Luxus gibt's bei uns keinen, aber dafür hält die Familie zusammen«, sagt Leandro. Erst seit ein paar Wochen ist er jetzt mit
Pricila zusammen, die beiden haben sich auf der Party eines Freundes kennengelernt. Vielleicht wird er sie einmal heiraten. Vielleicht werden sie Kinder haben. Vielleicht … Auch Pricila kommt
aus der Favela. »Wir mögen es beide hier, und woanders zu leben
könnten wir uns sowieso nicht leisten«, sagt Leandro. Aber ein Leben in der »Stadt Gottes« ist immer ein Leben mit der Gefahr. Die
balas perdidas, die Irrläufer, machen auch den Leuten hier Angst.
Denn wenn sich Drogengangs untereinander oder mit der Polizei
Scharmützel liefern, stirbt auch schnell ein Außenstehender. Fast
jeder hier kennt irgendwen, dem das passiert ist. Wie er mit der
ständigen Gefahr lebt?

»Es ist schon oft heikel, aber es hilft nichts, in Paranoia zu verfallen«, sagt Leandro. Andererseits sorgen die Ganoven im Viertel

auch für Ruhe. Überfallen und ausgeraubt wird hier niemand. Am Abend macht Leandro noch einen Streifzug durch die Favela. Die Sonne kämpft sich noch mal durch den Smog der Stadt. Es ist noch 30 Grad heiß, Leandro schwitzt wie ein Preisboxer. An der Ecke vor der Fleischerei bietet ein Verkäufer gebratene Fleischspieße an. Neben ihm steht ein Mädchen, das Lippenstifte verkauft. Und in Zukunft?

»Vielleicht werde ich Regisseur, das würde mich reizen«, sagt Leandro. Wenn man hier aufwachse, wisse man, wie man unterschiedliche Leute unter einen Hut bekäme. Er reibt sich die Hände und lässt die Fingerknochen knacken. Kokain würde er nicht einmal probieren, wenn er verzweifelt wäre, sagt Leandro. Und andere Drogen auch nicht. Obwohl er sie vor der Nase hat, jeden Tag. Bevor er nach Hause geht, kauft Leandro im Laden an der Ecke noch eine Tüte Kekse. Mit der Diät ist es für heute vorbei.

Kapitel

10

Die Ladys von Lapa

Am nächsten Tag geht mir immer noch nach, wie hier manche Menschen leben müssen. Und was sie daraus machen. Erstaunlich viel. Aber ich habe natürlich nicht den Querschnitt der Bevölkerung interviewt, sondern nur wenige sogar eher privilegierte Einwohner. Ich möchte mir heute etwas anderes anschauen. Eine erfahrene Chefredakteurin hat einmal zu mir gesagt, dass sie keinen männlichen Journalisten kenne, der nicht gerne mal eine Geschichte über Transvestiten, die als Prostituierte arbeiten, recherchieren und schreiben möchte. In Rio gehen übrigens nahezu alle Transen auf den Strich, weil sie sonst keinen Job finden. Seit ich die Transen von Lapa im Vorbeigehen das erste Mal gesehen habe, dachte ich mir, dass ich sie gerne interviewen und mehr über ihre Lebensgeschichten erfahren würde.

Ich laufe die Straße entlang, wo der Transenstrich verläuft, schaue mir die Mädchen an. Bis ich eine gefunden habe, die ich gerne interviewen würde. Ihre schwarzen Stilettos machen sie elf Zentimeter größer. Die Beine wirken länger, als sie sind. Traumfigur, Puder, Lippenstift, Rouge. Rebecca Any, wie ich gleich erfahre, steht auf dem Bordstein in Lapa, dem quirligsten Stadtteil von Rio. Sie wirkt nicht nur hübsch, sie wirkt auch verletzlich – darum interessiert sie mich. Ich spreche sie an und frage nach einem Interview. Sie überlegt und sagt schnell zu.

Die Luft draußen schmeckt nach kaltem Zigarettenrauch, so viel wird hier geraucht. Hier wird gefeiert und getanzt. Touristen kommen ebenso her wie die Einheimischen. Die Lichter der Ampeln spiegeln sich in den großen Fenstern der Bars und den Regenpfützen auf dem Boden, die ein Tropenschauer gerade eben auf den Asphalt gesetzt hat. Alles verschmilzt mit den Straßenlaternen zu einem einzigen Farbenspiel.

Wir stehen uns an der Straße gegenüber und sprechen also dort zum ersten Mal miteinander. Und ich habe gleich das Gefühl, dass sie mir gegenüber nichts verbergen wird. Rebecca, 21 Jahre, brünett mit Stern-Tattoo auf der Schulter, einem etwas fahlen Gesicht und schmalen braunen Augen, ist eine schöne Frau. Obwohl wir uns unterhalten, hält ein Auto an, die Seitenscheibe senkt sich langsam in die Tür. Rebecca trippelt zu dem Fahrzeug und spricht mit dem Fahrer: »Was ist es dir wert?«, fragt sie mit Augenaufschlag. Nach gefühlten zwei Minuten steigt sie ein. Es geht in ein Stundenhotel. Denn Rebecca ist nicht nur eine schöne Frau, die ein Mann ist, sie ist auch eine Prostituierte. Nirgendwo auf der Welt, so erzählen sie es zumindest selbst, gibt es so viele Transvestiten wie in Brasilien. Vielerorts geschmäht, ziehen Heerscharen von ihnen ins Ausland, vor allem nach Europa, wo sie auch als Huren arbeiten. Italien ist das häufigste Ziel. Aber der heimische Straßenstrich in den großen brasilianischen Städten leidet keinen Mangel an Nachwuchskräften.

»Du brauchst Eier, egal, ob Mann oder Frau«, dieses Zitat von Russel Mael, dem Sänger der Sparks, bekommt hier seine eigene Bedeutung. Schon die Benennung von Rebecca und ihren »Kolleginnen« gestaltet sich schwierig. Transvestiten sind Männer, die sich als Frau fühlen, sich wie eine Frau kleiden und dafür mitunter auch ihren Körper verändern wollen. Als Transsexuelle bezeichnet man Menschen erst, wenn sie eine operative Geschlechtsumwandlung vornehmen lassen. Unter Travestie versteht man Männer, die sich lediglich zur Show in Frauenkleider werfen, wie etwa Olivia Jones in Deutschland. Hier in Lapa, dem Revier der Transen von Rio, verschwimmen die Begriffe oft.

»Jeder Mensch ist ein Universum«, pflegte Hannah Suzarte zu sagen, eine Transen-Ikone aus Rio, die vor ein paar Jahren an Aids starb. Ich hatte das Privileg, sie vor ihrem Tod kennenlernen zu dürfen, und sie hat mich tief beeindruckt. Was diese Mädels betrifft, hatte sie mit dem Universum recht. Mann oder Frau, das passiert alles im Kopf.

»Wann hast du gemerkt, dass du im falschen Körper steckst?«, frage ich später, als Rebecca von ihrem Freier-Date zurück ist.

»Ich habe schon mit 13 gewusst, dass ich eine Frau sein möchte«, sagt Rebecca mit leicht gebrochener Stimme, die dennoch weiblich klingt. Rebecca ist in Rio geboren. Ihr Elternhaus ist bürgerlich und erzkatholisch. Sie war es von klein auf gewöhnt, an die Copacabana zu gehen, zu schwimmen und die anderen Badegäste zu beobachten. In Brasilien ist der Strand ein Laufsteg. Jeder will sich zeigen.

»Hast du diese Strandtage gemocht?«

»Meine Badehose habe ich immer gehasst«, sagt sie mit einem unsicheren Lachen. Als wäre die Teenagerzeit, in der man sich selbst finden soll, nicht schon kompliziert genug. Ihr ist als junger Mann schnell klar: Sie steht einerseits auf Männer und steckt aber noch dazu im falschen Körper. Den Eltern bleibt nicht verborgen, dass ihr Sohn nicht wie andere Söhne ist. Spätestens, als er anfängt, die Kleider seiner Schwestern anzuziehen und damit die Frau zu zeigen, die er einmal sein wird, schlagen sie Alarm und immer öfter auch zu.

»Was war das Problem?«

»Meine Eltern haben mich nicht akzeptiert. Sie wollten einen richtigen Sohn, einen Stammhalter großziehen, nicht so etwas wie mich jedenfalls.«

»Wie hast du darauf reagiert?«

»Ich konnte nur frei werden, indem ich wegging.«

»Wohin?«

Das war mit 17. Sie war gerade mit ihrer Friseurlehre fertig, weiß, dass die Transen in Lapa stehen, und schließt sich ihnen an. Mit 18 beginnt sie, Hormone zu schlucken, die hier in jeder Apotheke frei erhältlich sind. Die Wirkung setzt schnell ein: Die Brüste wachsen, die Stimme wird heller, die Körperbehaarung nimmt ab. Vor ihrem ersten Freier ekelt sie sich noch, aber sie gewöhnt sich an das Gewerbe wie ein Schweinebauer, der irgendwann den Mistgeruch im Stall nicht mehr bemerkt. Eine Stunde mit Rebecca kostet 100 Reais: umgerechnet rund 25 Euro. Alte und unansehnliche Kunden müssen mehr anlegen.

»Ich habe ein gutes Leben, verdiene viel Geld«, resümiert sie mit einem Anflug von Trotz, so als müsse sie sich ständig für ihren Job rechtfertigen. Inzwischen wohnt Rebecca mit ihrer Tante und ihrer Großmutter zusammen.

»Die lassen mich so sein, wie ich bin«, sagt sie. Zu den Eltern und Geschwistern hat sie keinen Kontakt mehr. Und das soll sich auch nicht ändern.

Noch eine Ikone in der Szene ist Luana Muniz, die als »Königin von Lapa« bekannt wurde. Sie kommt an diesem Abend den Transenstrich entlanggelaufen. Die 50-Jährige ist so etwas wie die gute Mutter der Transen von Rio. Sie hilft vor allem den Neuankömmlingen, vermittelt Wohnungen, gibt Lebenstipps. Trotz ihres Alters arbeitet sie selbst immer noch als Prostituierte, und zwar sowohl in Rio als auch in Europa. Sie hat sich eine gewisse damenhafte Anmut bewahrt.

»Ich würde niemals meinen Beruf wechseln wollen«, sagt sie.

»Was magst du so daran?«, will ich wissen.

Ihr gefalle vor allem die Kunst der Verführung und die Unabhängigkeit. Allerdings wolle sie die Prostitution nicht romantisieren.

»In Brasilien haben die Mädels gar keine Wahl. Sie können nur auf den Strich gehen. In anderen Berufen würden sie niemals akzeptiert«, sagt Luana. Sie arbeitet auch mit der Nichtregierungsorganisation »Astra« zusammen, die sich um die Transen von Lapa kümmert. Es ist halb zwei nachts. Ein paar Straßenkinder kicken mit einem Ball aus alten Lumpen. Der Himmel ist grau vor Wolken, kein Stern zeigt sich. Wenn Babylon eine Hure war, ist Lapa ein einziges Bordell. Tropisch-feuchte Samba-Rhythmen klingen aus einem Club hinaus in die Nacht. Manche Transe steht sich schon seit Stunden die Beine in den Bauch. Nebeneinander aufgereiht, sehen sie aus wie Schwalben auf der Stromleitung. Autos zuckeln langsam am Straßenstrich vorbei, Limousinen, Kleinwagen, Taxis. Manche Fahrer halten und sprechen mit den Mädchen.

Eine andere Frau kommt dazu, spricht mich an, was ich hier mache, ob ich nach einem »Abenteuer« suche. Sabrina Goltara, 26, erklärt die Regeln:

»Hier hat jede ihren Standort und der wird verteidigt.« Sabrina hat aschblonde, angeschweißte Haare, Brüste und Nase hat sie sich machen lassen, Lippen, Hüfte, Po – die Dame hat fast mehr Silikon als Blut im Körper.

»Für die weiblichen Rundungen«, sagt sie und betont, dass sie sich als Kunstprodukt sieht. Ihre dunklen Brauen sind wie mit einem Kohlestift gezeichnet und sie ist mit allerhand Accessoires betresst. Einen Bart bekommt sie dank der Hormonpillen schon lange nicht mehr, nur die Haare an den Beinen muss sie mit Wachs

entfernen lassen – wie andere Frauen auch. Bei Sabrina kostet das
»Programm«, wie es die Brasilianer nennen, nur 50 Reais, rund
13 Euro. Bedient werden fast alle sexuellen Wünsche. Die meisten
Kunden wollen aber von einer Transe in den Hintern gevögelt werden, sagt sie.

»Was ist euer Geheimnis?«

»Dass wir einen Schwanz haben und trotzdem Frauen sind, das
macht die an«, sagt Sabrina und grinst. Sie liebe ihren Job, fährt sie
fort und schwingt den Hintern, »ich habe einfach verdammt gerne Sex.« Einen Freund zu haben, das wünscht sich Sabrina sehr,
doch sei das in ihrer Lage fast aussichtslos. Einen Zuhälter haben
hier auch die wenigsten, das Gros arbeitet auf eigene Rechnung.
Allerdings fehlt dann ein Beschützer, wenn die Huren angefeindet werden. Und das passiert von allen Seiten.

Egal, ob Straßenkinder, Anwohner, Passanten, ja sogar Homo-
sexuelle behandeln die Transen oft schlecht, bis hin zu wüsten Be-
schimpfungen und Schlägen. Prostituierte und Transvestit zu sein
verdoppelt das Risiko.

»Nicht mal die Schwulen mögen uns, dabei sitzen wir doch eigentlich im selben Boot. Hier bist du echt allein«, faucht Sabrina
wütend. Die Transen freuen sich über jedes kleine Zeichen von
Takt und Respekt durch ihre Mitmenschen. Doch das bleibt die
rare Ausnahme.

»Was die hier machen, finde ich ekelhaft«, sagt Isaque da Silveira Moraes, ein Obdachloser mit Augen so rot wie sein T-Shirt.
Er hat seinen Schlafplatz gleich um die Ecke auf dem Trottoir und
macht trotzdem um die Transen einen großen Bogen. Seine Mo-
ral: Männer sollten Männer bleiben, alles andere sei des Teufels.
Isaque hockt vor einer Bar und hat die beste Sicht auf die »Mann-
frauen«, wie er sie nennt. Drinnen sitzen einige Gäste und schau-
en ein Fußballspiel zwischen Fluminese aus Rio und Palmeiras aus
São Paulo an. Es gibt Pommes, Fleisch und Bohnen. Am Tresen
stehen Bonbons, Kaugummis und einige Paletten Dosenbier. Der

Wirt gibt seinem heruntergekommenen Gast mit seiner geklitterten Meinung recht.

»Was hältst du von den Transen?«, frage ich.

»Gott hasst, was die da tun, und Aids ist seine gerechte Strafe für sie«, sagt Amasio Filho. Seine Bar führt er seit 16 Jahren, nur einmal im Jahr, am Karfreitag, ist sie geschlossen. Noch nie hat er mit einer der Transen gesprochen. Wenn allerdings eine bei ihm ein Wasser kauft, nimmt er ihr Geld gerne. Von der Polizei haben Rebecca, Sabrina und die anderen Kolleginnen keine Hilfe zu erwarten. Auch die Beamten schlagen schnell zu oder nehmen den Mädels ihr Geld ab, durchsuchen und erpressen sie, nehmen sie grundlos mit auf die Wache und setzen sie schlimmstenfalls für eine Nacht in eine Zelle. Bei so viel Abneigung sollte man meinen, die Transen hätten überhaupt keine Kunden. Aber die Doppelmoral ist groß. Selbst Stürmerstar Ronaldo vergnügte sich mit dreien von ihnen, so stand es zumindest in den Zeitungen. Die Geschichte kam heraus, weil die Damen die Polizei riefen, da der Fußballer angeblich nicht zahlen wollte, nachdem er die Nacht mit ihnen verbracht hatte. Ronaldo will natürlich nichts bemerkt haben: Er habe nicht gewusst, dass es sich bei den Frauen um Transvestiten gehandelt habe, beschied er kleinlaut. Seine Freundin zog aus der gemeinsamen Wohnung aus und Sponsor Nike erwog, den Werbevertrag zu kündigen.

»Mir ist egal, ob davon jemand erfährt. Wenn ich Lust auf eine Transe habe, dann hole ich mir eine«, sagt Michael L., deutscher Unternehmer, der schon seit 23 Jahren in der Nähe von Rio wohnt und oft hierherkommt. Er ist heute da, weil er Spaß haben will, und hat kein Problem damit, mit mir zu sprechen.

»Frag mich, mach Fotos, egal – ich stehe zu dem, was ich tue.« Herr L. redet mit jedem einzelnen Mädchen. Für ihn sind sie Geheimnisse, die es zu ergründen gilt. Aber für ihn ist der Transenstrich auch wie ein reichhaltiges Buffet, an dem er sich die besten Leckereien auf den Teller schaufelt. Er wundere sich darüber, dass die Brasilianer hierbei so verklemmt seien, sagt er noch.

Rebecca taucht wieder auf und hinterlässt ihr Parfum in der Luft. Sie war eben für eine Stunde mit einem anderen Herrn ins Hotel gegangen. Seit acht Monaten hat sie einen festen Freund. Anwalt sei der, sagt sie, und er wisse, dass sie eine Prostituierte sei.

»Er möchte, dass ich damit aufhöre, aber das geht noch nicht.«

»Warum denn nicht?«

»Weil ich unabhängig bleiben muss! Ich brauche noch mehr finanzielle Rücklagen, solange ich noch jung und attraktiv aussehe.«

Ihr Blick duldet keine Widerrede. Sie arbeitet jede Nacht, beflissen wie ein deutscher Steuerfahnder. Sie steht um vier Uhr nachmittags auf, macht sich zwei Stunden hübsch. Make-up, Brauen, Haare, Nägel, um Punkt 18 Uhr steht sie wieder an der Straße bis tief in die Nacht hinein. Bis 35 könne man den Job ohne Probleme machen, meint sie.

»Vielleicht höre ich aber doch vorher auf. Ich weiß es einfach nicht.«

Und die Zukunft?

Eventuell heiraten, wieder als Friseurin arbeiten, Kinder adoptieren. Würde sie gerne eine Operation machen lassen? Da ist sie entschieden: »Nein, mein Körper ist von Gott gegeben, also ändere ich nichts daran. Der Schwanz bleibt dran!« Allenfalls die Brüste würde sie sich gerne vergrößern lassen. Rebecca nippt an ihrem Wasser, wackelt nervös mit ihrem Bein und bläst sich die Haarsträhnen aus dem Gesicht. Heute Nacht hatte sie schon fünf Freier. Viele ihrer Kunden kennt sie seit Längerem, sie kommen regelmäßig, mit manchen hat sie sogar einen Jour fixe. Das gibt ihr eine gewisse Sicherheit. Aber nur der Anwalt hat sich bislang getraut, mit ihr Händchen haltend durch die Stadt zu laufen.

»Der liebt mich wirklich.«

»Liebst du ihn auch?«

»Hm. Da bin ich mir noch nicht sicher«, antwortet sie nach einer Weile. Sie hat Angst, verletzt zu werden, misstraut ihrem Glück.

»Pretty Woman« ist eben nur ein Film. »So was gibt's doch in Wirklichkeit gar nicht: Ein Mann, der mit einer Nutte zusammen sein will.« Eines weiß sie aber schon sicher: Sie will in Lapa wohnen bleiben. Damit sie den Kontakt zu den anderen Mädels nicht verliert. Und an die Copacabana will sie mal wieder gehen, zum Baden. Dann aber im Bikini.

Kapitel

11

Arme Leute gucken

Meine Recherchetour in Lapa war für mich et-
was Besonderes, Inspirierendes. Ich habe starke Frauen kennengelernt, die einmal Männer waren. Sie haben mir imponiert, denn sie
zelebrieren ihr Leben, obwohl sie angefeindet und diskriminiert
werden. Begegnungen, die ich sicher nicht vergessen werde. Mich
hat aber auch geschockt, wie viel Ablehnung sie erfahren. Brasilianer wirken, wie gesagt, immer so locker und aufgeklärt. Aber eine
Mischung aus Machismo und konservativen Werten, dem strengem
Katholizismus – das alles bringt oft Vorurteile und Bosheit mit sich.
Es sollte in der heutigen Zeit keine Frage mehr sein, ob Homosexu-
elle oder Transsexuelle in einer Gesellschaft akzeptiert sind, die
sich frei nennt. Davon ist Brasilien noch weit entfernt.

Mich lassen die Favelas nicht los. Wenn sich ein Thema durch
ein Buch über Brasilien ziehen muss und wenn dieses Thema eine

Reise prägt, dann sind es die sozialen Gegensätze, die man hier – noch dazu in Rio – überhaupt nicht übersehen kann. Das kann keine noch so schöne Christusfigur überstrahlen. Mich interessieren die klassischen Tourismusziele schon lange nicht mehr, aber die alternativen Angebote für Reisende will ich mir ansehen, auch wenn sie für mich befremdlich klingen.

Ich habe von Touren in die Favelas gehört, bei denen Touristen den armen Menschen beim Leben zugucken können. Mein erster Gedanke: Ekelhaft! Wer macht bei so was mit? Ist das nicht schamlos? Purer Voyeurismus? Als Journalist habe ich die Ausrede, dass ich nur zu Recherchezwecken teilnehme. Andererseits, wer weiß, vielleicht sind diese Exkursionen doch gar nicht so schlecht? Also melde ich mich an. Um 14 Uhr am nächsten Tag holt mich ein Kleinbus vom Hostel in Copacabana ab.

Und schon bin ich mittendrin in der Tour. Acht Leute sind mit dabei und ich habe den Eindruck, dass eine alleinreisende Amerikanerin mit Mitte 30 ebensolche Skrupel hat wie ich. Auch die fünfköpfige Kopenhagener Familie Friis nimmt heute an dem brasilianischen Ur(laubs)erlebnis der besonderen Art teil.

Flankiert von zwei verflohten Rüden, die ihre Nasen in Müllhaufen drücken, warten wir darauf, dass es losgeht. Die elfjährige Dänin blinzelt ihrer Mama zu. Dieser ist die Szenerie natürlich nicht angenehm, aber da muss sie jetzt durch und wir anderen auch. Ich fühle mich absolut fehl am Platz. Natürlich will auch ich wissen, wie die Ärmsten der Armen in Brasilien leben. Meine Besuche bei den Schauspielern waren ja nicht unbedingt repräsentativ. Bin ich denn besser als die anderen Teilnehmer? Ist meine Skepsis angebracht? Meine Haltung gegenüber den anderen Touristen bleibt, ich gebe es zu, kritisch bis zynisch. Ich kann nicht anders.

Familie Friis ist die Tropensonne nicht gewohnt. Bei Papa Jesper, in der Lebensmittelbranche tätig, sind die Schweißflecken unter den Achseln fast so groß wie die bleichen Löcher an den sonnenbrandgeschälten Beinen. Er ist schon voll drin im Safari-Feeling, bedeutet einer wirren, verwahrlosten alten Frau, dass er sie gerne knipsen möchte und zückt die Canon. Wenn man bloß Portugiesisch spräche. Derweil hat sich die Jüngste an den notdürftig gepflasterten Trampelpfaden den Fuß im Flip-Flop geritzt. Die Mutter ist mit einem Pflaster zur Stelle. Während die europäischen Gäste gebannt die Armut aufsaugen und sich mit kleinen Widrigkeiten abmühen, macht dem Veranstalter schon seit Tagen ein Drogenkrieg in der Nachbarschaft einen Strich durch die Rechnung. Ein Teil der Tour kann momentan nicht gezeigt werden. Die Kundschaft ist beunruhigt. Ist man überhaupt sicher bei diesen Touren?

»Im Fernsehen wird unnötig Panik geschürt, wenn es um die Favelas geht«, hat mir Marcelo Armstrong am Vortag am Telefon gesagt. Er ist der Erfinder und Gründer von »Favela Tour«, der ältesten jener speziellen Stadtrundfahrten in Rio de Janeiro. Ich habe ihn angerufen, weil ich wissen wollte, ob ich die Tour wirklich besuchen soll, bevor ich mich zu einem Interview mit ihm treffen werde. Fremdenführer Armstrong, den 1992 ein neugieriger Franzose auf die Geschäftsidee seines Lebens brachte, trägt das Pioniers-Prädikat stolz vor sich her wie ein Ritter den Schild. Der Lonely-Planet-Reiseführer zu Rio, die Bibel der Rucksacktouristen, empfiehlt seine Tour ebenso wie die *New York Times*.

Auf der Homepage des Anbieters finden sich zahlreiche Kommentare aus der internationalen Presse, darunter wird auch *Marie Claire* zitiert: »Die Gastfreundschaft dieser einfachen Menschen ist das Porträt von der Favela, das Touristen aus der ganzen Welt mit nach Hause nehmen.«

600 Leute bringt er im Schnitt pro Woche nach Vila Canoas und Rocinha, den größten Favelas in Brasilien, wo nach inoffiziellen Angaben eine Viertel Million Menschen leben. Beide Favelas gibt es schon seit über 50 Jahren, auch die Fußball-WM und Olympia konnten ihnen nichts anhaben. Rocinha ist so groß wie Frei-

burg im Breisgau – aber die Stadt in der Stadt ist ein Haufen großer Mühsal und Menschenverachtung.

Überhaupt leben in Rio – was selbst seine Bewohner nicht
wahrhaben wollen – 20 Prozent der Bevölkerung im über die Stadt
verteilten Elend. Ein Kunstfehler Gottes, der nach einem Sprichwort ihre Stadt am siebten Tag erschuf. »Gott ist Brasilianer«, sagen die Einwohner des fünftgrößten Landes der Welt als geflügel-
tes Wort. Ich denke, wenn das stimmt, muss der Himmel wohl
auch ein bisschen Favela sein.

Es mag zutreffen: Wann immer das Fernsehen über die Slums
berichtet, geht es um Mord, Gewaltexzesse und Drogen. Der
Hüttenmoloch Rocinha kommt selten zur Ruhe, das habe ich
auch in den deutschen Medien oft gelesen. Explosionen von
Rauchbomben, Maschinengewehrsalven, Dutzende Todesopfer,
Heerscharen von Armeesoldaten und Polizeibeamten, die alle Zu-
gangswege absperren. Es geht um die Machtverhältnisse im Dro-
gengeschäft. Von den Favelas aus schippert der Stoff in die Staaten
und nach Europa, werden die inländischen Kunden und schnie-
fende Touristen versorgt.

Ein halbes Jahr konnte Marcelo Armstrong nicht nach Rocinha fahren. Jetzt ist es dort wieder ruhiger. Die brasilianische Polizei hat viele Favelas besetzt, um sie zu befrieden. Spezialeinhei-
ten der Polizei marschierten in die Gettos ein wie Elitetruppen im
Krieg und schossen mit ihren Maschinenpistolen auf die Drogenbosse und ihre »Soldaten«, die bisher das Sagen hatten. Weit her ist
es mit dem Frieden aber nicht. Es gibt immer noch Schießereien.

Jetzt stapft die Reisegruppe einige Kilometer Luftlinie von Rocinha entfernt durch die »Light-Version« einer Favela. Hier in Vila
Canoas, östlich von Rocinha, in direkter Nachbarschaft zum Nobelviertel São Conrado, zeigt sich die Armut in abgeschwächter
Version, beispielsweise gibt es fließend Wasser oder eine bessere und legale Stromversorgung. Nur eine breite Straße trennt das
Fußvolk von den Villen der Hautevolee. Zynisch, aber wahr: Die

Touristen sind hier tatsächlich sicherer als an der schicken Copacabana. Dort reißen ihnen mitunter dieselben hier so freundlich grü-
ßenden Leute die Kameras und Handtaschen vom Leib. Denn in
der Favela selbst gilt die eiserne Regel: Kein Verbrechen ohne An-
ordnung der Bosse. Darum brauche man mit denen gar keine Ab-
sprachen zu treffen wegen der Tour, das regle sich von ganz allein,
erzählte mir Armstrong bei unserem späteren Treffen stolz.

Ich beobachte die Dänen weiter, während sie und der Rest der
Gruppe unaufhörlich Fotos schießen.

»Dass die Häuser nicht einstürzen«, raunt Sören Friis, Louises
14-jähriger Bruder, als er fünfstöckige unverputzte Backsteintür-
me sieht, auf die Jahr für Jahr noch eine Etage gesetzt wird. Durchaus auf Wissensvermittlung bedacht zeigt sich der Veranstalter in
diesem Teil der Tour. So erfahren wir, dass ein Landloser qua gel-
tendem Recht nach fünf Jahren eine von ihm so lange nachweis-
lich okkupierte Wohnfläche für sich beanspruchen kann – das üb-
liche Entstehungsmuster einer Favela. Manchmal werden Favelas,
wie etwa die Favela de Metro vor der Weltmeisterschaft, umgesie-
delt oder aufgelöst. Ständig entstehen aber neue inoffizielle Viertel. Und dass der gesetzliche Mindestlohn die Leute nicht ernäh-
ren kann, die Straßen hier meist keine Namen haben, sie sind nur
durchnummeriert, damit die Post auch ankommt, und dass es viele Probleme gibt. Hat diese Tour vielleicht doch einen Sinn?, frage
ich mich.

Marina, Fremdenführerin in Marcelo Armstrongs Stab, wohnt
selbst im reichen Teil von Rio wie die meisten anderen Führer
auch. Sie bemüht die Statistik: »Hier wohnen nur 2000 Leute,
aber pro Woche werden 600 Kisten Bier an die Kneipen gelie-
fert. Viele Leute flüchten in den Alkoholismus.« Wir begegnen
diesem Problem sodann leibhaftig bei einem Umtrunk in »Jorges
Bar«. Rafael und Israel, beide aus dem armen Nordosten Brasiliens stammend, geben sich hier gesprächig und haben ordentlich

einen im Tee. Willkommen heiße er sie, nuschelt Rafael durch seine Fahne, »die meine Sprache nicht sprechen. Sie müssen sehen, was für ein großes Herz wir hier haben.«

Papa Friis zieht seine beiden Töchter zu sich und merkt, dass er keinen Arm für seine Frau mehr frei hat. »Den Menschen hier hilft niemand, also helfen sie sich selbst«, konstatiert die Führerin frei in den Raum, als wäre damit alles erklärt. Ich schäme mich fremd. Im Vorbeigehen knipsen Teilnehmer der Tour in offen stehende Häuser hinein. Ein kleiner Junge sitzt vor einem überdimensionalen Fernseher, an der Wand hängt Jesus Christus. »Ratenzahlung«, erklärt Marina und ein Holländer aus der Gruppe bemerkt, dass man zu Hause in Rotterdam die Tür aber nicht so sperrangelweit offen stehen ließe.

Mittlerweile ist die Gruppe im Projekt »Para Ti« angelangt. Diese kommunale Hausaufgaben- und Freizeitbetreuung für Grundschulkinder wird von Favela Tour unterstützt. Wieder gibt es eine Menge zu fotografieren: arme Kinder, die spielen, die essen, die raufen. Die Jungs können schon Capoeira, diesen faszinierenden Kampftanz, den die schwarzen Sklaven einst erfanden. In diesem Moment denke ich wieder, dass ich doch besser nicht mitgekommen wäre. Das unausgesetzte Klicken der Kameras finde ich peinlich. Nach einer Einkaufsrunde im Hausshop, wo Handarbeiten angeboten werden – der Tourist kann hier »direkte finanzielle Unterstützung in der Favela leisten« –, noch ein Gruppenbild. Herr Friis möchte aber nicht auf einem Foto von der Tour auftauchen.

Im dröhnenden TV holzt daneben Jackie Chan gerade andere Häuser in der New-York-Favela Bronx kurz und klein, worauf Marina mit entschuldigender Geste meint: »Die Kinder lieben das Fernsehen.« Wahrscheinlich will sie damit sagen, dass man mit sieben hier schon Schlimmeres gesehen hat.

»Wie ist so eine Tour für euch gewesen?«, will ich später von den dänischen Kindern wissen.

»Jetzt ist mir erst klar, wie privilegiert ich mit meiner Schulbildung bin. Diese Tour hat mir wirklich was gebracht«, murmelt Cecilie Friis, mit 16 das älteste Kind im Dänenclan. Sören Friis, der genau so ein Haarband trägt wie Jackie Chan, nickt lethargisch. Er habe sich zunächst ja geweigert mitzukommen, Angst gehabt, aber seine Eltern bestanden darauf. »Es war sehenswert. Trotzdem: Ich würde bei mir nicht einfach jemand ins Haus gucken lassen. Ist doch irgendwie respektlos.«

Der klimatisierte VW-Bus, dessen Fahrer als einziger Mitarbeiter selbst in einer Favela wohnt, hält auf dem Rückweg kurz am Rande von Rocinha. Hier ist die bekannte Samba-Schule des Stadtteils, die schon oft den Contest bei der Karnevalsparade siegreich bestritten hat.

Die Ränge leer, keine heißen Rhythmen, kein Hauch von String auf dunkler Haut. In Rocinha ist heute dicke Luft, und da hier an der Peripherie die Kugeln genauso ab und an pfeifen und man Feuerwerkskörper hört – in der Kommunikation der Drogenkuriere steht das für anrückende Polizei –, hat es Marina eilig, alle Gäste ins Hotel zurückzugeleiten. Ein Blick auf die budenbedeckten Hügel und einige Schauermärchen über das, was sich dort abspielen mag, müssen genügen. Vater Jesper Friis lässt indes die kritischen Töne vom Sohnemann nur bedingt gelten. Schließlich habe man viel gelernt und er wolle seinen Kindern vermitteln, wie andere Menschen auf der Welt leben. Voyeurismus? Na, ein wenig vielleicht. Man fühle sich latent schon, als ginge man in den Zoo, deshalb die eigene Kamerascheu.

»Warum sind Sie dann mitgefahren?«, frage ich ihn.

»Viel wichtiger ist doch, dass wir neben Armut so viel Freude und Lebenslust gesehen haben«, assistiert Gattin Marianne Friis. In der Favela lebten vor allem anständige Menschen, keine Kriminellen.

»Wenn wir nachher alle an einem Tisch sitzen, werden wir über diese Erfahrung sprechen. Das ist sehr wichtig.«

Rocinha, nach Einbruch der Dunkelheit. Ich bin am Abend nach der Tour auf eigene Faust noch einmal in den Favela-Moloch gefahren. Die Buslinie, die hier endet, fährt quer durch Rio und trägt doch einen anderen Namen, damit früher aussteigende Fahrgäste keine Angst bekommen. Niemand lächelt. Es gab vor ein paar Tagen wieder eine Schießerei. Heute gab es einen großen Beerdigungszug, bei dem zwölf gefallene Favelados zu Grabe getragen wurden, wie ich schon bei der Tour erfuhr. Letale Stimmung.

Ich frage mich auf der Straße durch. Wie gefährlich das ist, kann ich nicht wirklich einschätzen. Ich tue es einfach und denke nicht über mögliche Konsequenzen nach. »Wo sind die, die hier das Sagen haben?«, will ich wissen. Die Leute schauen verständnislos, aber sie geben Auskunft. Es ist nicht schwer für mich, die Gangster zu finden, denn sie sind im Viertel sehr sichtbar wegen ihrer Waffen und ihres großspurigen Gebarend. Hier müssen sie sich nicht verstecken. Und Journalisten mögen sie sogar, manchmal, weil sie von ihren »Heldentaten« berichten und das Image fördern, ganz so wie es im Film »City of God« zu sehen ist.

Zweite Etage in einem Haus an der großen Hauptstraße. Auf dem Tisch liegt eine AK 47, drumherum sitzen ein paar Waffenbrüder. Früher gab es eine politische Idee der Akteure in den Favelas: den Traum vom Kommunismus.

Geblieben sind die paramilitärischen Strukturen und gute Kontakte zur kolumbianischen FARC. Die Waffen, die im Tausch gegen Koks aus Miami kommen, sind neueste Ware. Ein Grund mehr, warum es für die oft schlechter ausgerüstete Polizei ratsam ist, an Drogengeschäften mitzuverdienen, statt sich zu sehr einzumischen. Das alles weiß ich aus Zeitungsartikeln und Büchern.

»Wie seid ihr organisiert? Wie sind die Hierarchien bei euch?«, will ich wissen, nachdem ich mich vorgestellt habe und mir sehr offenherzig ein Platz und ein Bier angeboten wurde.

Von all dem, was ich an Theoriewissen über die Favelas habe, ahnen diese Burschen, einige sind gerade mal 16, wenig. Sie sind wohl auf der unteren Hierarchie-Ebene der Gangster-Clans angesiedelt, aber ihre Waffen pushen das Ego. Vielleicht auch die Drogen. Auch meine Fragen scheinen sie nicht besonders zu interessieren. Und sie sind enttäuscht, dass ich so wenig Enthusiasmus an den Tag lege, das fühle ich. Sie wollen als Helden dastehen, nicht irgendwelche neunmalklugen Fragen beantworten.

»Willst du wissen, wie viele Leute ich schon erschossen habe?«, fragt mich einer.

»Gibt es keine Favelas in Deutschland?«, will ein anderer wissen.

Sie tischen Heldentaten auf und zeigen stolz ihre Einschussnarben, die sie mit Ort und Datum benennen können. Und sie lassen keinen Zweifel daran, dass in ihrem Viertel nichts läuft, was sie und vor allem ihre älteren Bosse nicht dulden. Ich bin froh, dass ich gekommen bin – auch wenn es leichtsinnig war und ich nervös bin. Aber das sind für mich Dinge, die zu einer Reise nach Brasilien dazugehören. Ich wollte eine Favela alleine erkunden und habe es getan.

»So, und jetzt musst du gehen«, sagen die jungen Männer. Und das mache ich. Es ist fast Mitternacht.

Abends an der Copacabana lerne ich dann noch vor einer Diskothek Thomas kennen, der auch in einer Favela wohnt. Mit der Sicherheit bei den Favela-Touren sei das so eine Sache, meint er. Es sei zwar schon richtig, dass die Gangsterbosse keine toten Touristen in ihren Vierteln wünschten und ihre Männer entsprechend instruierten, aber garantiert wäre nichts. Thomas, 26, etliche Jahre wohnhaft im Rheinland, erklärt es anhand eines Erlebnisses, das schrecklich, aber bezeichnend ist. Neulich sei er aus dem Haus gegangen und da hätte ein toter Zwölfjähriger gelegen, auf der Brust ein Zettel mit der Aufschrift: »Hat zur falschen Zeit hier Drogen verkauft!«

»Weißt du, sein Vater hat ihn ohne Worte abgeholt und sich ganz schnell verpisst«, sprudelt es aus ihm im reinsten Gettoslang von Köln-Chorweiler heraus. Jede Regel werde gebrochen, von irgendwem, irgendwann. Thomas selbst »vercheckt« seine Drogen an der Copacabana. Weil er wegen seiner Sprachkenntnisse mit Touristen leichter in Kontakt kommt. Wenn jemand Abenteuer will und viel Geld hat, dann organisiert er eine Jacht mit Mädels. Noch Abenteuerlustigere mit weniger Geld nimmt er mal mit in die Favela, aber in eine andere im Norden von Rio, wo von Befriedung durch die Polizei keine Rede sein kann. Er als Schwarzer habe dort nichts zu fürchten, »aber woher sollte ich wissen, dass die diesem blonden Schweizer«, den er herumführte, »gleich die Knarre an den Kopf halten. Soll ich mich da etwa dazwischenwerfen?« Er sei seit sechs Monaten wieder aus Deutschland zurück, habe den Eindruck, dass die Jungs inzwischen viel härter geworden seien. »Da laufen 15-Jährige rum, die sind zu allem fähig.«

In der Nacht gehen mir die Begegnungen nach. Erst jetzt spüre ich so etwas wie Angst und Unbehagen. Verschwitzt und verstört, wabern Sturmgewehre und bedrohliche Figuren durch meine Träume. Am nächsten Tag treffe ich mich noch einmal mit dem Boss von Favela Tour, Marcelo Armstrong persönlich. Ich möchte wissen, wie er tickt, wie er sein Unternehmen aufgebaut hat. Er sitzt in einem arabischen Restaurant an der Copacabana. Vor ihm ein gerade frisch beladener Teller vom Buffet, jetzt wird er mit mir über sein Unternehmen sprechen. Armstrong sieht aus wie die brasilianische Ausgabe von Dirk Nowitzki: sehr groß, blonde Strähnen, stechend-blaue Augen. Sommers wie winters geht er an Rios Stränden surfen, früher war er mal Golflehrer. Und er ist einer, der oft wichtig auf die teure Armbanduhr schaut und es genießt, wenn sein Gegenüber das merkt.

»Bekommen Sie keinen Gegenwind?«, will ich von Armstrong wissen.

»Natürlich gibt es viele Kritiker«, räumt er ein.

Allerdings müssten die nur die Tour machen, um danach zu verstummen. Jedem erschließe sich dabei, dass es um Aufklärung ginge, nicht um Voyeurismus. Er gefällt sich als Humanist im brasilianischen Alltag, denke ich. Armstrong beschäftigt zurzeit zwölf Führer und neun Fahrer. Er sieht seine Idee global. Er inspiriere andere mit seiner Idee, doch habe er auch ein bisschen Angst davor, dass sie Mainstream werde. In Wahrheit ist sie es längst, denke ich. »Das lockt dann die falschen Leute an.«

Die Suggestion ist, es handle sich um eine bewusstseinsfördernde Maßnahme und Solidarisierung mit den Armen selbst, ein Auslassen zeuge daher von purer Ignoranz. Hier wird die Moralkeule schnell zum Bumerang, glaube ich. Ich bin immer noch der Meinung, dass die Touren auch etwas Respektloses, ja sogar Distanzloses an sich haben. Denn egal, wie die dänische Familie Friis beim Dinner die Frage nach dem »Zoobesuch« beantwortet haben mag – so gibt es bei diesem bekanntlich auch stets viel Für und Wider –, ein Argument zieht beim Zoo-Vergleich jedenfalls kaum: Die Armut ist nicht vom Aussterben bedroht.

Kapitel

12

Getto deluxe

Den Armen beim Leben zuzuschauen ist eine Sache, aber gleich bei ihnen einzuziehen toppt das noch. Mir ist zu Ohren gekommen, dass es in manchen Gettos immer mehr Ausländer und auch wohlhabende Brasilianer gibt, die dort hinziehen. Nach der »Befriedung« sieht man die Favelas offenbar in einem anderen Licht. Dadurch werden die ursprünglichen Bewohner teilweise aus ihren Vierteln vertrieben. Das Wort Gentrifizierung geistert durch die Medien. Ich will mehr darüber erfahren und verabrede mich mit einem Engländer, dessen Name in Rio fast jeder kennt. Wie ein schwankendes Schiff in der Brandung schiebt sich Bob Nadkarni nach vorne. Er klingt wie ein Dampfschiff, so sehr schnaubt und schnauft er dabei. Das Knie ist lädiert, er wippt zur Seite, wippt zurück, dann nach vorne auf die nächste Stufe, hinauf zur Terrasse.

»Wie geht es Ihnen?«, frage ich, nachdem wir uns begrüßt haben.

Der beleibte 72-Jährige sagt, er sei seit vier Monaten nicht mehr auf dem Dach seines Bed-&-Breakfast-Hotels gewesen. Von hier aus schaut man auf den Zuckerhut, sieht die Christusfigur, die Wahrzeichen der Stadt. Ich vergesse kurz, dass ich mitten in einer Favela stehe. Rio hat während der Großereignisse – Fußball-Weltmeisterschaft und Olympia – gelernt, eine Unzahl von Touristen unterzubringen. Immer mehr Besucher der Weltstadt übernachteten während dieser Großereignisse auch in den Gettos. Doch selten sind es Einheimische, die davon profitieren. Es sind Ausländer und reiche Brasilianer, die dort zunehmend Wohnungen und Häuser kaufen oder anmieten. Sie beherbergen Gäste oder wohnen selbst darin. Dadurch explodieren die Lebenshaltungskosten und die ehemaligen Bewohner ziehen weg. Aus sozialen Brennpunkten werden beinahe In-Viertel. Das Phänomen, das sich Gentrifizierung nennt, kann man auch in Berlin oder New York beschreiben. In Rio wird offenbar: Großveranstaltungen bringen einem großen Teil der Bevölkerung existenzielle Sorgen statt Spaß und Zerstreuung. Sie sind eine Bürde für alle, die kein dickes Portemonnaie in der Hosentasche tragen.

»Viele Beobachter finden es kritisch, was Sie da machen, Bob!«

»Es ist doch gut, wenn Leute mit Geld hierherkommen. Die Einwohner profitieren davon«, antwortet der. Er war der Pionier, der Erste, der vor zwölf Jahren ein Hotel im Armenviertel Tavares Bastos, mit seinen geschätzten 2000 Einwohnern auf einem Hügel der Südzone, eröffnete. Acht Zimmer, Kunst an den Wänden, englisches Frühstück. Er nannte es »The Maze«, weil es einem Labyrinth ähnelt. Nadkarni war expressionistischer Maler, Jazz-Musiker und BBC-Reporter. Rio hat ihn endgültig zum Lebemann gemacht, inklusive Schnurrbart im Stil von Salvador Dali. Der Brite kam vor über 40 Jahren nach seiner Scheidung und hat England bald nicht mehr vermisst. Sieben Leben habe er hier gelebt, wenn er bald stürbe, wäre das nicht schlimm, sagt er und putzt seine fleischige Nase. Er sitzt barbrüstig auf seiner Terrasse, genießt das Bier, erzählt seinen Besuchern einen Schwank nach dem anderen. Wie er mit Ganoven Schnaps trank und schöne Frauen liebte. Menschen mögen das Abenteuer, sie mögen Spiele, kleine und große – wenn das Risiko dabei kalkulierbar bleibt.

»Was haben denn die Einwohner genau von den Besuchern?«, frage ich.

»Meine Hotelgäste geben ihre verschwitzten Kleider hier in der Wäscherei ab. Sie trinken das Bier in den Kneipen. Sie nehmen nicht nur, sie geben dem Viertel etwas.« Es sei eine Win-win-Situation. Was Nadkarni nicht sagt: Das Bier kostet heute ein Drittel mehr als vor der Fußball-WM. Rio wird rasant teurer, auch hier in den Favelas. Die Touristen sind nicht allein schuld an dieser Entwicklung: Inflation und Wirtschaftskrise haben Brasilien im Würgegriff, aber sie heizen sie zugleich weiter an. Olympia machte es nicht besser. Wenn sich Sportler aller Länder messen, scheidet sich auch das Land noch stärker in Gewinner und Verlierer. Auf einmal entdeckten immer mehr Menschen die Schönheit und Sinnlichkeit der Favelas. Die eben beschriebenen Favela-Touren sind mittlerweile unter den Touristen hip. Dann waren es die Surfer und Aussteiger, die der niedrigen Mietpreise wegen oder auf der Suche nach etwas Nervenkitzel und Nähe zu den Einheimischen in die Gettos drängten. Wer sich mit den Armen gleich macht, fühlt sich selbst reicher. Heute sind es Investoren und Spekulanten. Und ganz normale Touristen. Sogar Ronald Schill, Deutschlands prominentester Brasilien-Auswanderer, wohnt in einer Favela in Rio. Und er sagt, es sei dort ein gutes Leben.

Ein anderer »Invasor« ist auch Kobi Oren. Der 38-jährige Israeli – karierte Bermudas, Mehrtagebart, Geheimratsecken – verliebte sich in die Stadt, als er vor drei Jahren auf Reisen ging, um Abstand zu gewinnen von seinem aufreibenden Job als Bäcker. Er beschloss, sein Geschäft in Tel Aviv zu verkaufen, und zog nach Rio. Dort fand er, nachdem er es als Kellner versucht und Portugiesisch gelernt hatte, eine gewinnbringende Arbeit: Er mietete vier Wohnungen in der Favela Tabajaras an, die er jetzt über Airbnb an Touristen vermietet. Er lebt gut davon. In der Sommersaison, also von November bis April, vermietet Oren die Wohnungen für 100 Reais am Tag, rund 25 Euro beim derzeitigen Wechselkurs. Zu Karneval bot er einen Paketpreis an: 3000 Reais für fünf Tage, was etwa 750 Euro entspricht. Zu Olympia war alles noch teurer. Und wenn er genug gespart hat, möchte er sich eigene Wohnungen kaufen in Rios Gettos.

»Warum lebst du hier?«, frage ich Oren.

»Die Favela ist der richtige Ort, um Rio mit anderen Augen zu sehen. Eine neue Perspektive auf die Stadt. Rio ist Favela«, sagt er, als er sich einen Joint dreht auf dem Balkon seiner Wohnung, die auch in der Favela Tabajaras liegt. Vor dem Haus sitzen Teenager mit AK-47-Sturmgewehren und Uzis in der Hand, wippen mit den Gewehrläufen im Takt der Samba-Klänge, die aus einem alten Kofferradio herausschallen. Auch sie zeugen davon, dass es mit der Befriedung in Rios Slums nicht weit her ist. Zumindest nicht, wenn man hinter die Kulissen schaut. Obwohl ich nie überfallen oder ausgeraubt wurde, so einem Erlebnis aber einige Male knapp entronnen bin, haben für mich Favela-Besuche auch immer so etwas wie den Ruch der Gefahr und des Abenteuers. Das will ich nicht verhehlen.

Der ernste Hintergrund dabei: Brasiliens Mordrate ist mit locker über 50 000 Toten pro Jahr extrem hoch, weitaus höher als in Russland oder den USA. 16 Millionen scharfe Waffen liegen in den Wohnungen und Häusern des Landes und sie sind – leider – nicht zur Verzierung dort, sondern werden rege genutzt. Auch Entführungen und andere schwere Delikte wie Banküberfälle oder bestialische Foltermethoden bei Gegnern sind bei den Gangstern des Landes Usus.

Kobi Oren führt gerne durch sein Viertel, zeigt die schönsten Häuser am Ort, das Neubaugebiet, wo »dieser Bulgare« enorm viele neue Wohnungen baut, verweist auf gute Restaurants, zeigt die Graffiti an den Hauswänden. Vor einer zugesprühten Mauer bleibt er stehen. Sie zeigt ein Skelett mit Heiligenschein. Verlust und Sieg, sie können so nahe beieinander liegen. Gefährlich ist es hier nicht. Die Drogenbosse – längst haben sie wieder an Einfluss gewonnen, geben auch hier eherne Gesetze vor: In ihrem Viertel wird keine Kriminalität geduldet.

»*They don't shit where they eat*«, fasst es Kobi Oren zusammen. Geht man nach Theresa Williamson, kocht das Ganze erst so richtig hoch.

»Für die Armen dieser Stadt sind die sportlichen Großereignisse desaströs gewesen«, sagt die Stadtplanerin mit Doktorgrad von der Nicht-Regierungsorganisation »Catalytic Communities« (CatComm). Ich treffe sie auf der Terrasse meines Hostels, nachdem ich abends wieder zurück bin. Sie besucht mich dort, wohnt etwa eine halbe Stunde mit dem Bus entfernt. Die Frau ist gescheit, man lernt viel, wenn man sich mir ihr unterhält. Was nutze es denn den Menschen, wenn die Politiker das U-Bahn-Netz ausbauten, gleichzeitig aber Dutzende Buslinien, die den armen Norden der Stadt mit der Südzone verbinden, gestrichen würden? Die 40-Jährige und ihre Kollegen betreiben etliche soziale Projekte in den Favelas. Analphabeten, Schüler, Kleinkinder – sie alle finden Angebote der NGO, die Ungleichheit und Benachteiligung ausmerzen will. Am wichtigsten ist CatComm eine eindringliche Botschaft an die Favela-Bewohner: Organisiert euch, werdet politisch aktiv, protestiert!

»Warum machen das die Bewohner denn nicht von selbst?«, frage ich.

»Die Armen in Brasilien haben nicht dieses in einer Demokratie eingeübte Gefühl, dass sie gegen Unrecht kämpfen und etwas ändern können«, sagt Williamson und öffnet dabei ihr zum Pferdeschwanz gebundenes Haar. Das Problem der Gentrifizierung treffe eine Stadt wie Rio besonders hart: Da es keinen sozialen Wohnungsbau gebe, seien die Favelas der einzige Ort, wo arme Menschen bezahlbar leben könnten. Oft würden die Bewohner über den Tisch gezogen, wenn ihnen die neuen Investoren auf den ersten Blick astronomisch anmutende Summen für ihre Häuser und deren Grundstück böten.

»Am Ende verkaufen sie ihr Zuhause für ein Taschengeld von 20 000 Euro und können sich nicht einmal ein Haus in einer anderen Favela leisten, weil die Preise auch dort anziehen.« Theresa Williamson fordert, dass Wohnraum in den Favelas nur noch von einer Treuhand gekauft oder verkauft werden dürfe. Nur so könne man das soziale Ausbluten in den Armenvierteln bremsen.

Am nächsten Tag bin ich wieder unterwegs. Ich will dem Thema Gentrifizierung auch anderswo nachgehen. Auch in Vidigal, der Favela, in der Alexandre Rodrigues wohnt, an den Hängen eines Felsens direkt hinter dem Nobelviertel Leblon, bauen sie gerade ohne Pause. Die Arbeiter legen Fundamente, ziehen Betonwände hoch, schalen die Fenster aus. Überall dringt der Lärm der Betonrüttler und Hammerschläge ans Ohr. Nirgendwo ist die Gentrifizierung so weit fortgeschritten wie in dieser Favela.

Es gab sogar wilde Gerüchte, David Beckham und Madonna hätten hier ein Haus erworben. Wie viele reiche Menschen sich eingekauft haben, weiß niemand. Aber zu den 30 000 Einwohnern sind wohl um die 3000 Ausländer dazugekommen, so schätzen es brasilianische Medien. Favela deluxe.

Schaut man genau hin, erkennt man noch, dass das hier eigentlich ein Getto ist. Provisorisch-stolprige Straßen und Gassen, Müll an jeder Ecke, die abenteuerlichen Stromleitungen, Gestank dann und wann. Die normalen Häuser sind aus unverputztem Ziegelstein gebaut. Herrenlose Hunde stromern durch die Gässchen.

Aber ganz oben, auf dem höchsten Punkt des Viertels, sieht man, wohin die Reise schon lange geht: Vom Hotel »Mirante do

Arvrão« schauen die Gäste direkt aufs Meer, genießen eine sanfte
Brise, während ihnen Englisch sprechende Kellner Caipirinha zu
deutschen Preisen servieren. Hier messen sie sich, wollen wissen,
wer am meisten verträgt.

»Ich weiß nicht, warum sich alle so aufregen. Die Armut geht
zurück. Viele Leute haben Arbeit durch uns gefunden. Die Taxifahrer hier verdienen heute zum Beispiel viel mehr als früher«,
sagt Carol Martin. Die Managerin des Hotels ist 32, trägt ein luf-
tiges Kleid und hochhackige Schuhe mit Leopardenmuster. Sie
wirkt nicht so, als hätte sie Lust, mit mir eingehend über dieses
Thema zu sprechen.

Sie präsentiert aber das Penthouse des Hotels mit sichtbarem
Stolz. Von der Terrasse des mit umgerechnet 250 Euro pro Nacht
teuersten Zimmers liegen einem Arm und Reich zu Füßen. Das
Hotel hat nur ein Zimmer mit Stockbetten für klamme Backpacker. Man schielt heute auf die Touristen, die aufs Geld nicht achten und Lust auf den Favela-Chic haben.

Die Partys hier auf dem Berg haben den Ruf von rauschhaften
Orgien mit teuren Drinks und erstklassigem Koks. Je nach Feier
kostet der Eintritt in verschiedenen Locations zwischen 50 und 150
Euro, für die alten Bewohner des Viertels ein halber Monatslohn.

»Hier ist es wie auf Ibiza, nur günstiger und ursprünglicher«,
sagt ein Hotelgast. Aber so ganz Ibiza ist Vidigal dann doch noch
nicht. Vor ein paar Monaten wurde ein Partyveranstalter erschossen. Der Mann war Schwede und organisierte das Abfeiern zu
dumpfen Beats auf der Dachterrasse eines Hostels. Es gibt viele
Gerüchte, warum der Mann getötet wurde. Manche sagen, er war
in Drogengeschäfte verwickelt. Andere, dass er kein Schutzgeld
bezahlen wollte. Ich streife durch die Hostels und suche Leute,
die den Mann kannten. Die finde ich zwar zuhauf, aber keiner
möchte mit mir reden. Die Geschichte schadet dem Geschäft
und ist somit aus dem Gedächtnis gestrichen. Und dann gibt es
noch jene, die sagen, dass es eben langsam genug sei mit den Rei-

chen. Das könnte stimmen: In Rocinha wurde Ende 2013 ein deutscher Tourist angeschossen – er soll bewaffnete Bewohner fotografiert haben. Ein potenzieller Teilnehmer einer Favela-Tour, denke ich. Sich zu messen, im Sport wie im richtigen Leben, kann auch in den fatalen Verlust münden.

»Die Gringos kaufen hier alles weg«, sagt zum Beispiel José Nilto, 39, Bewohner von Vidigal, als ich ihn frage. Nilto sitzt in einer Bar und trinkt sein teurer gewordenes Bier. Er schielt, schimpft und manchmal geifert er fast, den Glanz eines Alkoholrauschs in den Augen. Für ihn brachte die Fußball-Weltmeisterschaft mit viel Glück ein paar Geldscheine extra – er verkauft im Hauptberuf Popcorn am Strand. Insgesamt aber fühle er sich, als würde er von einem riesigen Blutegel ausgesaugt. Vor der WM zahlte er 200 Reais Miete für seine kleine Zwei-Zimmer-Wohnung, jetzt sind es 800 Reais (200 Euro) – satte 300 Prozent Erhöhung in drei Jahren.

Er ist trotzdem ein bisschen stolz, dass er sich diese Wohnung noch leisten kann, oder besser gesagt: trotzdem noch leistet. Auch er will sich messen. Schaut er aus dem Fenster, wirkt das Meer so nah, als könne man ihm die Schaumkronen mit dem Löffel abschöpfen. Aus einem Nachbarhaus klingen Schmachtfetzen mit monotonem Rhythmus. Favela-Romantik in den Tropen. Nilto verdient rund 250 Euro im Monat. Davon gehen 200 allein für die Miete drauf. Wenn seine Frau Vania, 44, nicht noch als Haushälterin dazuverdienen würde, hätten sie längst in ein ärmeres Armenviertel umziehen müssen, denn Favela ist nicht gleich Favela: Es gibt die richtig armen Viertel und es gibt auch bei den Armen eine »Mittelklasse«, zu der meine Gesprächspartner hier gehören. Sie wollen hierbleiben, unbedingt. Auch wenn selbst das Gemüse und die Bananen im Supermarkt um ein Viertel teurer geworden sind.

»Viel Glück!«, wünsche ich den beiden, als ich Vidigal verlasse. Sie lächeln und wünschen auch mir alles Gute. Ich wundere mich immer wieder, wie freundlich die einfachen Leute in Brasilien sind. Schließlich bin auch ich ein Eindringling. Die Menschen können nicht wissen, ob ich ein guter Mensch bin. Aber sie reden in der Regel gerne und dazu offen mit mir, egal, wen ich anspreche. Und nur selten kommt es in Brasilien im Gegensatz zu anderen Ländern vor, dass mich jemand nach Geld für ein Interview fragt.

Morro dos Cabritos, ebenfalls an einem Hang im Zentrum der Südzone, nur ein paar Hundert Einwohner, ist so eine ärmere Favela als Vidigal. MC Gringo, 46 Jahre alt, heißt eigentlich Bernhard Weber. Der deutsche Musiker und Touristenführer mit dem umgedrehten Basecap auf dem Kopf ist hier hergezogen, weil er den »Preisterror« bei den Mieten in Rios normalen Vierteln nicht mehr mitmachen wollte. Über dem Fernseher hängt das Wappen der Stuttgarter Kickers, sein Lieblingsverein aus früheren Zeiten. Auf seinem Oberarm prangt ein asiatisches Tattoo. Portugiesisch redet Weber mit schwäbischem Akzent. Man könnte sagen, er ist ein Kosmopolit des Prekariats. Weber zahlt jetzt 200 Euro Miete und hat den Wahnsinnsausblick auf die Wahrzeichen von Rio gleich mitgemietet. Das Geschrei wegen der »Invasion der Besserverdienenden« sei total überzogen, sagt er. Es seien ja gar nicht so viele Gringos oder Reiche, die hierher zögen.

»Aber ändern die, die es tun, nicht doch etwas?«

»Favelas bleiben Favelas!«, sagt er und zeigt die Einschusslöcher der verirrten Kugeln in seiner Hauswand. Momentan überlege er, das Haus, in dem er mit seiner Frau und seinen beiden Kindern wohnt, zu kaufen. 40 000 Euro würde das samt Grundstück kosten. Aus dieser Lage, da müsse man doch etwas machen können. Damit könne man gewinnen.

Was er zum Wörtchen Gentrifizierung noch zu sagen habe? MC Gringo winkt ab und schaut aus dem Fenster. Hätte er eine

schicke Dachterrasse, träfen sich hier die Blickachsen von Zuckerhut und Jesusstatue. Zwei Welten. Zwei Wahrzeichen. Das
Potenzial für doppeltes Geld.

Kapitel

13

Candomblé: Religion, Rituale und Essen

Bald wird meine Reise weitergehen. Ich war jetzt zusammengenommen je anderthalb Wochen in São Paulo und in Rio. Ich will aufs Land fahren, wo Landschaft und und Lebensstil völlig anders aussehen. Wieder das andere Brasilien erleben, bei dem Kriminalität und Gewalt keine so dominierende Rolle spielen wie in den Weltstädten. Und ich will in den Nordosten des Landes fahren – dorthin, wo die Uhren anders ticken und die Brasilianer vielleicht noch weniger Europäer sind als hier. Diese Ursprünglichkeit reizt mich. Ich bin ja hier, um Neues zu entdecken. Dass ich das auch hier in Rio kann, haben mir meine Besuche in den Favelas gezeigt.

Einen Vorgeschmack – im wahrsten Wortsinne – auf das, was mich im Bundesstaat Bahia erwarten wird, werden mir die Frauen geben, die auch in Rio an der Straße Essen kochen und verkaufen.

Ich habe Ciça auf der Straße getroffen, bei ihr etwas zu essen gekauft und mich mit ihr verabredet. Ich wurde vorher von Cariocas
mehrfach gewarnt, dass mich diese Frauen verzaubern könnten.
Dementsprechend nervös bin ich, als ich am Haus von Ciça ankomme. Sie leert gerade die Bohnen in den Topf und gibt Salz
dazu. Dann nimmt sie den Kochlöffel in ihre schwieligen Hände
und rührt den Brei um. Es sieht aus, als tauche sie ein Paddel mit
ihren aststarken Armen ins Wasser und rudere mit dem Boot volle Schlagzahl voraus. Ihr olympisches Feuer ist die Flamme auf
dem Gasherd. Kochen ist nicht nur eine Kunst, es ist auch ein
Handwerk, und Handwerk ist anstrengend. Zumal, wenn die Köchin *acarajé* zubereitet – das afrobrasilianische Gericht schlechthin.

Acarajé ist so etwas wie der Döner Brasiliens: eine aufgeschnit-
tene Kugel aus frittiertem Bohnenteig, in die eine Paste und Garnelen gegeben werden. Das Gericht isst man aus der Hand. Ur-
sprünglich kommt es aus dem Bundesstaat Bahia, der »schwarzen
Seele« Brasiliens. Die Frauen mit ihren Essensständen an der Straße – man nennt sie *baianas* – sind auch ein Stück Heimat für die
vielen Arbeitsmigranten aus dem armen Nordosten.

Den meist tief gläubigen Baianas werden magische Kräfte
nachgesagt. Sie leben ihre Religion in allen Facetten, ob mit Ritualen oder durch gute Taten, sie gelten als spirituelle Instanzen, die
Wohl und Wehe lenken können. Niemand bewahrt das Erbe der
afrobrasilianischen Kultur so würdig wie Ciça und ihre Kolleginnen.

Das Haus, in dem die 57-Jährige lebt, ist nicht ärmlich, aber bescheiden. Stolz ist sie auf ihre geräumige Küche, die Schaltzentra-
le ihrer beruflichen Existenz. Hier probiert sie aus, kreiert neue
Gerichte. Ohne diese Küche wäre ihr Essensstand auf der Straße
nicht denkbar. Vielleicht kann man diese Frau nur in diesem
Raum richtig kennenlernen.

»Darf ich eintreten?«, frage ich.

»Komm nur herein, komm nur herein. Ciça macht das beste Acarajé der Stadt für euch. Das beste, ja das beste«, summt Ciça, die eigentlich Cecilia de Jesus Nascimento heißt, mit einem Sing-Sang in
der Stimme, der dem Portugiesischen in Bahia eigen ist. Man könnte sagen: Bahianer sind die Badenser Brasiliens. Während sie mit der
Reibe Kokosfleisch raspelt und mit Limettensaft beträufelt, stromern draußen abgemagerte Hunde am Straßenrand entlang. Sie sind
die Boten der Armut: Überall, wo in Rio diese räudigen Tiere zu sehen sind, steht man in einem Viertel der Minderbemittelten – egal,
ob es nun Favela genannt wird oder *bairro*, Stadtteil.

Die Straßen sind staubig und es riecht streng. Die Jesusfigur,
die die Stadt vom Berg Corcovado aus umarmt – sie ist nirgendwo
in Rio so weit weg wie hier in der Zona Norte, dem armen Nord-
teil der Stadt.

Ciça läuft barfuß, trägt ein helles, sommerliches Kleid. Die
Küche riecht undefinierbar würzig. Die Baiana legt die Augenbohnen in Wasser ein, sie sollen aufquellen, damit man sie besser
schälen kann. Dann schnibbelt sie Zwiebeln und Knoblauch auf
einem großen Schneidebrett.

Im Wohnzimmer nebenan defiliert die Samba-Schule von
Mangeira über den Bildschirm des Fernsehers. Sie hat den letzten
Karneval gewonnen, wurde als die beste Feiertruppe ausgezeich-
net mit der besten Choreografie und den besten Tänzern.

»Tanzt du auch?«, frage ich Ciça.

»Na klar!« Und sie fügt hinzu: »Der Samba wäre ohne die afrikanischen Einflüsse gar nie geboren worden.« Ciça tippt sich an
die Stirn, als wolle sie hinzufügen: Denk doch mal nach, Afrika ist
überall, Brasilien ist Afrika.

Gestern noch hat sie ihr Acarajé am Praça 15 im Zentrum der
Stadt, wo die Bürotürme von Banken und Versicherungen stehen,
zubereitet, wo sie seit 17 Jahren ihren Stand unterhält. Hat damit
Touristen und Einheimische genährt. Für umgerechnet 2,50 Euro
pro Portion.

»Kommt nur herbei, kommt nur herbei. Ciça macht das beste Acarajé der Stadt für euch. Das beste, ja das beste«, hat sie gerufen, und weil das zur Karnevalszeit passierte, zwischendurch für die Gäste getanzt, natürlich in ihrem schulterfreien weißen Baumwollkleid, das sie selbst genäht hat. Um den Kopf ein großes Tuch gewickelt, ebenfalls weiß, denn weiß ist die Farbe des *candomblé*, der afrobrasilianischen Religion. Wie ihre Vorfahren glaubt Ciça daran, dass das Weiß sie rein macht. Es ist die Farbe der Heiligen.

Ich habe schon viel darüber gelesen: Nach ihrer Ankunft in Brasilien mussten die schwarzen Sklaven zum katholischen Glauben konvertieren. Sie schufen eine eigene Religion, die sich aus afrikanischen, indianischen und europäischen Einflüssen speist. Die Gottheiten im Candomblé heißen *orixás*, manche verstehen sie auch als Geister oder Heilige, sie haben menschliche Züge, die Fehler und Fehlbarkeit mit einschließen.

Damit sie mit ihrem Kult um die Orixás nicht auffielen, setzten die Sklaven sie mit katholischen Heiligenfiguren gleich. An der Wand in Ciças Wohnzimmer hängt ein Bild des heiligen St. Georg – in ihrer Religion ist er Oxóssi, der Gott der Jagd und des Waldes. Omolú ist dagegen der Orixá der Epidemien und Krankheiten, sein Pendant der heilige Lazarus.

Es gibt gute und böse Kräfte im Candomblé, die die Menschen gute und schlechte Taten vollbringen lassen. Die Anhänger glauben, dass die Götter kurzzeitig in die körperliche Hülle mancher Anhänger schlüpfen können, wenn diese zu schnellen Trommelrhythmen tanzen und dabei in Trance verfallen. Sie zittern, beben und winden sich bei diesem transzendenten Erlebnis. Ich habe schon zwei dieser Rituale erleben dürfen, und sie waren langwierig und Angst einflößend zugleich. Die Kultstätten, wo die Rituale abgehalten werden, heißen *terreiros*, wo nicht nur getanzt, sondern auch schon einmal ein Huhn rituell geschlachtet wird.

»Ich gehe auch immer hin, um die Orixás günstig zu stimmen. Das gehört dazu«, sagt Ciça.

»Was macht ihr dann da genau?«

»Tanzen!«, sagt sie.

»Tanzen?«

»Als Ritual!«

Ihre Religion ist ihr wichtig, Ciça ist eine Bewahrerin, eine *filha de santo*, eine Tochter der Heiligen. Die Trance beim Tanzen ist ihr, was manchen Katholiken der Rosenkranz sein kann: spirituelle Nahrung und Meditation.

»Glauben heißt fühlen, nicht wissen«, ist sich Ciça sicher, während sie die Garnelen für morgen portioniert. Am Tag darauf fährt Ciça mit dem Taxi für sechs Euro zum Praça 15, um dort wieder ihren Stand auf dem Bordstein neben dem Tabakladen aufzubauen. Ich treffe sie dort und helfe ein wenig.

Ciça hat heute Nacht von ihrem verstorbenen Mann geträumt, der ihr zusah, wie sie beim Karneval defilierte. Sie war eine bildschöne Frau – es war ein guter Traum, sagt sie. Im Candomblé gehört das Träumen zur Kommunikation mit den übersinnlichen Kräften. Was hier erlebt wird, ist ein Teil des Lebens, die Traumwelt oder der Trancezustand gleichberechtigt mit dem Wachsein am Tage.

»Wie hältst du dich eigentlich so fit?«, frage ich die Baiana.

Ciça geht drei Mal die Woche zum Aerobic. »Man muss immer in Bewegung bleiben. Der Körper entschuldigt keine Faulheit. Schau her: Kein Gramm Fett«, sagt die sehnige Frau mit ihren 54 Kilo Körpergewicht und zupft sich selbst dort in die Haut, wo Menschen wie ich ordentlich Hüftgold ansetzen.

Ciça hat zu Hause den Brei aus den Augenbohnen vorbereitet, hat Zwiebeln und Chilli daruntergemischt. Jetzt gibt sie das Palmöl in den weißen Kochtopf und lässt es über dem kleinen Gasherd heiß werden, bis es siedet. Das Kochen hat Ciça von ihrer Mutter gelernt. Seit sie 13 Jahre alt ist, ist Acarajé ihr Hauptberuf. Ihre Großeltern waren noch Leibeigene auf einer Zuckerplantage, eine Autostunde von Bahias Hauptstadt Salvador gelegen.

Erst 1888 schaffte Brasilien die Sklaverei ab. Ciças Vorfahren blieben auf der Farm, um dort weiterzuarbeiten, für ein karges Gehalt.

Wie das gewesen sei als Kind auf so einer Farm? »Auch wenn wir nicht viel hatten, war meine Kindheit sehr glücklich«, sagt Ciça heute. Während sie erzählt, bereitet sie die *vatapá* vor, die Paste, ohne die kein Acarajé schmeckt. Sie zermahlt geschälte Erdnüsse, brät sie in einer Pfanne mit Palmöl an. Dazu kommen Zwiebeln, Knoblauch, geraspeltes Kokosfleisch, Chili, Ingwer, Salz, Petersilie und Koriander. Danach geschälte Tomaten, zerkleinertes Weißbrot und Limetten.

Ihren späteren Mann Dodofredo lernte Ciça kennen, als sie 14 Jahre alt war. Mit ihm bekam sie sieben Kinder. »Er war meine große Liebe, nein, er ist es noch«, sagt sie und lächelt traurig ihrem Satz hinterher. Er saß immer mit ihr auf dem Praça 15, baute den Stand auf und ab, kassierte. Sie waren verschworen wie die Geister, an die Ciça glaubt. Bis er vor sieben Jahren über Nacht an einem schwachen Herzen starb.

Ciça gibt die Kochkunst und auch ihre Spiritualität weiter an ihre Töchter. Das Erbe darf nicht verloren gehen. Das gilt auch für die Religion: Die Orixás sind günstig gestimmt, wenn das Acarajé den Gästen schmeckt.

Und es schmeckt! Ciça hat beim Kochen über überbordenden Rassismus in der brasilianischen Gesellschaft geredet. Über die Unfähigkeit der Regierung und Rios Dauerthema Kriminalität. Die Köchin hat ein Sprichwort zitiert: »Branco ou preto, um porco é um porco« (»Weiß oder schwarz, ein Schwein bleibt ein Schwein«).

Aber jetzt wird gegessen. Die Kugeln aus dem Augenbohnen-Brei sind goldbraun frittiert. Ciça lädt mir eine ordentliche Portion auf den Teller. Zusammen mit der Vatapá und den getrockneten Garnelen kitzelt das Gericht sämtliche Geschmacksnerven. Wer sich gut stellt mit Ciça, hat nichts zu befürchten. Dem schickt sie mit dem Essen die besten Wünsche hinterher.

Seit dem Tod ihres Mannes ist Ciça auf sich allein gestellt. Das Haus, in dem zehn Leute leben, darunter auch ein paar Enkel, kostet umgerechnet 150 Euro Miete. Ciça sagt, sie wisse nicht, wie viel sie pro Acarajé verdient. Sie habe das nie errechnet. »Weißt du, Geld ist nicht wichtig. Hast du viel Geld, kannst du es trotzdem nicht mitnehmen, wenn du abtrittst. Aber die Liebe, die du gibst – die geht mit dir mit.«

Neben den Gewürzen kocht die Baiana mit positiver Energie. Sie sagt, es habe sich noch kein Gauner getraut, sie zu überfallen. Die Kriminellen wissen: Eine Baiana kann auch anders. Wenn sie dich verwünscht, weil du ihr etwa keinen Respekt entgegenbrachtest, kann eine Tragödie passieren. Dann fährst du mit dem Auto vor den nächsten Baum oder du wirst selbst Opfer von Kriminellen, so glauben es viele hier.

»Und Fastfood? Warst du mal einen Burger essen?«

Ciça verzieht das Gesicht. Bei McDonald's ist sie nie gewesen, obwohl das sozusagen ihre Konkurrenz ist. Auch Pizza sieht sie kritisch. Gemein ist den Baianas, dass sie ihr eigenes Acarajé jeden Tag essen mit ihren Familien. Es ist für sie das Grundnahrungsmittel schlechthin.

Überall in der Dritten Welt und auch in den Schwellenländern, besonders in Lateinamerika, gibt es diese Garküchen oder Stände an den Straßen. Sie werden bedroht von den Junkfood-Multis und abstrusen Hygienevorschriften. Obwohl sie die Existenz ganzer Familien sichern – gerade, wenn ihnen der Vater als Ernährer abhandengekommen ist. Sei es, wie in Ciças Fall, weil er plötzlich starb, sei es, weil er sich hüftschwingend davongemacht hat und seine Zerstreuung anderswo suchen ging. Das Glück anderswo suchen ist so eine brasilianische Paradedisziplin. Auf dem Praça 15 sind viele Marktstände von Menschen, die aus dem Nordosten des Landes stammen. Für sie ist Ciça ein Anlaufpunkt, wenn sie Heimweh haben – genau wie es die Dönerläden in Deutschland für die Türkischstämmigen sind. Fremde in der Fremde suchen stets das Vertraute.

Ich spreche Händler auf dem Markt an. »Ihr Acarajé ist famos. Und ihre Ratschläge sind es auch«, sagt die 60-jährige Mara Nanci de Oliveira, die auch aus Bahia stammt, Kissen und Geschirrtücher feilbietet. Der Händler von nebenan, er verkauft Hängematten, sagt, er möge diesen Voodoo-Zauber nicht, den die Baianas abfeierten. Dort, wo der Katholizismus noch stark ist, ist zu viel Afrika den Brasilianern suspekt.

Ciça hat eine eigene Facebook-Seite, die ihr Sohn für sie eingerichtet hat und pflegt. Sie hat auch ein Smartphone, verschickt gerne Sprachnachrichten, denn mit dem Lesen und Schreiben hapert es, sie ging nur drei Jahre zur Schule. Sie sagt, sie habe ihren Traumberuf gefunden. Und dass sie auch mit 80 noch arbeiten will, »bis zu meinem Ende will ich arbeiten«, bekräftigt sie, als sie einen der letzten Gäste bedient.

Ihre Tochter Leticia, 32, hilft ihr, den Stand abzubauen. Sie soll das Geschäft irgendwann weiterführen, wenn Ciça ihre Reise zu den Orixás angetreten hat. Gegen 18 Uhr fahren die beiden wieder mit dem Taxi nach Hause.

Eine Stunde später ist es dunkel geworden. Ich fahre in die Altstadt, besuche meinen guten Freund und Lebemann Paul, den ich während meines Auslandssemesters in Brasilien über unseren gemeinsamen Vermieter kennenlernte, um ein paar Biere zu trinken. In Santa Teresa gehen die Lichter an, sei es in den Villen der Wohlhabenden, sei es in den Favelas, die sich an die Hänge der Stadt schmiegen. Arm und reich trennt in diesem Stadtteil oft nur eine Straße. Ich fühle wieder die Entspanntheit in der Luft.

Auch Teresa Cristina Carneiro ist eine Gläubige des Candomblé, wie fast alle Baianas. Die 43-Jährige lässt sich auf der Straße nur Teresa rufen. Seit 15 Jahren verkauft sie im weißen Gewand ihr Acarajé auf der Straße in Rios Altstadt, ganz oben auf dem Berg. Bevor sie ihren Stand aufgebaut hat, spritzt sie eine Art »Weihwasser« auf den Bürgersteig – um die bösen Geister zu vertreiben. Sie hofft heute auf ein gutes Geschäft. Im Gegensatz zu Ciça arbeitet sie abends.

Auch Teresa findet: »Jede macht ihr Acarajé auf eine andere Weise, aber der Kult um dieses Essen verbindet uns. Ihr eigenes Rezept würde aber keine von uns verraten.« In ihrem Kochtopf brodelt es. Anders als Ciça weiß Teresa genau, wie viel sie an einem Acarajé verdient, auch wenn sie ihre Marge nicht verraten will. Sie führt ihren Stand mit einer Genauigkeit, als wäre sie Prokuristin in einem Weltkonzern. Fußball-WM, Karneval und Olympia bringen Umsatz, sagt sie. 300 Gerichte an einem Tag seien zu den Hochzeiten möglich. Auch sie hat das Kochen einst von ihrer Mutter gelernt.

»Wie kriegst du das mit der Familie hin?«, will ich von Teresa wissen und denke dabei, wie stark und mutig diese Frauen doch sind, so wie sie ihr Leben meistern.

»Meine beiden Kinder«, Teresa ist alleinerziehend, »sie müssen verstehen, dass Mama ihren Beruf liebt und der vor allem anderen kommt«, sagt sie, als die ersten Touristen und Nachtschwärmer herbeischlurfen, um sich um ihren Stand auf Plastikhocker zu setzen. Sie kommen aus Deutschland, Frankreich, Israel und reden über ausgelassene Partys und den günstigen Wechselkurs.

Teresa kennt Ciça und hat den größten Respekt vor ihr.

»Wer ist die Beste?«, frage ich Teresa zum Schluss unserer Plauderei.

»Es gibt natürlich Konkurrenz unter den Baianas. Aber am Ende wollen wir alle das Gleiche: die Welt mit unserem Tun etwas besser machen.« Ein Satz, den auch Ciça hätte sagen können. Die Welt etwas besser machen. Mit Geist. Guten Wünschen. Und mit Garnelen.

Teil 4

IN CORUMBÁ UND ALTA FLORESTA

Kapitel

14

Die Drogenjäger
von Corumbá

Ich habe einen Flug gebucht nach Campo Grande im Bundesstaat Mato Grosso do Sul im südlichen Landesinneren. Der Flieger war fast leer; als ich ankomme, empfängt mich die Hitze schon am Flughafen. In dieser Gegend Brasiliens ist es einfach immer heiß und feucht – egal zu welcher Jahreszeit. Mit dem Taxi fahre ich zum Busbahnhof der Stadt, eine Busverbindung gäbe es zwar, aber auf die hätte ich über eine Stunde warten müssen.

Dort steige ich in einen Fernbus nach Corumbá. Ich kenne die Stadt schon. Als ich als junger Mann das erste Mal dort war, fand ich es malerisch. Die Hitze war damals für mich noch erträglicher, vielleicht auch ein Stück weit, weil ich es so sehen wollte. Je jünger man ist, desto weniger lässt man sich von Reisestrapazen beirren. Nach sechs Stunden Busfahrt bin ich endlich da und gehe in mein

Hotel. Ich habe das Gefühl, dass es hier noch heißer ist als in Campo Grande. Ich schlafe ein und wache alle zwei Stunden schweißgebadet auf. Die Klimaanlage in meinem leicht heruntergekommenen Hotel ist kaputt.

Am nächsten Morgen macht das Wetter auch den Hund verrückt. Tropenfieber? »Der ist aus Deutschland – wie du«, scherzt der Delegado, der das Polizeirevier von Corumbá führt. Sein Lachen klingt wie eine Sirene und legt zwei gelbe Zahnreihen frei. Es ist 35 Grad warm, die gefühlte Luftfeuchtigkeit: 100 Prozent. Wer Mensch ist, schwitzt und möchte sich einfach irgendwo hinlegen. Ich will mich nicht mehr bewegen als unbedingt nötig. Für den Schäferhund scheint das Gegenteil zu gelten. Er rast und tobt und springt gegen die Gitterstäbe in seinem Zwinger. Der leise sirrende Deckenventilator, der die Luft im ganzen Raum verwirbelt, bringt auch dem Tier keine Linderung.

Die feuchtheiße Witterung hat die Stadt Corumbá in Brasilien fest im Griff. Schwindende Willenskraft und Energielosigkeit wechseln sich ab mit Aggression und Reizbarkeit – ist das Tropenfieber? Ich spüre, wie diese Gefühle auch in mir aufsteigen, und kann nichts dagegen tun.

Mit ihren rund 90 000 Einwohnern liegt die Stadt direkt an der Grenze zu Bolivien am Rande des Pantanal, eines riesigen Sumpfgebietes, das beinahe so groß ist wie Großbritannien. Ab und zu verirren sich einige Abenteuertouristen und Naturliebhaber oder auch Wissenschaftler hierher, um diese außergewöhnliche Wildnis zu ergründen. Sie freuen sich, wenn sie das Glück haben, einen scheuen Jaguar oder einen Riesenotter zu sehen oder vom Pick-up aus live beobachten können, wie ein Krokodil ein Wasserschwein am Ufer packt und unter Wasser zieht. Auch Vogelliebhaber kommen in Scharen in diese Region, denn die Artenvielfalt ist beachtlich und die Möglichkeiten der Beobachtung wegen der Weite der Landschaft unübertrefflich. Hier kommen von kleinsten Kolibris bis zum 1,40 Meter großen Jabiru-Storch ver-

schiedenste Vogelarten vor. Auch über tausend verschiedene
Schmetterlingsarten lassen sich dort beobachten. Das sind die
Highlights in dieser unberührten Naturlandschaft. Nicht Samba,
nicht Caipirinha. Die nächste Großstadt, Campo Grande, ist fünf
Autostunden entfernt.

Dabei war Corumbá einmal der größte Flusshafen des Kontinents. Gegen Ende des 19. Jahrhunderts gab es in der Stadt etliche
ausländische Konsulate, denn die Schiffe, die hier anlegten, fuhren den ganzen Weg vom Südatlantik den Rio de la Plata und den
Rio Paraná bis zum Zusammenfluss mit dem Rio Paraguay hoch
bis nach Corumbá. Erst als die Eisenbahn gebaut wurde, begann
der Niedergang der Stadt.

Ich merke, wie mir das Klima einfach bei jeder Bewegung meines Körpers zusetzt. Beim Denken sind die Leitungen in meinem
Kopf wie unterbrochen. Ich weiß am Ende eines jeden Gedan-
kens nicht mehr, wo er seinen Anfang nahm. Es ist alles in Ordnung. Das ist nur die Hitze. Dreh nicht durch. Am nächsten Tag
will ich weiterrecherchieren. Im Moment kann ich nicht. Mir ist
zu heiß zum Schlafen.

Da wäre noch ein delikates Detail, das Corumbá zu einem Hot-
spot wider Willen macht – sozusagen der Grund, warum ich hier
bin: Der Grenzort ist ein Knotenpunkt des internationalen Kokainschmuggels. Von Bolivien kommt der reine Stoff tonnen-
weise über die Grenze, wird von Corumbá weiter in die brasilianischen Metropolen transportiert, von wo er in die ganze Welt
geht. Das »weiße Gold« bahnt sich seinen Weg. 15 brasilianische
Polizisten haben den Auftrag, das zu verhindern. Sie sollen die
Grenzübergänge und 20 Kilometer grüne Grenze schützen. Als
ich sie bei ihrer Arbeit begleite, wird offenbar, dass sie genau wissen, wie wenig sie ausrichten können. Keiner glaubt, das Koks
wirklich stoppen zu können – weil es eine verdammte Sisyphos-
Arbeit ist.

Am nächsten Tag liegen mir all diese Dinge auf der Zunge, aber ich muss aufpassen, was ich hier sage. Ich stehe wieder in der Polizeiwache mit dem verrückten Hund und versuche, beim Delegado gut Wetter zu machen. Natürlich würde hier niemand zugeben, dass der Kampf längst verloren ist. Auch nicht, dass viele Polizisten korrupt sind und am Drogenhandel mitverdienen.

»Ich erlaube, dass du meine Männer begleitest, aber du darfst nur die Vornamen und keine weiteren Angaben zu ihnen drucken«, sagt der Delegado. »Ab jetzt passt Mario auf dich auf.« Er deutet auf einen dicklichen Beamten mit Vollbart, ein Typ Mann wie ein Wandschrank.

Mario leitet die operativen Aufgaben der Polícia Federal in Corumbá, also der Bundespolizei. Er plant alle Einsätze und ist bei allen wichtigen dabei. Mit seinen 14 Kollegen soll er die Grenze bewachen. Ein Auftrag, den man vergleichen kann mit der Aufgabe, das gesamte Sumpfgebiet der Region trockenzulegen.

Aber Mario, 53 Jahre alt und fester Händedruck, ist nett und lacht gerne dreckig, macht viele Späße. »Ich bin seit 30 Jahren bei der Polizei und seit 27 Jahren verheiratet. Was ist mir also wohl wichtiger?«, fragt er. Schon sein Vater war Polizist. Für Mario wäre kein anderer Job infrage gekommen. Er wird später sagen, man brauche »Blut, Lust und Liebe«, um seinen Beruf ausüben zu können.

»Komm mit!«, sagt er und winkt noch einen weiteren Kollegen herbei, der sich als Clayton vorstellt, geschätzt 30 Jahre alt. Clayton redet nur, wenn ich ihn anspreche, ist schüchtern im Gegensatz zu seinem Vorgesetzten.

»Clayton, warum bist du hier?«, will ich wissen.

»Das gehört zu meinen Pflichten im Job. Solange wir jung sind und keine Familie haben, werden wir zu den unterschiedlichsten Orten abgeordnet«, sagt er.

Die Klimaanlage im Wagen surrt wie ein Tropenkäfer. Bei der Fahrt im Gelände-Pick-up erklärt Mario – sein Revolver baumelt lässig am Gürtel – was er hier jeden Tag versucht: Drogenkuriere, auch hier werden sie *Traficantes* genannt, zu entdecken und festzunehmen. Viele Drogen kommen per Lkw, Auto oder Motorrad über die Grenze. Aber auch Fußgänger befördern das Koks. Wer es hier an der Grenze weiterverkauft, kassiert gerade mal 2500 US-Dollar pro Kilo. Das große Geld macht, wer das Pulver bis Rio oder São Paulo schafft. Oder nach Europa, wo ein Kilo locker über 50 000 Euro kostet.

Neben der Holperpiste, die auch für die Stoßdämpfer des robusten Polizei-Trucks eine Kampfansage ist, wächst mannshohes Elefantengras. Dahinter beginnt dichtes Grün, kaum einzusehen. Mario sagt, hier schlüpften sie durch, die Schmuggler.

Ob man überhaupt eine Chance hätte, jemanden zu erwischen?

»Natürlich erwischen wir sie. Wir erwischen fast täglich irgendwas. Aber was wir nicht erwischen, kann ich nicht sagen.« Er schaut geheimnisvoll dabei. Clayton, der jüngere Kollege, schiebt sich seine Sonnenbrille ins Gesicht.

Der Delegado hat vor der Fahrt an seinem Rechner die von seinem Präsidium selbst erhobene Kriminalstatistik ausgedruckt: 2014 wurden 62 Kokainkuriere gefasst. 2015 waren es 73. In den beiden Jahren stellten die Beamten über drei Tonnen Kokain sicher. Fast die Hälfte der Drogenkuriere sind Ausländer, darunter auch immer wieder Europäer. Rucksacktouristen, die ein paar Dollar Reisebudget dazuverdienen wollen. Im Gegensatz zur Grenze mit Paraguay ist die brasilianisch-bolivianische Grenze schlecht überwacht. Die Verlockung ist daher groß. Wenn man irgendwo mit geringem Risiko schnell ein bisschen Geld machen kann, dann hier.

Trotzdem wäre das sicher kein Job für mich. Sicher, die Kohle würde auch mich reizen. Vielleicht sogar der Nervenkitzel. Aber ich war schon als Besucher im ein oder anderen Knast in Südamerika und ich wollte um nichts in der Welt dort inhaftiert sein.

Schon in Deutschland ist Knast Mist, aber hier sowieso. Die Hitze des Tages drückt wieder auf meine Stimmung. Ich schwitze und möchte permanent trinken. Sobald wir aussteigen, bin ich völlig fertig.

Haben die Drogenkuriere Pech, werden sie auf der bolivianischen Seite erwischt. Das zeigt mir Mario, als er an einer Schranke anhält und wir aus dem Wagen steigen.

Das heißt, die Traficantes kommen vom Gewahrsam der bolivianischen Polizei vielleicht in das berüchtigte Gefängnis von Palmasola in der Nähe von Santa Cruz de la Sierra im östlichen Bolivien. Der Knast ist von Mauern umgeben und die Insassen werden sich darin selbst überlassen. Es gibt keine Wärter, keine Regeln. Das Recht des Stärkeren zählt. Immer wieder landen auch Deutsche in dem Horrorknast. Ich habe mir das Ganze bei einer anderen Reise angesehen: Es war grauenhaft. Die Polizei wollte Schmiergeld dafür, mich ins Gefängnis zu lassen, wobei ich längst eine offizielle Genehmigung hatte. Die Insassen waren alle drogenabhängig, auch Europäer darunter. Ich will dort nie wieder hin.

Am Nachmittag gehe ich ein bisschen durch die Stadt. Die Hitze verhindert eine schnelle Gangart. Ich möchte hier Kollegen der kleinen Zeitung »Diária da manha« treffen und von ihrem Wissen profitieren. Ich hatte die Jungs schon vor meiner Reise kontaktiert und wir haben uns verabredet.

»Die Haftbedingungen sind in Brasilien besser als in Bolivien. Aber man kann die Beamten auf beiden Seiten der Grenze schmieren. Hat man genug Cash dabei, entgeht man der Verhaftung relativ unproblematisch«, sagt einer der beiden Journalisten, die ich in der Redaktion treffe. Er will seinen Namen nicht gedruckt sehen, fürchtet sonst Repressalien. Laut ihm ist auch die Polícia Federal von Mario und Clayton korrupt.

»In Brasilien ist es Usus, dass die Polizei am Drogenhandel kräftig mitverdient.« Mitunter nähmen die Beamten nicht nur den Schmugglern das Geld ab, sondern sie verkauften sogar deren Stoff weiter, fährt der Journalist fort. Mitnichten würde das Pulver wie per Dienstvorschrift vorgesehen komplett verbrannt. Noch schlimmer seien aber die bolivianischen Beamten. Von ihrer Seite sei keine Hilfe beim Kampf gegen die Drogen zu erwarten.

»Es gibt Korruption, aber nicht bei uns«, sagt Mario, als wir uns wieder sehen, auf das Thema angesprochen. Am nächsten Tag wollen er und seine Männer zeigen, dass sie gute Polizisten sind. Sie besetzen heute einen Checkpoint hinter der Grenze und kontrollieren die passierenden Fahrzeuge.

Mario hat sich vorher noch einen Hotdog geholt, schiebt ihn sich schnell in den Mund. Seine Plautze quillt unter der schusssicheren Weste heraus. Mit drei Fahrzeugen und sieben mit automatischen Waffen ausgerüsteten Männern rückt die Polícia Federal heute aus. Sie wollen den ganz großen Fang machen.

»Meinst du, heute geht euch einer ins Netz?«

»Wir haben nicht immer Glück. Aber versuchen müssen wir es an jedem neuen Tag. Das Kokain ist des Menschen größter Feind«, sagt Mario.

Er erzählt noch, dass er eigentlich die doppelte Anzahl Männer bräuchte, mindestens. Und dass es zurzeit nachts so gut wie keine Überwachung gibt.

»Unser Job ist anspruchsvoll. Wir machen ihn, so gut es eben geht. Niemand wird die Drogen und ihre Dealer voll ausschalten können.«

Dann kommt der Reisebus. Clayton und zwei Kollegen halten ihn an. »Du hast es im Gefühl, wenn was faul ist. Ich rieche Schmuggler«, sagt Mario, der auch diese Aktion koordiniert. Er ist nach all den Dienstjahren immer noch wie ein alternder Fußballspieler am Elfmeterpunkt, der den Ball versenken will. Und Adrenalin sei immer dabei, fügt er hinzu.

Auch ich merke die Aufregung, bin etwas aus meiner Hitze-Lethargie gerissen. Marios Männer öffnen die Gepäckluke des

Busses. »Verdächtig«, raunt einer und zeigt auf einen prall gefüllten Riesenkoffer. Die Beamten schleifen verschiedene Koffer,
Kisten und Taschen aus dem Bus. Ihre Kollegen sichern das Ganze ab, mit dem Finger am Abzug der Sturmgewehre. Sollte jetzt
einer aus dem Bus aussteigen, lebt er gefährlich. Manche Drogenkuriere sind selbst auf Koks und werden aggressiv, wenn sie die
Beamten sehen. »Hatten wir alles schon«, sagt Mario.

Er lenkt seine Aufmerksamkeit gerade auf eine Pappkiste voller Dosenfisch. »Das könnte was sein«, murmelt er vor sich hin,
während er eine der Dosen fingerfertig mit seinem Messer öffnet.
Der Fisch ist in Tomatensoße eingelegt und stinkt fürchterlich.
Mario stochert mit der Klinge in der Dose herum, bis er jede Grä-
te einmal touchiert hat und feststellt: »Kein Kokain!« In der Zwi-
schenzeit haben seine Männer etliche Gepäckstücke mit verbote-
nen Gütern entdeckt: Sie enthalten Kartoffeln, Samen und andere
landwirtschaftliche Produkte.

»Was ist daran verboten?«, frage ich.

»Das darf man alles nicht einführen nach Brasilien«, sagt Mario. Es ist ein einträgliches Geschäft: Da in Brasilien viele bolivia-
nische Arbeitsmigranten wohnen – allein in São Paulo sollen es
150 000 dort legal oder illegal lebende sein –, schmuggeln manche
Passagiere die Knollenfrüchte per Bus nach São Paulo, wo sie ihre
Ware gewinnbringend auf Märkten veräußern können. Kontrol-
len wie die heutige, das räumt auch Mario ein, passieren viel zu
selten.

Dann beordert der Polizist die Kartoffel-Besitzer aus dem Bus
und macht ihnen eine Ansage. Einer der Bolivianer trägt sein Po-
lohemd in der Hose und kratzt sich ohne Scham im Schritt. Er
sieht ziemlich sauer aus, gibt aber kein Widerwort. Seine Ware
wird beschlagnahmt. Er muss jetzt ohne sein Gepäck zurück in
den Bus.

Schließlich ziehen Marios Männer noch eine Frau aus dem
Bus. Sie trägt ein rotes, viel zu enges Top. Sie wurde vor ein paar

Jahren wegen Kokainschmuggels festgenommen und später zu einer Haftstrafe von vier Jahren in Brasilien verurteilt. Sie muss sich mit einigen anderen Verdächtigen aus dem Bus an eine Wand stellen, nachdem auch ihr Gepäck ausgeladen wurde. Gleichzeitig klopfen die Beamten den Motorraum des Busses ab, suchen nach Hohlräumen als Drogenversteck. Auch die Busfahrer sind mitunter Schmuggler.

Auf dem Fahrrad kommt eine Kollegin, die Mario per Funk herbeordert hat. Sie geht mit der Verdächtigen auf die Toilette des Checkpoints, unterzieht sie einer Leibesvisitation, schaut in sämtliche Körperöffnungen auf der Suche nach den Kokainpäckchen. Aber sie findet nichts. Ob die Frau den Stoff vielleicht abgepackt in kleinen Dosen in ihrem Magen transportiert, können die Beamten nicht prüfen. Der Bus darf trotzdem noch nicht weiterfahren.

Der Hund kommt. Als ihn sein Polizei-Herrchen aus dem Kofferraum lässt, ist das Tier wieder kaum zu bändigen. Es hechelt, röchelt, bellt. Jetzt darf der Hund zeigen, wofür sie ihn ausgebildet haben. Dass er verbotene Substanzen riechen und erkennen kann. Mit feuchter Schnauze beschnüffelt er das Gepäck, die Fahrgäste und zum Schluss die Sitzreihen im Bus. Er findet nichts.

Vor ein paar Tagen erwischten die Beamten mal wieder eine Touristin mit Stoff. Die Portugiesin hatte drei Kilogramm Koks in ihrem Wanderrucksack. Sie sitzt jetzt in Corumbá im Frauenknast, darf aber nicht interviewt werden. Sie wird die nächsten Jahre in Brasilien leben. Hinter Gittern.

Clayton, der junge Kollege aus Marios Einheit, ist froh, wenn er Corumbá bald wieder verlassen kann. Er begegnet mir jetzt etwas lockerer.

»Warum ist Corumbá nix?«, will ich wissen.

»Es ist interessant, jeden Tag passiert etwas anderes. Aber ich habe schon Heimweh«, sagt er. Seine Familie stammt aus Campo Grande, wo ich auf dem Flug hierher gelandet bin. Er und seine

Kollegen haben keine Wahl. Sie müssen zwischen billigen Nutten, Ornithologen und Tropenkoller ausharren, bis sie ihre Mission erfüllt haben.

Haben sie sich an der Grenze bewährt, können sie wieder in ihre Heimat zurückkehren. Mario dagegen wohnt in der Region und wird auch bleiben. Er war in seiner Karriere schon verdeckter Ermittler und Zielfahnder, hat alle Arten der Drogenbekämpfung mitgemacht. Für ihn ist die Jagd auf die Schmuggler das, was dem Athleten eine Olympiade ist: ein ständiger Wettkampf. Und auch bei ihm heißt es oft: Dabei sein ist alles.

»Ich hätte euch gerne einen Drogenfund präsentiert. Aber so was kann man nicht planen«, sagt er entschuldigend.

»Klar kann man das nicht planen. Danke, dass ich dabei sein durfte«, antworte ich. Für heute ist die Jagd vorbei. Mario und seine Männer steuern einen anderen Checkpoint an, wo sie das beschlagnahmte Gut abladen. Sie haben heute gefälschte Markenkleidung, Gemüsesamen und Dosenfisch aus dem Verkehr gezogen. Und über 300 Kilogramm Kartoffeln. Die jungen Beamten schmeißen die prallen Gepäckstücke auf einen Haufen. Kein Mensch weiß, wie viel Koks an diesem Tag unentdeckt über die Grenze ging. Morgen werden Marios Männer wieder über die Holperpiste fahren, Checkpoints besetzen und gegebenenfalls Hinweisen von Denunzianten nachgehen. Und täglich grüßt der Sisyphos: Der Kampf hört nie auf. Ich werde Corumbá morgen verlassen, um mit dem Fernbus weiter in Richtung Mitte von Nirgendwo zu fahren. Brasiliens Provinz fasziniert mich.

Kapitel

15

Im Western
nichts Neues

Der Bus ist gut klimatisiert, es ist mir fast ein wenig kalt. Ich bin auf dem Weg von Corumbá nach Alta Floresta im Bundesstaat Mato Grosso, fahre also Richtung Norden. Die Gegend dort gehört zu den am schwächsten besiedelten Regionen des Landes. Viel landwirtschaftliche Nutzflächen, Weideland mit Rindern, aber auch tropischer Regenwald und kleine, verlassen wirkende Ortschaften fliegen am Fenster vorbei. Die Straßenpfeiler sehen aus wie Zahnstocher. Ich glaube, wer wirklich ein umfassendes Bild von Brasilien – und noch mehr von den Brasilianern – bekommen will, der sollte in jedem Fall raus aufs Land. Muss dort hingehen, wo die Brasilianer oft ein entspannteres und stressfreieres Leben führen. Zumindest auf den ersten Blick.

Schon die Fahrten im Bus, die bei den gegebenen Entfernungen Tage dauern, zeichnen ein ländliches Brasilien, das mit Rio,

São Paulo und der Welt der Metropolen nichts mehr zu tun hat. Was meine eigenen Sprachkenntnisse angeht, habe ich das meiste davon auf Busfahrten gelernt. Nicht etwa, dass ich dabei Vokabeln gebüffelt hätte. Aber ich traf auf den Fahrten immer wieder nette Leute, mit denen sich ein Schwätzchen ergab oder sogar eine tiefer gehende Konversation.

Bernardo spricht mich an, er sitzt auf gleicher Höhe mit mir, in der gegenüberliegenden Sitzreihe. Wir beide haben keinen Nebenmann, so können wir uns bequem unterhalten. Im gleichen Alter sind wir auch. Er fragt mich nach der krisen- und korruptionsgeschüttelten Politik in Brasilien. Ob ich mitbekäme, was da abläuft. Er will wissen, wie das alles in Deutschland gesehen wird. Und wie wir es schaffen, so einen bemerkenswerten Fußball zu spielen.

Wir freunden uns auf der stundenlangen Fahrt so gut an, dass ich beschließe, mit ihm in Cuiabá auszusteigen, wo er wohnt. Er hat mich zu sich nach Hause eingeladen, also werde ich einen Zwischenstopp einlegen, ehe ich nach Alta Floresta weiterfahre.

Bernatdos Mutter Rosangela kocht sehr lecker. Es gibt Reis und Bohnen. Ich habe mich daran gewöhnt, dass diese Speise in Brasilien beinahe täglich auf den Tisch kommt. Dazu gibt es Maniokmehl, Fleisch in den verschiedensten Variationen und Salat. Nirgendwo schmeckt dieses Essen so gut wie hier. Es ist wie mit dem französischen Rotwein, der, wenn man ihn nach Deutschland mitbringt, nicht mehr den gleichen Genuss bietet. Das mag alles Psychologie sein. Aber wenn ich lange nicht in Brasilien war, sehne ich mich nach Reis und Bohnen. So ist es einfach.

Rosangela ist eine sehr interessierte Frau – genau wie ihr Sohn Bernardo. Wir kommen im Tischgespräch schnell auf die große Politik. Sie erzählt mir, wie sich Brasilien seit der Kolonialisierung entwickelt hat. Wie die Regierungsträger seit der Unabhängigkeit des Landes 1825 Brasilien über Jahrzehnte schlecht regierten.

»Die Korruption wurde damals erfunden. Sie setzte sich fort bis in die Zeit der Militärdiktaturen und hat mit Lula und seiner Nachfolgerin Dilma nicht aufgehört«, sagt Rosangela, jetzt spürbar in Rage. Sie war dabei, als 2013 im Vorfeld der Fußball-WM Hunderttausende auf die Straße gingen, um ihren Protest gegen die Regierung zu zeigen.

Wenn ich etwas von brasilianischer Politik verstehe, dann vor allem, dass das Volk seine Politiker verabscheut. Und jedes Mal, wenn die Menschen abermals von einer neuen Regierung enttäuscht werden, sitzt diese Abneigung noch tiefer.

Ich steige am folgenden Tag wieder in den Bus, der alle anderthalb Stunden in irgendeiner kleinen Ortschaft hält, wo drei Leute aus-, drei andere zusteigen. Und erreiche trotz abermals netter Mitfahrer im Bus, die mich zum Aussteigen bewegen und zu sich einladen wollen, diesmal mein Ziel nach weiteren zwölf Stunden Fahrt.

Alta Floresta liegt im Norden des Bundesstaates Mato Grosso, Nahe der Grenze zu Pará. Auf die knapp 50 000 Menschen in Alta Floresta und Umgebung kommen etwa 650 000 Rinder. 26 Millionen sind es im gesamten Bundesstaat. Die ganze Region lebt fast ausschließlich von der Fleischproduktion, die den Export und den Binnenmarkt gleichermaßen schon in der späten Kolonialzeit stärkte. Brasilien ist – nach Indien – auch dank seiner schwächelnden Währung der zweitgrößte Rindfleisch-Exporteur weltweit. Rund zwei Millionen Tonnen Schlachtgewicht verließen 2015 das Land. Sie gingen vor allem in arabische Staaten, nach Europa, nach Russland und in wachsendem Ausmaß auch nach China. Brasilien hat einen klaren Wettbewerbsvorteil: Es gibt Platz für große Weideflächen und die Lohnkosten sind gering. Die Produktion einer Tonne Rindfleisch kostet nur 2000 US-Dollar, in Deutschland sind es im Vergleich dazu 5300 US-Dollar. Der Beruf des Cowboys ist seit der Stadtgründung von Alta Floresta vor 40 Jahren ein fester Bestandteil des Arbeitslebens. Eine Freundin, die ich von einer früheren Reise kenne, hat mich mit einer Rinderfarm in Kontakt gebracht, auf der ein paar letzte Vertreter dieses Berufsstands arbeiten – hier heißen sie *vaqueiros*. Ich bin morgens um fünf in ihr Auto gestiegen. Sie fährt mich zur Farm, die nicht weit vom Stadtkern entfernt liegt. Ich öffne das Holztor zur Farm und da höre ich ihn schon. Es klirrt bei jedem Schritt. João hat Sporen an die Stiefel geschnallt, das Lasso über die Schulter geworfen, den weißen, breitkrempigen Hut aufgesetzt. Der Himmel ist wolkenverhangen. Der Arbeitstag für João Nustelo und seine Kumpels Cicero Alves da Silva und Pedro Gonsalves Moraes beginnt. Cowboys reden nicht viel. Im Stehen kippen sie drei Kaffee. Dann streifen sie die lederne Reithose über die Jeans, stecken sich ein Messer in den Gürtel und satteln die Pferde. Bis 18 Uhr werden sie heute draußen sein. Ihr Job: eine riesige Rinderherde zusammenhalten. Ich werde sie begleiten. Die Sonne erklimmt in strahlendem Orange den Horizont. »Wie bist du zu diesem Beruf gekommen?«, will ich von João wissen.

»Du musst diesen Job lieben. Ich habe schon als Kind davon geträumt, ein Vaqueiro zu werden«, sagt João, während die drei Männer und ich auf die Weiden hinausreiten. Vaqueiros sind Cowboys, aber eben brasilianische. Ihre Lassos sind kürzer, ihre Pferde kleiner, dafür ihre Messer länger. Sie tanzen zu brasilianischer Country-Musik. Und sie trinken Whisky, den guten alten Bourbon, den auch ihre Kollegen aus den USA mögen. Der 35-Jährige sieht aus wie die jüngere Ausgabe von John Wayne: braunes, wettergegerbtes Gesicht, Dreitagebart, graubraunes Haar. Dazu Jeans und und Cowboy-Boots mit Sporen, ein breitkrempiger Hut. Im Gegensatz zu mir hat João sein Muli im Griff. Es macht, was es soll. Ich verzweifle an diesem Tier, das sie mir zugeteilt haben, und befürchte, heute noch irgendwann vom Sattel zu fallen. Mein Tier ist etwas träge und erinnert an einen Ackergaul, ist aber ziemlich nervös. Der Reitstil der Cowboys ist lässig, sie traben

meistens und setzen ihre Sporen ein, wann immer nötig. Um Tier-
schutz geht es hier jedenfalls nicht.

João ist der Chef von drei Vaqueiros auf der »Fazenda Seniti«.
Diese Farm gehört zu den größten im Raum Alta Floresta. 3360
Hektar umfasst ihre Fläche, 100 Kilometer Zaun, 15 Kilometer
Wege und 8000 Rinder, dazu Teiche mit 150 000 Fischen. João,
der 25-jährige Cicero und Pedro, 29, sind für all das verantwortlich.
Ihr Chef, der japanisch-stämmige Seniti Okada, ist einer der gro-
ßen Fleischbarone der Region.

Nach einem Ritt von drei Kilometern kommt die erste He-
rausforderung für die drei Vaqueiros. Eine kranke Kuh liegt in einer tiefen Mulde an einem Tümpel.

In der Region wird fast nur eine Rasse gezüchtet: die indische
Nelore, gekreuzt mit europäischen Rassen. Die Tiere erkennt man
daran, dass ihr Fell fast weiß ist und sie einen Höcker haben wie ein
Dromedar. Sie sind gegenüber dem feucht-heißen Klima in Brasili-
en widerstandsfähig. Die Kuh bleibt reglos liegen, als Pedro absitzt
und sich ihr nähert. Pedro fackelt nicht lange. Er zieht sie am
Schwanz, will sie aufrichten – erfolglos. Dann bindet er behände das
Lasso um ihren Hals und versucht, sie mit seinem Muli fortzuzie-
hen. Das Tier bäumt sich auf und wirft Pedro fast ab. »Helft mir«,
ruft er den anderen zu. Sie machen zwei weitere Lassos an der Kuh
fest, die sich panisch zu wehren versucht. Die drei Seile spannen
sich, die Mulis ziehen mit voller Kraft.

Auf einmal schleift eine halbe Tonne Kuh durchs mannshohe
Gras. »Jetzt muss ich dir weh tun«, sagt João, der Chef-Cowboy.
Er zieht zwei Spritzen mit einem Antibiotikum auf, die eine setzt
er am Hals an, die andere am Hintern der Kuh. Blut schießt heraus, die Kuh zuckt heftig. Welche Krankheit sie hat? Ich frage
nach, verstehe aber die Antwort nicht. Vielleicht weiß es der Cowboy selbst nicht so genau. João träufelt eine Desinfektionslösung
auf die Einstichstellen. Sie riecht streng. Mit einem Ruck richtet
sie sich auf und läuft ein paar Schritte, bevor sie wieder zusam-

menbricht. »Sie muss sich erst erholen, aber bald ist sie wieder fit«, ist sich João sicher. »Mistviech«, zischt Pedro noch, dann geht der tägliche Erkundungsritt weiter. Wir sind den ganzen Tag unterwegs. Abends kehre ich müde zurück in mein Hotel – voller Eindrücke vom weiten Weideland, derben Sprüchen und dem lässigen Umgang mit den Mulis. Es hat etwas Archaisches, so durch die Natur zu reiten und den Herden ganz nah zu kommen. Aber jetzt will ich die Stadt kennenlernen.

Alta Floresta ist ein beschaulicher kleiner Ort. Erst vor 40 Jahren von Goldgräbern gegründet, ist die Region so etwas wie der Wilde Westen Brasiliens. »Die Leute sind hier mit 38er-Revolvern im Halfter durch die Straßen gelaufen. Abends gab es Kneipenschlägereien und ab und an eine Schießerei«, erinnert sich Leopoldo Linhares Fernandes, den ich über meine Bekannte in einer Bar kennenlerne. Ob er übertreibt? Vielleicht ein bisschen, aber seine Geschichten sind gut und die Pointen überraschend.

Der 73-Jährige war von Anfang an dabei und erlebte die Besiedelung der Gegend mit. Heute hat er schlohweißes Haar. Oft gab es Streitigkeiten um Land, die dann von angeheuerten Revolverhelden gelöst wurden. »Es gab Blutrache und jahrelang gepflegte Feindschaften.«

Da wurden etwa an einem Tag acht Leute erschossen, an einem anderen Passagiere über dem Urwald aus einem Flugzeug abgeworfen, um sie diskret verschwinden zu lassen. Als das Gold weniger wurde, kamen die Fleischbarone in die Stadt und teilten das Land unter sich auf. Sie kontrollieren die Region bis heute. »Polizei und Gesetz sind hier eher schwach«, sagt der alte Mann. Hier herrschen eben immer noch andere Gesetze.

Ich lerne bei meinem Spaziergang durch das Städtchen auch noch einen kritischen Umweltschützer kennen. Auf dem Parkplatz eines kleinen Supermarkts laufe ich ihm zufällig in die Arme. Schnell wird deutlich, dass das Gespräch länger dauern wird, und so gehen wir in sein Büro, zwei Häuserblocks entfernt. Er erklärt mir, dass jede Kuh pro Jahr etwa 3650 Kilogramm Mist produziert und eine Menge Methan ausstößt. »Die weltweiten Rinderherden sind die Hauptverursacher des Treibhauseffekts«, sagt Rogerio Lara von der NGO Sociedade Formigas.

Schlimm für die Region sei die schonungslose Abholzung des Regenwaldes. Auch geschützte Tropenhölzer wie der Paranussbaum würden kleingemacht und verkauft. Tropenholz gehört nach wie vor zu den wichtigen Exportgütern Brasiliens. Laut Gesetz müssten die Farmer heute 80 Prozent der Waldfläche stehen lassen. »Es hält sich nur keiner dran. Alta Floresta heißt übersetzt ›hoher Wald‹. Wir müssten die Stadt eigentlich bald in Nada Floresta umbenennen, also ›kein Wald‹«, höhnt Lara. Ich gehe zurück ins Hotel, liege im Bett, und der Ausritt, die Cowboys und all die Informationen gehen mir durch den Kopf. Obwohl es Nacht geworden ist, herrschen immer noch hohe Temperaturen. Das Klima schafft mich.

Am nächsten Tag fahre ich gegen Mittag wieder zur Farm raus und schließe mich für ein paar Stunden den Cowboys an.

»Was genau fressen eure Rinder?«, frage ich.

»Unsere Kühe fressen nichts als Gras. Wir produzieren das beste Fleisch der Welt«, meint Fernando Cesar Franco Faria stolz, der Manager auf der Fazenda Seniti.

»Wie viele Tiere werden geschlachtet?«

»Allein auf dieser Farm werden monatlich 18 lange Lastwagen mit Rindern beladen, um sie zum Schlachten zu karren«, antwortet Fernando.

In Alta Floresta sei der Fernsehkanal mit den live übertragenen Rinderauktionen am beliebtesten. Telenovelas haben es hier schwer. Der Umweltschützer Lara hat recht gehabt, das spürt man: Die Region ist heute komplett vom Fleisch abhängig.

Aber auf der Fazenda Seniti hat man heute andere Sorgen. Die Vaqueiros João, Cicero und Pedro treiben eine Herde Kühe zu-

sammen und lassen ein paar schwarze Ochsen zu den Tieren laufen. Sie passen genau auf, welche Kühe sie besteigen. Denn obwohl sie kastriert sind, folgen die Ochsen ihrem Trieb immer
noch. »So merken wir, welche Kuh gerade brünstig ist. Die müssen wir herauspicken«, meint Cicero.

Beim ersten Begattungsversuch eines Ochsen reitet er dann
zügig in die auseinanderstiebende Herde und markiert die entsprechende Kuh mit roter Farbe. So geht das den halben Nachmittag. Immer wachsam, beobachten die drei Cowboys das Verhalten
von Ochsen und Kühen. Was er an seinem Job liebt? Worüber er
beim Arbeiten nachdenkt?

»Wenn ich auf dem Pferd sitze, denke ich an viele Dinge: an
meine Arbeit, mein Leben, an Frauen – wie alles mal sein wird«,
sagt Cicero und zündet sich eine Zigarette an. Mit der Kippe und
seinem schwarzen Hut sieht er beinahe aus wie ein Reiter aus der
Marlboro-Werbung.

Pedro singt gerne bei der Arbeit, auf Nachfrage übersetzt er
für mich den Refrain: »Kleines süßes Mädel, steig aus dem Fenster, dein Vater wird's nicht merken.« Gerade ist Regenzeit, fast jeden Tag wird es richtig nass da draußen. Dann ziehen die drei sich
schnell ihre grauen Regenmäntel über. Gearbeitet werden muss
trotzdem, auch samstags. Cicero und Pedro verdienen 1000 Reais
im Monat – umgerechnet 250 Euro. Das ist auch in Brasilien nicht
viel. »Reicht das Geld zum Leben?«

»Wir arbeiten wie die Verrückten. Und allein für das warme
Mittagessen aus der Küche in der Fazenda geht schon fast ein
Drittel des Lohns drauf«, rechnet Pedro vor und rümpft die Nase.

Jetzt wird es Zeit, die markierten Kühe zurück auf die Farm zu
treiben. Doch einer besonders widerspenstigen gelingt es auszubüchsen. Pedro gibt dem Muli die Sporen und galoppiert hinterher. Die Kuh dreht sich um und macht Drohgebärden. Das Muli
erschrickt. Wenn Pedro jetzt abgeworfen wird, kann er totgetrampelt werden.

»Komm, du kleines süßes Mädel«, trällert er. Seine Augen sind zu Schlitzen geworden, seine Muskeln angespannt. Er schwingt das Lasso, zielt und wirft – vorbei. Die Kuh läuft weiter. Beim dritten Versuch klappt es endlich: Das Tier ist eingefangen.

Nach einem langen Ritt zurück – die Cowboys reiten täglich 20 Kilometer – treiben sie die drei fruchtbaren Kühe in ein Gatter nahe der Farm. Sie werden nacheinander in einen engen Korridor gedrängt, bis sie in einer Box landen. Damit sie nicht ausschlagen können, fixieren die Cowboys sie mit Seilen, die sie durchs Gatter spannen.

Pedro zieht sich einen langen Gummihandschuh über den Arm und greift der Kuh in die Vagina. Weißer Schleim und Mist fallen zu Boden. Jetzt spritzt Pedro den Samen mit einer langen Pipette in den Uterus und verteilt ihn.

»Warum lässt man das nicht einfach die Stiere selbst machen?«

»Die künstliche Befruchtung ist effektiver, dafür wird nur das Sperma von den besten Stieren der Region eingekauft«, erklärt João. Als Chef-Cowboy überlässt er diese Arbeit aber den beiden Jüngeren.

Am Abend schwirren Glühwürmchen durch die Luft, Grillen zirpen, Frösche quaken. Die Cowboys haben gerade abgesattelt. Am Horizont verschwimmt die untergehende Sonne in unzähligen Gelb- und Rottönen. Pedro sitzt auf einem Holzpflock und trinkt Mate-Tee aus einem Kuhhorn.

»Guter Tag«, sagt er. Die anderen zwei nicken. João ist der Einzige mit Familie. Er hat eine zweijährige Tochter. Seine Frau Seir hat er kennengelernt, als sie sieben Jahre alt war. Beide arbeiteten auf derselben Farm. »Und als sie 14 wurde, kamen wir dann zusammen.«

Genau wie João wollten auch Cicero und Pedro schon immer Vaqueiros werden. Sie wuchsen mit vielen Geschwistern auf Farmen in der Gegend heran. Ich denke an die eigenen Kindheitsträume und die entsprechenden Karnevalskostüme.

»Hättest du nicht vielleicht gerne studiert?«

»Iwo. Nach drei Jahren habe ich die Schule geschmissen«, erzählt Cicero. Er kann kaum seinen Namen schreiben. Pedro war noch nie in einer Großstadt, kann nicht einmal sein Alter errechnen.

»Weißt du, die Uni ist nichts für uns. Bei uns kommt es darauf an, dass du die Rinder verstehst.«

Ciceros Junggesellenbude ist eher ein besserer, karg eingerichteter Bretterverschlag. Ein schmales Bett, daneben ein Stuhl. Auf dem liegen ein paar Einwegrasierer, ein Stück Seife, eine Zahnbürste. Seine Socken hat er zum Trocknen übers Zaumzeug gehängt, das an einem Haken an der Wand befestigt ist.

Außerdem steht seine Honda im Zimmer. »Mein Baby. 625 Kubik, 120 Stundenkilometer Höchstgeschwindigkeit. Hat mich zehn Monatslöhne gekostet.«

Cicero hat einen kleinen, drahtigen Körper. Bei der Damenwelt komme sein Job bestens an, sagt er und lässt dabei seine Finger knacken. »Welche Frau hätte denn nicht gerne einen Cowboy?«

»Das stimmt«, sage ich lachend. Auch ich wollte als Kind ein Cowboy sein, dachte dabei aber noch nicht so sehr an die Frauen, sondern ans Abenteuer.

Für heute habe ich genug. Das Reiten ist anstrengend. Und die feuchte Hitze macht mir weiter zu schaffen. In der Nacht habe ich so etwas wie Fieberträume. Ich will losrennen, komme aber nicht vom Fleck, werde verfolgt. Immer wieder wache ich auf und fühle meine nasse Stirn.

Dann ist Freitagabend, in Alta Floresta wird sich amüsiert. Ich bin wieder mit den Cowboys Cicero und Pedro verabredet. Sie haben mir einen schwarzen Cowboyhut geschenkt und wollen mir zeigen, wie sie feiern gehen.

Während João bei seiner Familie bleibt, fahren Cicero und Pedro in die Stadt. Durch die Diskothek, die im Blockhausstil gebaut und dekoriert ist, wabert schon der Rauch. Meine beiden

Cowboy-Freunde haben sich in Schale geworfen. Sie tragen ihre Ausgehstiefel. Auf Pedros überdimensionale Gürtelschnalle ist ein wildes Pferd gemalt.

»Und wenn mir einer blöd kommt heute, kriegt er aufs Maul. Mit einem Vaqueiro legt man sich nicht an«, zischt er und nimmt einen großen Schluck aus seinem Pappbecher voll Whisky. Das Motto für diesen Abend: »*Não há mulher sem graça, nem festa sem cachaça – Keine Frau ohne Charme, kein Fest ohne Schnaps.*« Cicero ist schon längst an den Frauen dran. Er wirbelt sie beim Sertanejo, dem brasilianischen Countrysound, gelenkig übers Parkett, als seien sie Strohpuppen, und stößt von Zeit zu Zeit ein »Jihaaaa« aus.

Pedro belässt es lieber beim Picheln. Nach dem siebten Whisky gibt er sein Innerstes preis: Mit Frauen klarzukommen, das sei schon schwieriger als mit Kühen. Aber dennoch: schwule Cowboys – so was gebe es nur in Hollywood. Und mit verdruckstem Gesichtsausdruck spricht er das Unmögliche aus: »Weißt du, ich bin auch schon mal vom Pferd gefallen.« Ich fühle mich geehrt, dass er mir das erzählt. Wo wir uns doch erst so kurz kennen. Eine halbe Stunde später schnarcht Pedro auf der Farm in der Hängematte und ist nicht mehr wach zu kriegen. Cicero und João satteln die Pferde. Sie reiten heute allein in die aufgehende Sonne.

Die Cowboys haben mir sehr imponiert. Ich beschließe, in der Region zu bleiben. Auf einem Plakat in Alta Floresta stand, dass 70 Kilometer entfernt, in der Stadt Nova Canaá, einen Abend darauf ein Rodeo steigen sollte, das jeden Yankee neidisch machen würde. Auch ein Cowboy aus Alta Floresta geht an den Start. Ich bin ihm hinterhergefahren. Ein Rodeo wollte ich schon immer mal besuchen.

Wagner da Silva, ja, Wagner ist hier ein Vorname, ist 26 und süchtig nach dem Höllenritt. Die Cowboys von der Fazenda Seniti haben mir geraten, ihn zu interviewen. Er sei selbst »ein Tier«.

»Worauf muss man achtgeben?«, frage ich.

»Wenn du auf so einem wilden Stier sitzt und durchgeschüttelt wirst, dann denkst du an den Tod und bist ein richtiger Mann.« 5000 Leute grölen auf den Rängen der Sporthalle des Städtchens. Zuckerwatte und Fleischspieße gibt es an Buden zu kaufen. 13 Teilnehmer treten an, 700 Euro wird der Sieger heute mit nach Hause nehmen.

Die Regeln sind simpel: Mindestens acht Sekunden muss der Teilnehmer auf dem Bullen sitzen bleiben, darf sich nur mit einer Hand am Gurt festhalten. Nach dem Abwurf gibt es Haltungsnoten. Wagner hat schon zehn Rodeos gewonnen. In ganz Brasilien sterben jedes Jahr fünf bis zehn Vaqueiros bei diesen Wettbewerben.

»Ich habe letzte Nacht nicht geschlafen«, gibt Wagner da Silva zu.

»Bist du aufgeregt?«

»Ohne Ende!«

Vier Stunden die Woche trainiert er für gewöhnlich. Das Bullen-Reiten ist für ihn Hobby und Nebenjob in einem.

Dann ist es so weit: Wagner schnauft tief durch, das Adrenalin schießt ihm ins Blut. Der Bulle wird losgelassen. Er bäumt sich sofort auf, windet sich nach allen Seiten, wirft im Halbsekundentakt das Hinterteil hoch. Wagner krallt sich fest, neigt sich und versucht das Gleichgewicht zu halten.

»Halte durch«, ruft ihm eine hübsche Brünette aus der Menge zu. Es hilft nichts: Nach gefühlten zehn Sekunden wird Wagner abgeworfen. Nur mit Mühe kann er aufstehen und schnell auf den Zaun klettern, bevor ihn der Bulle zertreten hätte.

86 Punkte für Wagner. »War doch ganz okay«, findet er danach. Vierter Platz. Sertanejo dröhnt wieder aus den Boxen. Jetzt wird getrunken und getanzt. Auch ich versuche es. Und mache mich lächerlich. Oh, die Rhythmen in Brasilien – ich werde ihnen nie folgen können.

Als ich am nächsten Tag wieder in Alta Floresta ankomme, gehe ich auf dem Rathaus vorbei. Ich möchte die Bürgermeisterin treffen, sie hat mir ein Interview zugesagt. Maria Izaura Dias Alfonso, Mitte 50, ist so rundlich wie herzlich. Ich stelle mich kurz vor und stelle dann meine Fragen. Der Gesprächsverlauf entwickelt sich so:

»Frau Bürgermeisterin, diese Region ist abhängig von der Fleischproduktion. Ist das nicht zu wenig?«

»Es ist hier eben die Basis von allem. Leider schafft das nur wenige Arbeitsplätze. Aber die Goldgräberzeiten sind endgültig vorbei. Was sollen wir sonst tun? Tourismus könnte eine Chance sein. Und natürlich der Verkauf von Holz.«

»Naturschützer beklagen die Abholzung des tropischen Regenwaldes.«

»Diese Gegend sollte nun mal kolonialisiert und für Menschen geöffnet werden. Heute ist viel vom Wald verloren. Aber wenn die Regierung will, dass sich hier etwas ändert, muss sie uns Alternativen aufzeigen, neue Straßen bauen, den Flughafen vergrößern. Bisher bleibt uns hier nur die Landwirtschaft.«

»Recht und Gesetz scheinen hier noch keine große Rolle zu spielen.«

»Und ob! Es hat sich hier viel zum Besseren gewendet. Diese alten Geschichten von Revolverhelden gehören doch längst der Vergangenheit an, genau wie die Streitigkeiten um Land. Wir sind fast ein ruhiges Völkchen geworden.«

»Haben Sie selbst auch eine Farm?«

»Aber natürlich! 500 Kühe gehören dazu und ein Cowboy. Hier in der Gegend hat jeder eine Farm. Das gehört zum Lebensgefühl.«

»Wird sich auch der Beruf des Cowboys verändern?«, frage ich zum Schluss.

»Ich glaube, die Vaqueiros müssen moderner werden. Sie brauchen eine bessere Schulbildung und Computerkenntnisse. Ihre Aufgaben werden sicher komplexer sein in Zukunft. Aber eines ist sicher: Es wird in dieser Gegend immer Cowboys geben. Dieser Beruf wird niemals aussterben.« Als ich am nächsten Tag weiterfahre, schmerzt mich der Abschied. Alta Floresta ist etwas Besonderes. Ich werde wiederkommen.

Teil 5

DURCH DIE TROPEN

Kapitel

16

In der Hängematte
über den Amazonas

Nie werde ich vergessen, wie mich Brasiliens Tropen einmal fast um den Verstand gebracht hätten. Während meiner dritten Reise durch das fünfgrößte Land der Erde bin ich vor einigen Jahren wirklich mehr als an meine Grenzen gestoßen. Alles begann damals ganz harmlos.

Meine Kumpels Stefan, Daniel und ich hatten uns in Manaus verabredet. Stefan und ich waren schon einige Zeit in Südamerika unterwegs gewesen. Ein echter Reisemarathon: fünf Länder in vier Wochen. Es war Februar, der Karneval in Salvador da Bahia sollte der krönende Abschluss werden. Zuvor wollten wir aber den Amazonas kennenlernen. Über Caracas, die Hauptstadt Venezuelas, waren wir mit dem Bus nach Manaus gefahren: über 30 Stunden Fahrt durch Wüste und Regenwald. Als Stefan und ich verspätet in der Dschungel-Metropole ankommen, hat Daniel dort schon drei Tage ungeduldig auf uns gewartet. Verabredungen auf diese Distanzen klappen nicht immer, zumal wenn sie in Südamerika eingegangen werden.

Aber als wir schließlich ankommen, hat er uns schnell verziehen und wir profitieren von seinen bereits gewonnenen Ortskenntnissen. Er zeigt uns einen Imbiss-Laden, den er entdeckt hat. Das Besondere daran: Die Speisen, allesamt Burger oder Sandwiches, sind nach deutschen Sportgrößen benannt. Es gibt einen Hamburger Franz Beckenbauer, einen Cheeseburger Oliver Khan (genauso geschrieben) und ein Schinken-Käse-Sandwich Michael Schumacher.

Der letztgenannte Name wundert mich, denn Schumacher ist in Brasilien nicht sehr beliebt. Ihm haftet immer noch der Ruf eines Betrügers an, der mit allen Mitteln gewinnen will. Zudem nehmen manche Brasilianer ihm übel, dass er nicht zur Beerdigung von Ayrton Senna gegangen ist, der brasilianischen Rennsport-Legende. Senna kam 1994 beim Großen Preis von San Marino in Imola ums Leben. Er stammte aus São Paulo und war dreimaliger Weltmeister. Ich teile die Meinung vieler Brasilianer über Schumacher nicht. Selbst sein tragischer Skiunfall und sein damit verbundenes Verschwinden aus der Öffentlichkeit hat viele Brasilianer nicht milde gemacht, wenn die Rede auf seine Person kommt. Für mich ist Michael Schumacher erstens der talentierteste Formel-1-Pilot, den die Welt gesehen hat. Zum zweiten hat er den Titel »Schummel-Schumi« nicht verdient. Er hat seine Erfolge mit Können, nicht mit Tricks eingefahren. Und der Besuch einer Beerdigung ist Privatsache. Er wird Gründe gehabt haben, und vielleicht war seine Entscheidung einfach nur ehrlich. Eine Bewertung verbietet sich jedenfalls.

Aber mit Brasilianern über Schumacher zu diskutieren ist, als frage man einen Argentinier nach Pelé aus. Der Argentinier wird immer darauf beharren, dass Maradona der Beste aller Zeiten war. Pelé, ja, ein großer Spieler, aber nichts im Vergleich zum Fußball-

Nationalheiligen vom Verein Boca Juniors in Buenos Aires. Ich hingegen halte Pelé für den größeren Spieler. Sie nannten ihn nicht zu Unrecht *rei*, den König. Wer bei der Teilnahme an 1363 Fußballbegegnungen 1282 Tore schießt, ist nicht zu übertreffen. Bei seinem 1000. Tor läuteten übrigens die Kirchenglocken im ganzen Land. Er widmete es »den Kindern von Brasilien«. Im Gegensatz zu Maradona ist Pelé auch ein echtes Vorbild: kein Alkohol, keine Drogen, keine Eskapaden – von ein paar amourösen Verstrickungen einmal abgesehen, das zählt in Brasilien aber nicht als Skandal. Pelé ist bis heute so angesehen, dass er zwischenzeitig sogar außerordentlicher Minister für Sport in der Regierung Lula war und damit der erste schwarze Minister Brasiliens überhaupt.

Wir essen uns also durch die Karte des Imbisses. Jeder verzehrt eine andere Sportkoryphäe. Dazu gibt es fettige Fritten und drei Salatblätter. Es schmeckt nicht gerade deliziös, allerdings habe ich heute Oliver Kahn vernascht. Als wir überlegen, was wir als Nächstes anstellen und wie die Reise weitergehen soll, sind wir uns schnell einig, dass wir die Stadt möglichst rasch verlassen wollen. Manaus unterscheidet sich nicht besonders von anderen brasilianischen Großstädten. Nur das Wetter ist wirklich anders: eher schwül-heiß als nur heiß, tropisch eben, die Luftfeuchtigkeit macht mich matt und lustlos. Ab und zu kommt ein Regenguss vom Himmel herunter, der einen an die biblische Sintflut denken lässt. Bevor wir in ein paar Tagen mit dem Schiff von hier nach Belém weiterschippern, wollen wir morgen eine zweitägige Tour in den Regenwald machen. 1,3 Millionen Quadratkilometer der Gesamtfläche Brasiliens ist von Regenwald bedeckt – und ein Fünftel allen Süßwassers der Erde hier gespeichert. Nachdem unsere Mägen gefüllt waren, haben wir uns vor Ort über die Anbieter solcher Touren informiert, der Ausflug ist schnell gebucht.

Nach einer Nacht im Hostel fahren wir mit einem Allradfahrzeug rund zwei Stunden in den Wald. Dann geht es von dort mit dem Boot weiter. Unsere Truppe besteht aus uns dreien und ei-

nem ältlichen Deutschen, wir nennen ihn wegen seines Aussehens
– kahl wie ein Babypopo und intellektuell bebrillt – »Doktor Fresenius«. Unser Führer heißt Carlos, er ist etwas dicklich und trägt
eine dichte, schwarze Matte auf dem Kopf. Der Herrgott hat die
Haarpracht doch sehr ungleich verteilt, denke ich mir, als Carlos
und Dr. Fresenius hintereinander im Boot vor mir sitzen.

Am ersten Tag sichten wir eine Schlange und mehrere Schildkröten, dazu viel Grün und Heerscharen von Insekten, die ste-
chen und beißen. Hier gibt es an die 40 000 verschiedene Pflan-
zen- und 400 Säugetierarten, sagt Carlos. Das Wetter lädt nicht
gerade zum Wandern ein, aber wir streifen mit unserem Führer
durch den Wald. Noch mehr Strecke machen wir mit dem großen
Kanu auf dem Fluss, der sich durch den Regenwald schlängelt und
sich dabei in alle Richtungen windet. Unser Führer zeigt uns unter anderem Kautschukbäume und die *aguapé* – eine Wasserpflan-
ze mit heilender Wirkung, die nur hier und im Pantanal vor-
kommt. Der Regenwald ist hier so dicht, dass sich die meisten
Tiere gut vor unseren Augen verstecken können. Die Broschüren
der Reiseunternehmen sind gespickt mit Bildern, die etwa Jagua-
re und Krokodile zeigen. Die Chancen, diese Tiere wirklich zu
sichten, sind allerdings minimal, wie uns unser Führer Carlos bestätigt. Solche Tiere sieht man sehr viel wahrscheinlicher im Pantanal, das nicht so dicht bewaldet ist wie die Ufer des Amazonas.
Immerhin beobachten wir Affen und Gelbbrust-Papageien. Das
Reizvolle an dieser undurchdringlichen Vegetation ist, dass man
förmlich aufgesogen wird von der Natur und dem Klima – eine
Grenzerfahrung.

Manfred Muschg, der Herausgeber von Döblins Roman-Trilogie »Amazonas«, beschreibt den Wald, den der Autor schildert,
so: »Die grüne Hölle voll wuchernder Pflanzen und glühender
Raubtiere, schreiender Affen und kreischender Papageien, wim-
melnden Getiers in Gewässern und Baumwipfeln, durch das Dickicht fragender und antwortender Trommeln, darüber die mör-

derische tropische Sonne, und alles durchzogen vom Strom
Amazonas mit seinen Nebenströmen, heißen Quellseen, Sümp-
fen, Sandbänken und von niemandem gesehenen Katarakten: das
ist die herrliche und schreckliche Umwelt, aus der alles Leben
stammt.« Ich liebe diesen Bandwurmsatz, denn besser kann man
diese vielfältige Natur nicht charakterisieren.

Am Abend des ersten Tages schlafen wir in Hütten mitten im
Dschungel. Das Feuer knistert und knackt, die Insekten kreisen
darum oder fliegen direkt in die Flammen. Es ist ein tausendfa-
cher Suizid. Der Tag war erlebnisreich, aber auch kräftezehrend.
Irgendwie brodelt es in unserer Dreierkonstellation. Auf einmal
kommen wir in unserem Gespräch am Feuer auf einen gemeinsamen Bekannten, Jochen. Daniel und ich hassen Jochen geradezu,
sind bei diesem Thema Verschworene, schon immer. Aus den
verschiedensten Gründen, die hier nicht erläutert gehören. Stefan
und Jochen sind dagegen lose befreundet. Am Anfang unseres
Zanks necken Daniel und ich Stefan etwas. Was er an Jochen
denn so toll fände? Ob Jochen sein großes Vorbild sei? Ob er nicht
einsehe, dass Jochen der größte Idiot aller Zeiten ist? Aus blöden
Kommentaren, schalkhaften Provokationen und fiesen Spitzen
wird bald eine schonungslose Auseinandersetzung. Daniel und
ich führen Gründe an, warum Jochen Verachtung verdient. Stefan
legt dar, warum wir selbst die Trottel sind, lobt die guten Eigen-
schaften seines Freundes.

   Keiner kann sich erklären, warum, aber aus dem Geplänkel ist
bitterböser Streit geworden. Die Hitze setzt uns zu und die Krän-
kungen sitzen dadurch anscheinend noch tiefer. Wir beißen um
uns wie verletzte Raubtiere und unsere Augen funkeln zornig im
Schein des Nachtfeuers. Vielleicht war das alles schon ein Vorbo-
te des Gemütszustands, der mich auf unserer Bootsfahrt später
noch ereilen sollte. Dr. Fresenius und unser Guide haben sich
längst davongestohlen und wir drei sagen uns an diesem Abend

nicht Gute Nacht.

Am nächsten Tag fragt Dr. Fresenius im Kanu, ob wir nun eigentlich geklärt hätten, was der Jochen für einer sei. Wir müssen alle lachen, außer Dr. Fresenius, der die Reisekonstellation für sich wohl eher als »unglücklich« einstuft. Er hat es mit uns nicht gut erwischt, das steht fest. Außerdem ist er Lehrer und hat wahrscheinlich keine Lust, jetzt auch noch in seinem Urlaub mit ungehobelten Rabauken zu tun zu haben, die ihre Hormone nicht kontrollieren können. Für uns ist das alles noch ein Grund mehr zum Lachen und Schmunzeln.

»Was machen wir heute?«, frage ich Carlos, unseren geduldigen Führer, der vielleicht auch lieber vier Mal Dr. Fresenius in der Gruppe hätte als uns drei Streithammel dabeizuhaben.

»Wir werden zu Fuß in den Urwald gehen.«

»Tagestour?«

»Nein, wir bleiben auch die Nacht im Wald, übernachten in freier Natur. Und wir erlegen unser eigenes Essen.«

»Krass.«

»Und wenn wir nichts zu essen finden, dann gibt es auch nichts.«

Jetzt ist unser Abenteuergeist erwacht und für einen kurzen Moment vergessen wir die schwüle Hitze und Jochen. Nach der Fahrt mit dem Kanu wandern wir wieder über Trampelpfade durch den Regenwald. Schön ist es hier. Die Insekten schlagen die Rhythmen zum Gesang der Vögel, alles vermischt sich zu einem Sampler aller Urwaldgeräusche, die hier niemals verstummen. Nach einem langen Marsch bleiben wir an einem Tümpel stehen.

»Hier schlagen wir unser Nachtlager auf«, sagt Carlos. Er fängt damit an, fünf Hängematten zwischen den Bäumen zu spannen. Das braucht eine Weile, und wir sind ihm dabei keine große Hilfe. Es kommt darauf an, das tragende Seil um den Baumstamm so eng zu ziehen, dass die Hängematte bei Belastung nicht den Stamm herunterrutscht. Darin hat Carlos Übung, mit geschick-

ten Handgriffen ist das Errichten der Schlaflager kurze Zeit später erledigt. Dann macht er ein Feuer.

»Wir werden jetzt in diesem Tümpel fischen«, sagt er.

Wir schauen ungläubig, schon hat Carlos eine Fangleine samt
Köder ins Wasser geworfen. Es hängt ein kleines Stück Hühner-
brust am Haken. Ziemlich schnell zuppelt etwas an der Leine.
Carlos kämpft kurz mit dem Fisch, macht ihn müde, wie er sagt,
um ihn dann herauszuziehen. Ein großes Exemplar. Getötet wird
das Tier durch einen Schlag mit einer Taschenlampe. Dann sind
wir dran. Jeder zieht mit mehr oder weniger Geschick einen Fisch
aus dem Wasser. Bei mir dauert es am längsten. Beim Erschlagen
der Fische mit der Taschenlampe ist uns allen nicht wohl. Aber
wir ziehen die Sache durch. Schließlich wollen wir uns selbst versorgen. Der über dem Feuer gebratene Fisch schmeckt toll. Mit
Limettensaft beträufelt und dem von Carlos mitgebrachten Reis
als Beilage ist das Abendessen fast feudal. Am nächsten Tag bekommen wir mit, dass ein Touristenführer-Kollege von Carlos, der
kleine Sergio mit dem gebrochenen linken Auge, die fünf Fische
tags zuvor in dem Tümpel ausgesetzt hat. Es ist trotzdem eine in-
tensive Naturerfahrung gewesen.

Zurück in Manaus heißt es Reisevorbereitungen für die nächste
Etappe zu treffen. Wir gehen auf einen Markt am Fluss, weil wir für
unsere Amazonasreise noch Hängematten brauchen. Jeder von uns
bekommt zuerst eine eingehende Beratung und dann eine handge-
knüpfte Matte mit Karomuster. Danach schauen wir uns noch das
weltberühmte Opernhaus an und streifen durch die Stadt.

Den letzten Abend verbringen wir Bier trinkend und ohne
Streit. Gegessen wird wieder bei unserem Imbiss, dieses Mal fällt
die Wahl auf das Burger-Menü Franz Beckenbauer. Wir übernachten in einem dieser einfachen Hostels im Zentrum von Manaus,
die Betten riechen muffig und die Klimaanlage ist viel zu laut.

Am nächsten Tag geht unser Schiff nach Belém. Auf Deck des

dreistöckigen Dampfers ist nicht viel Platz. Jeder darf seine Hängematte zwischen zwei Balken quer spannen. Es kommen immer mehr Passagiere an Bord, die ihre Hängematten ebenfalls anbringen. Sie hängen dicht an dicht, Karomuster an Karomuster. Gut, dass sich die Hängematten in Farben und Mustern unterscheiden und wir früh auf dem Kahn gewesen sind und uns den Schlafplatz aussuchen konnten.

Neben den Reisegästen kommen nun auch immer mehr Waren und Güter auf das Boot, die Laderäume werden bis in die letzte Ecke vollgepackt: Softdrinks, Bier, Konservendosen, Zement, Bohnen, Reis, Oliven. Die Waren sind für die nächsten Häfen bestimmt. Schiffe sind die einzigen öffentlichen Verkehrs- und Transportmittel in dieser Region.

Das Schiff legt ab und fährt mit der Strömung zügig flussabwärts, das Wasser ist dunkel, manchmal bleifarben, doch meistens braun. In der Mitte des Flusses, den Alfred Döblin in seinem Roman »Amazonas« als »Untier mit wehender Mähne« bezeichnet hat, reicht die Tiefe üppig. Aber im Uferbereich zeichnen sich die Sandbänke unter Wasser wie Knochen unter Menschenhaut ab.

Schnell verschwindet Manaus am Horizont. Genauso rasch werden wir der Größenverhältnisse auf dem Amazonas gewahr. Der Fluss ist so breit, dass man, wenn das Boot mittig fährt, die Ufer auf beiden Seiten nur mit Mühe sehen kann.

Kurz vor dem Ablegen ist noch eine Gruppe junger Amerikanerinnen an Bord gekommen. Wir helfen ihnen, ihre Hängematten zu befestigen. Die Mädels fürchten sich etwas vor der fünftägigen Tour. Sie hängen ihre Rucksäcke mit Ketten und Schlössern an die Reling des Bootes. In ihrem Reiseführer stand nämlich, dass es Diebe gibt, die die Rucksäcke nachts heimlich zur Reling schleifen und alles, was sie nicht gebrauchen können, über Bord werfen.

Darüber habe ich mir noch keine Gedanken gemacht. Irgendwie bin ich, seit wir auf dem Fluss sind, ziemlich tiefenentspannt.

Oder eher tranig? Verpeilt und willenlos? Melancholisch? Da
schleicht sich etwas an. Ist es wahr, worüber Robert Müller in seinem Roman »Tropen« fabuliert, nämlich, dass »der Äquator ein
glühender Reifen ist, der durch die Eingeweide hindurchgeht«?

Am ersten Tag gehe ich noch mit Daniel aufs Oberdeck, wir
trinken Bier, das an einem Kiosk verkauft wird, ohne daran zu
denken, dass es uns krank machen könnte. Wir essen dazu grüne
Oliven. Es schmeckt toll. Man muss die Zeit, wenn man so lange
unterwegs ist, ohne ein Programm zu haben, irgendwie totschla-
gen. Ab dem zweiten Tag fällt mir das nicht mehr schwer. Ich
habe keine Erwartungen mehr, sondern fahre einfach meinen Ge-
hirnprozessor herunter und agiere nur noch auf Standby. Wir reden. Trinken Bier. Essen auf dem Unterdeck Reis und Bohnen,
zweimal am Tag gibt der Koch, der sich artikuliert wie ein Brüll-
affe, das Essen aus. Reis und Bohnen. Reis und Bohnen. Nachts
schlafen wir in den hin- und herschwingenden Hängematten. Keiner von uns interessiert sich mehr für die Amerikanerinnen. Eine
Liaison auf Deck scheint ausgeschlossen. Das liegt aber nicht an
den Mädchen, sondern am Reisemodus.

Plötzlich wird einem alles egal. Als ich in der dritten Nacht
aufwache und aufs Oberdeck steige, sehe ich ein kopulierendes
Paar. Ich schaue kurz emotionslos zu, dann bewege ich mich langsam und leise zurück in meine Hängematte. Selbst Frauen und jeder Sinn für deren Attraktivität sind mir einerlei. All der Hunger
nach Exotik und Abenteuer ist mir abhandengekommen. Ich beschließe, gar nicht mehr aufs Oberdeck unter Leute zu gehen, warum auch?

Mit Stefan und Daniel rede ich nur noch das Nötigste. Wir
sind uns einig, dass das Essen schlecht ist und eine Dusche für ge-
schätzte 90 Passagiere nicht ausreicht. Beide pflichten mir bei,
dass die Hängematte hier an Bord der einzige Ort ist, wo man sich
länger aufhalten sollte. Ich schwinge hin und her. Genieße es,
wenn der Fahrtwind etwas Kühlung bringt. Aber selbst das mün-

det nicht mehr in eine echte Emotion.

Nachts wache ich auf. Ich spüre wieder eine Art Fieber. Ich weiß nicht, ob mich die falsche Mücke gestochen oder die Sonne meinen Geist angegriffen hat. Irgendwie empfinde ich eine Abneigung gegenüber Menschen, meine Umgebung widert mich an, ich kann das marode Boot und den verdammten brackigen Fluss mit seinen grünen Ufern nicht mehr sehen.

Am vierten Tag habe ich über alles nachgedacht, was mein Leben zu bieten hat: meinen Beruf, meine Familie, Frauen, meine Wohnung, meine Freunde, Freizeitbeschäftigungen, Politik, die gefärbten Haare meiner Nachbarin. Ich beginne wieder, über das Nachdenken nachzudenken, während die Gesunden neben mir in ihren Hängematten miteinander quatschen und glucksen, als müssten sie das Schweigen der Welt wettmachen.

Das Boot legt immer wieder an. Die Softdrinks und die Konserven werden ausgeladen, neue Ware an Bord gebracht. Für Reis und Bohnen ist also gesorgt. Ich gehe jetzt nur noch einmal am Tag essen, weil ich dieses Gericht nicht mehr sehen kann. Das Bier schmeckt nicht mehr, es hat einen salzigen Beigeschmack. Schnaps lässt sich nicht auftreiben, und da ich selbst merke, wie lahm und behäbig ich an Körper und Geist geworden bin, wäre das auch eine schlechte Idee. Vermutlich. Irgendwie ist alles nur noch vermutlich. Ich habe keine Lust mehr auf irgendwas. Und keine Meinung. Über Jochen würde ich schon lange nicht mehr lästern. Es ist alles egal und löst sich auf. In meinem Kopf hat eine fast psychotische Endlosschleife das Regiment übernommen. Nichts geht mehr.

Immer wieder sehe ich die Bewohner der Dörfer am Fluss in Einbäumen unserem Schiff entgegenrudern. Manche der Passagiere werfen ihnen Geld oder Essen zu. Andere kaufen den Kindern in den Kanus frische Bananen ab. Vitamine? Ich weiß schon nicht mehr, wie dieses Wort geschrieben wird. Lasst mich einfach alle in Ruhe. Ich schwinge, also bin ich.

Nach einer Nacht voller bizarrer Fieberträume kommt der
Koller am Morgen. Ich hasse meine Umwelt, das Boot und alle
Menschen, die darauf umhergehen und schwingen und essen und
nachdenken. Nach der ultimativen Ruhe bin ich innerlich rasend.
Aber niemand merkt mir das an. Ich starre vor mich hin und ver-
wünsche diese Welt. Jetzt ein falsches Wort, egal von wem, und
derjenige bekommt eine Abreibung.

So wütend ich jetzt bin, so schlaff liege ich in meiner Hängematte und baumle. Bildlich gesprochen, hänge ich an ihr wie der
Gehängte am Galgen. Bevor ich aber sterbe, nehme ich sie alle
mit in den Tod, denke ich. Bevor das geschieht, lese ich lieber
mein Buch weiter. Rainer Fabian schreibt in seinem Roman »Das
Rauschen der Welt« über den Journalisten Kohner: »Er war von
Mücken zerstochen, die er nicht abwehren konnte, und manchmal war er fast ohnmächtig vor Wut ... schlug um sich, flatterte
mit den Armen, tanzte auf einem Bein, schlug sich gegen die Stirn,
klatschte die Hände gegeneinander.« Auch ich bin jetzt dem
Veitstanz nahe.

Als meine Pläne, das Boot zu versenken, kurz davor sind Realität zu werden, kommt die Rettung: Wir legen in Belém an. Sechs
Tage Amazonas. Sechs Tage schaukeln und schwingen und bau-
meln. Sechs Tage Stand-by-Modus und Tropenfieber.

Der Abend bleibt unspektakulär. Wir gehen bald schlafen.
Morgen schon werden wir mit dem Überlandbus weiterfahren.
Wir freuen uns auf den Karneval von Bahia, unterwegs werden
wir die gesamte Küste des Nordostens zwischen Belém und Salvador kennenlernen – zumindest durch die Fenster des Reisebusses.

Teil 6

BAHIA UND DAS MEER

Kapitel

17

Karneval in Bahia

Wenn man auf Stand-by war, muss man irgendwann wieder den Schalter zum Einschalten finden und drücken. Ich bin die vergangenen Tage doch noch etwas geplättet gewesen. Es ist unheimlich, was die Tropen mit mir machen – ob damals mit meinen Jungs auf dem Amazonas oder auf späteren Reisen. Teilweise war es in meinem Geist still wie in einer Totenstadt, andererseits brummte mir der Schädel wie nach drei Tagen Vollrausch.

Dabei steht mir jetzt die große »Sause« erst bevor – in Bahia. Dort steigt die verrückteste Party der Welt: Zwei Millionen Menschen feiern sechs Tage lang auf den Straßen der Tropenmetropole.

Ich komme in Salvador an mit dem Bus. Der Karneval hat dort schon angefangen. Die »schwarze Seele Brasiliens« ist hier so lebendig wie nirgendwo sonst im Land. Seit drei Tagen toben dort bereits die brasilianischen Narren, wenn man sie so nennen möchte. Es ist mir gelungen, einen Presseplatz auf einem der Wagen zu bekommen, die mit lauter Musik durch die Stadt ziehen. Der Karneval ist ein Ausnahmezustand, eine Aufhebung aller Normen, die sich in einen Ausbruch des Chaos steigert. Die Menschen schütteln alle Scham ab und tanzen und feiern sich und die Welt. Die Gesellschaft wird für einen Moment aus den Angeln gehoben.

Als ich vom Busbahnhof in die Stadt fahre, gibt mir der Taxifahrer einen Tipp: »Fahr nicht zu einem der normalen Hotels, die sind um diese Jahreszeit viel zu teuer. Die zocken die Gäste regelrecht ab.« Stattdessen solle ich in einem Motel absteigen, also einem Stundenhotel, in das man sich gemeinhin zum Liebesspiel zurückzieht. Aber diese Motels vermieten ihre Zimmer auch auf Tagessatz-Basis. Und das Beste: Ihre Betten sind groß und rund. Salvador ist eine der ältesten Städte Brasiliens, bereits 1549 gegründet, aber für eine Großstadt fast etwas verschlafen. Tobt dagegen der Karneval, schläft diese Stadt nie. Durch die Straßen schallt Musik, an jeder Ecke stehen kleine Garküchen und Getränkestände. Viele fliegende Händler, oft auch Kinder, laufen mit Kühlboxen herum und verkaufen Getränke. Jeder feiert, zur Not auch während der Arbeit. Busfahrer singen die Karnevalslieder mit, die ihnen durchs Fenster entgegenschallen. Baianas, die auf der Straße ihr Acarajé zubereiten, wippen im Takt. Selbst Polizisten machen zwischendrin Pause und verbinden das mit einem Tänzchen.

Lange Zeit wurde befürchtet, dass sich Brasilien wegen seiner rauschenden Feste und der sexuell aufgeschlossenen Bevölkerung zu einem Land mit einem immensen AIDS-Problem entwickeln könnte. Aber Aufklärungskampagnen haben das *camisinha*, das Hemdlein, wie das Kondom hier genannt wird, zum unverzichtbaren Karnevalsbegleiter gemacht. Ich gebe dem Taxifahrer ein gutes Trinkgeld, denn der Rat mit dem Motel war wirklich bares Geld wert. Ich hatte ganz vergessen, dass man in den üblichen Ho-

tels während des Karnevals oft fünf Mal so viel und mehr für ein
Zimmer bezahlt. Meine Bleibe ist völlig in Ordnung. Zwar läuft im
TV ein Pornokanal und auf den Gängen hört man mitunter Menschen beim Liebesspiel. Aber das stört mich nicht, denn ich will
hier etwas erleben und plane nicht, viel mehr Zeit als nötig in meinem Zimmer zu verbringen. Tagsüber spaziere ich durch die Gassen, durch die überall laute Musik schallt. Und viele Menschen
warnen mich als Gringo vor den zahlreichen Taschendieben und
Gaunern, die den Karneval für ihre Geschäfte nutzen.

Langsam bekomme ich ein Gefühl für den Trubel. Heute
Abend darf ich auf einem dieser Wagen mitfahren. Mit festen
Schuhen und wenig Bargeld in der Tasche gehe ich zum Treffpunkt, wo die mit Glitzergirlanden behängten Lkws, auf denen
gut 30 Leute stehen, ihre Reise durch den Karneval starten.

Die Scheinwerfer blinken. Die Lautsprecher dröhnen mit ihren
120 000 Watt. Die Menschen zucken im richtigen Rhythmus, tanzen und kreischen schon. Man kann hier die Trommelrhythmen Afrikas hören. Es brodelt. Und wieder empfinde ich so etwas wie ein
tropisches Fieber. Aber diesmal im guten Sinne: Ich, der ich ein echter Gringo bin, möchte Teil dieses Ganzen werden.

Keiner hört mehr das Meer, die kleinen Wellen brechen sich
am Strand des Stadtteils Barra. Die Bierverkäufer, die Dosen-
sammler, die kleinen Kinder, Alte, Junge, Menschen aller Hautfarben, sogar die eher steifen Gäste aus Europa und den Staaten – alle
tanzen, singen und feiern mit, wenn der bunt geschmückte und
hell erleuchtete Lastwagen von »Nú Outro« im Schritttempo mit
einem Untier-Getöse an der wartenden Menge vorbeifährt.

Der Lastwagen, *trio elétrico* genannt, ist das Herz eines jeden
bloco, in dem Hunderte oder gar Tausende Menschen zusammen
ausrasten. Ihr Erkennungszeichen: Jeder trägt das gleiche T-Shirt,
das jedes Jahr anders aussieht, es wird auf Portugiesisch *abadá* genannt. Jeder Bloco wird von einem Seil umgrenzt, das viele Helfer
halten und großzügig um die Lkws herumspannen, sodass inner-

halb dieser Absperrung ein eigener Raum für das ausflippende Feiervolk entsteht. Das T-Shirt für die Teilnahme an einem Bloco
kostet zwischen 50 und mehreren Hundert Euro pro Tag, die Preise variieren je nach Bloco und Tag stark – die Hemden sind so etwas wie eine gut sichtbare Eintrittskarte. Bei jedem Bloco gibt es
Securitykräfte und einen Arzt, die Sicherheit des Festvolks soll so
garantiert werden. Hoch oben auf dem Trio Elétrico des Bloco
»Nú Outro« ist die Sicht optimal. Der Sänger Saulo Fernandes und
seine Band halten die Zuschauer im Rausch; es ist eine Mischung
aus Woodstock und der Loveparade zu ihren besten Zeiten. »Ich
will eure Arme sehen«, schreit Fernandes dem Feiervolk entgegen.
Und er muss nicht lange darum bitten. Ein Meer aus Händen und
Armen reckt sich ihm entgegen, die rhythmisch durch die Luft
hin und her gleiten. Den Karneval von einem Trio Elétrico aus zu
sehen ist nur den Musikern, wenigen Super-VIPs und ein paar
Journalisten vorbehalten. Ich fühle mich geehrt, einer davon zu
sein. In den luftigen Höhen des Wagens wird Bier und Whisky getrunken.

Auch der 71-jährige Vater von Sänger Fernandes steht dort,
prostet und jubelt seinem Sohn entgegen. Er animiert mich, vom
Catering des Lkws zu kosten, erzählt mir Geschichten über seinen
erfolgreichen Sohn und wirkt schnell eingeschnappt, als er merkt,
dass ich hier meine ganz eigene Party feiere und eigentlich nicht
reden möchte, sondern gucken. Unten im Bloco sind die Karneva-
listen nicht weniger euphorisch als ich. Manchmal tanzen sie in
Reihen und das Ganze sieht fast nach einer Choreografie aus,
meistens aber ist es einfach ein riesiges wildes Durcheinander. Mit
ihren roten T-Shirts verschwimmen die Menschen zu einem großen Geschöpf, das unzählige Arme und Köpfe hat.

Es gibt zwei Strecken, die die verschiedenen Blocos entlang-
wandern. Die eine führt direkt auf der Straße am Meer entlang,
der Avenida Oceânica der Stadtteile Barra und Ondina. Die andere führt durch das Zentrum entlang der Avenida Sete de Setembro

um die Altstadt herum. Beide Strecken sind rund zwei Kilometer
lang. Alle 20 Minuten startet ein neuer Bloco, um dann im Zeitlu-
pentempo an den feiernden Menschen vorbeizuziehen.

Große Sänger des Karnevals heißen Ivete Sangallo, Daniela
Mercury, Caetano Veloso, Gilberto Gil, die Trommlergruppe
Olodum und die Kultband Chiclete com Banana. Außer in einem
Bloco gibt es noch zwei andere Möglichkeiten, am verrücktesten
Karneval des Landes, ja vielleicht der Welt teilzunehmen: in einer
abgeschlossenen, kostenpflichtigen Location, *camarote* genannt,
oder gratis als tanzende Zuschauer vom Straßenrand aus. Diese
Art des Arme-Leute-Feierns nennen die Brasilianer *pipoca*, also
Popcorn, warum auch immer. Ich habe mir vorgenommen, kein
teures Geld für irgendeinen VIP-Bereich zu bezahlen, wenn ich
wieder vom Laster steigen muss. Ich werde mit dem Fußvolk feiern. Das wird lustiger, denke ich. Und günstiger.

Zwischendurch muss ich an den Karneval in Rio denken, komme
nicht umhin zu vergleichen. Der Karneval von Bahia ist ganz sicher der bunteste und lauteste Wahnsinn der Welt. Nirgendwo
sonst habe ich eine ausgelassenere Party erlebt. Der Karneval in
Rio ist hingegen noch bekannter und wird von den meisten Touristen besucht.

Der Karneval in Rio beginnt im Stadtpalast mit der traditionellen Schlüsselübergabe des Bürgermeisters an den Karnevalskö-
nig, er wird »Rei Momo« genannt, ist stark beleibt und sieht aus
wie ein barocker Engel. Er geht vom Rathaus zum Umzug, den er
anführt. Im Sambodrom steigt dann die eigentliche Party: Leicht
bekleidete Damen im Federschmuck defilieren an den Zuschauern vorbei. Sie wiegen sich hin und her. Fast barbusig setzen sie einen Fuß vor den anderen, tanzen ihren Samba. Dazu donnern
schnelle Rhythmen und fröhlicher Gesang aus den Lautsprechern. Manche Tänzerinnen stehen auf Wagen, die durch die
700 Meter lange Betonarena, bestehend aus ansteigenden Sitzrei-

hen auf beiden Seiten und einer Fahrbahn – es ist kein Straßenum-
zug – ziehen, fantasievoll gestaltet mit bunten Figuren, Tieren
oder Pflanzen aus Pappe und Plastik.

Der »Carnaval Carioca«, wie ihn die Bewohner Rios selbst
nennen, macht ohne Zweifel optisch mehr her als der von Salvador da Bahia. In Rio wird er vom Tourismusbüro der Stadt organisiert. Seine Wurzeln hat er in heidnischen Ritualen europäischen
Aberglaubens, doch in ihm gingen indigene und afrikanische Einflüsse mit auf. Die wichtigsten Akteure, die dem Karneval seine
Farbe geben, sind die verschiedenen Samba-Schulen von Rio. Sie
bilden die erste von insgesamt vier Ligen, die wie beim Sport auf-
gestellt sind. Die Schulen, sie heißen *escolas de samba*, suchen sich
in jedem Jahr ein Thema aus, oft eine politische Botschaft. Das
ganze Jahr über bereiten die Schulen ihre Kostüme *(fantasias)*, Wagen und Choreografien vor, üben die Sänger die Karnevals-Songs
(enredos). Wichtig ist, dass die Musik und die Tanzschritte dazu auf
das gewählte Thema abgestimmt wird. Der Karneval ist dann der
große Auftritt, für den ein ganzes Jahr trainiert wird. Fast alle, die
mitwirken, tun das ehrenamtlich. Die Könige, Königinnen, die
Prinzessinnen, die Trommler *(bateria)* und die Baianas – sie tragen
ihre traditionellen weißen Trachten und erinnern daran, dass der
Karneval erst 1877 von Bahia nach Rio gebracht wurde – sie sparen
das ganze Jahr, um sich alljährlich ihr besonderes Kostüm leisten
zu können. Für die Dekoration der Festwagen kommen Sponso-
ren auf. Der ganze Karneval schluckt Jahr für Jahr eine Summe von
über einer Milliarde US-Dollar.

Die Samba-Schulen treten dann beim Karneval im Wettstreit
gegeneinander an. Die Reihenfolge wird ausgelost. Vierzehn
Schulen und ihre je 3000 bis 5000 Teilnehmer sind beim wichtigsten Umzug im Sambodrom nacheinander dran. Professionelle
Tänzer sind dabei verboten, es treten nur Amateure an. Das Sambodrom wurde 1984 neu gebaut, entworfen hat es der große Oscar
Niemeyer – der Architekturpapst des Landes, der 2012 verstorben

ist und einige berühmte Repräsentativgebäude in der Hauptstadt Brasilia entworfen hat. Auf den Tribünen des Sambodrom finden rund 80 000 Zuschauer Platz.

Der Umzug beginnt abends und geht bis in die frühen Morgenstunden – auch bei Wind und Wetter. Zwischen fünf und acht Festwagen dürfen je Schule mitfahren. Eine Parade dauert pro »Mannschaft« zwei Stunden. Die Jury ist prominent zusammengesetzt, es gibt 40 Punktrichter, das Fernsehen überträgt live in alle Bundesstaaten des Landes. Bewertet werden die rhythmische Präzision der Trommler, der Gesang, der Tanz, die Dekoration, der Schmuck und natürlich, wie das alles miteinander harmoniert.

Am Ende des Zuges zieht das Gros der Tänzerinnen und Tänzer ihr Kostüm aus. Viele werfen es am letzten Tag des Karnevals weg. Es stehen eigens Müllmänner bereit, die den Abfall im Sambodrom wegkehren. Komplett nackte Haut zeigen die Tänzerinnen nicht mehr – das hat die Stadt inzwischen verboten.

Am Ende kann am Aschermittwoch nur eine Schule gewinnen, die drei Erstplatzierten gewinnen Geld. Die Siegesfeier ist noch mal die rauschendste Party einer ohnehin rauschenden Veranstaltung. Feuerwerke tauchen den Himmel in ein buntes Licht. Böllerschüsse knallen in den Ohren. Und die Menschen tanzen und singen vereinzelt auch auf den Rängen mit. Aber doch eher verhalten, will man den Defilierenden doch nicht die Show stehlen.

Beim Karneval von Rio 2016 gab es neben den großen Umzügen im Sambodrom aber auch unzählige kleine Partys der Trommel- und Musikgruppen bei Straßenumzügen, den Blocos – rund 600 Umzüge direkt in der Stadt, dazu sind auch richtige Karnevalsbälle eine gut gepflegte Tradition. Die ganze Feier fiel etwas kleiner aus – in Zeiten von Zika-Virus und Wirtschaftskrise muss Rio sparen. Am Ende war es aber auch in diesem Jahr das Fest der Feste für die Cariocas.

Rios Karneval ist allemal sehenswert. Auch mir blieb sein Zauber im Gedächtnis, lange nachdem ich ihn das erste Mal erlebt habe.

Man könnte sagen: Der Karneval von Salvador ist mehr zum Mitmachen und gilt nebenbei als größter Straßenkarneval der Welt. Der Karneval von Rio dagegen ist mehr ein Fest zum Zurücklehnen und Anschauen. Gesehen haben muss man beides, finde ich.

Der Bloco »Nú Outro« von Salvador da Bahia zieht weiter die Straße entlang, der Leuchtturm von Barra strahlt in die Nacht wie eine Nebelkerze, weit ist der Lkw noch nicht gekommen. Die Macher des Bloco nennen sich »Banda Eva« und nehmen schon seit den frühen Achtzigern am Karneval teil. Der Truck vibriert. Der Herzschlag passt sich den Trommeln an. Saulo Fernandes schreit ins Mikrofon und seine Jünger und Jüngerinnen huldigen ihm. »Könnt ihr noch?«, fragt er und alle johlen »JAAAA!«. Auch in der »Camarote Segundos«, die ich von oben sehen kann, kocht die Stimmung hoch. Die Frauen schwingen ihre Hüften, die Männer hüpfen auf der Stelle. Die Camarote ist ein Restaurant, mit Veranda zum Meer hinaus. Solche Orte eignen sich zu Karneval perfekt, um Geld zu verdienen. Denn wer in einer Camarote feiert, zahlt dafür; auch hier geht es bei 50 bis 100 Euro pro Tag los; es kann aber auch deutlich teurer werden, abhängig davon, wo man sich einkauft – für einen oder mehrere Tage.

Sich einfach an die Straße stellen und von der Stimmung mitreißen lassen ist aber auch eine gute Option. Die meisten Bewohner von Salvador können sich einen Bloco oder die Camarote ohnehin nicht leisten. Manche verkaufen wie gesagt Getränke am Straßenrand, um sich ein paar Reais dazuzuverdienen. Andere sammeln wiederum die leeren Bierdosen ein, für die sie beim Recycling-Center nach Gewicht bezahlt werden. Ihre Notdurft verrichten die vielen Pipoca-Besucher zum Leidwesen der Stadt am Strand. Für Frauen gibt es kleine Hütten, damit man ihnen dabei nicht zusehen kann – das Dixi-Klo auf Brasilianisch.

Als der »Nú Outro«-Bloco an den Massen auf der Straße vor-
beizieht, hüpfen alle auf der Stelle und singen die Liedtexte von
Saulo Fernandes mit. Es regnet kurz und heftig, wir sind immer
noch in den Tropen, und manche Frauen sehen jetzt aus, als hätten sie bei einem Wet-T-Shirt-Contest mitgemacht; aber daran
stört sich niemand.

In Gruppen zu fünfen patrouillieren Polizisten am Bloco vorbei. Es hat eine Schlägerei gegeben und die Beamten müssen ein-
greifen. Beim Pipoca geht es manchmal gefährlich zu, weil vor allem Jugendliche aus den Armenvierteln der Stadt gerne ihre
Kampfeslust ausleben und zeigen wollen, wie gut sie Capoeira
oder das Boxen beherrschen – meist sogar eine Mischung aus bei-
dem.

Aber jedes Scharmützel verläuft sich meist schnell in den
Menschenmassen. Von solchen Vorfällen abgesehen, ist der Karneval relativ sicher. Mit einer gewissen Umsicht sollte einem
nichts passieren. Aber die Stadt Salvador empfiehlt Touristen,
festes Schuhwerk anzuziehen und die Kameras nicht offen mit
sich herumzutragen – eigentlich zwei Dinge, auf die man ohnehin
kommen sollte.

Als der Bloco »Nú Outro« am Ende seiner Fahrt angekommen
ist, sieht man Sänger Saulo Fernandes kaum an, dass er gerade
sechs Stunden Musik gemacht hat. Auch die Musiker von der
Band klopfen immer noch mit viel Energie auf ihre Bongos oder
Schlagzeuge ein.

Es war ja auch erst der dritte Karnevalstag. Morgen werden sie
nach einer kurzen Nacht aufstehen und wieder durch die johlende
Menschenmenge fahren, begleitet von einem Meer aus Menschen
im roten T-Shirt. Und ich werde mich wieder unter sie mischen.

Kapitel

18

Die gefährlichste
Uni der Welt

Der Karneval ist vorbei. Ich muss sagen: Das
Fest hat mich geschafft. Ich habe nicht viel geschlafen die letzten
Tage. Jetzt setzt die Katerstimmung ein. Aber ich sollte längst
wieder im Arbeitsmodus sein. Wahrscheinlich geht es den Bewohnern von Salvador ähnlich: Jetzt heißt es wieder, sich dem Alltag
zu stellen. Ich möchte wissen, wie der aussieht. Was bewegt hier
die Menschen, wenn das Fest auf den Straßen vorbei ist?

Froh bin ich darüber, dass mir bislang nichts passiert ist. Genau wie in Rio warnen die Brasilianer in Salvador gerne Fremde
davor, dass sie beim Karneval leicht Opfer von Gewalt und Dieb-
stahl werden können. Allerdings ist das kein rein karnevaleskes
Problem. Salvador ist immer eine gefährliche Stadt, das ganze
Jahr über. Statistisch gesehen liegt Bahias Metropole auf dem
dritten Rang Brasiliens, was die Kriminalitätsrate gemessen an

der Einwohnerzahl angeht. Bahia, das wird oft vergessen, gehört zum Armenhaus Brasiliens: dem Nordosten des Landes. Die Gehälter sind hier meist nur halb so hoch wie im Süden. 80 Prozent der Bevölkerung ist dunkelhäutig. Und wer schwarz ist, ist in Brasilien meist von Armut betroffen und im Bildungssystem schlechter gestellt. Insgesamt gilt: Zehn Prozent der reichen Bevölkerung, und das sind in der Regel Weiße, besitzen mehr als alle armen Haushalte des Landes zusammen.

Die rassische Diskriminierung ist in Brasilien qua Verfassung verboten, aber es gibt im Land einen vielschichtigen und doch verdeckten Rassismus. Die brasilianische Zeitung »Folha de São Paulo« nannte ihn einen »höflichen Rassismus«, der selten laut ausgesprochen werde. Im Prinzip ist es ganz simpel: So sind etwa Politiker und Parlamentarier stets weiß – mit einer Ausnahme: Pelé. Gleiches gilt eigentlich für alle Berufsgruppen der besser verdienenden Klasse, also auch Manager, Banker, Ärzte und Anwälte. Auch in der Werbung tauchen selten schwarze Menschen auf. Nur in Sport und Kultur, also typischen Aufstiegsberufen, sind die Schwarzen halbwegs angemessen vertreten. Und das alles muss man vor dem Hintergrund betrachten, dass fast 40 Prozent der Bevölkerung afrikanische Vorfahren hat. Es ist ein Rassismus, der die unteren Schichten ausgrenzt, aber eher unterschwellig und in aller Stille.

Ausgrenzung und fehlende Chancengleichheit führen schnell dazu, dass Menschen kriminell werden, auch wenn das kein Automatismus ist. Ich möchte mich dem Thema Kriminalität nun journalistisch nähern. Wo ginge das besser als dort, wo der Schichten-Clash besonders merklich ist: im Bildungssystem. Ich steige in den Bus und fahre in den zentralen Stadtteil Federação. Dort bin ich mit Marina de Mattos Cairo verabredet. Sie will mir die Verhältnisse an ihrer Uni zeigen, an der ich vor zwölf Jahren selbst ein Jahr studiert habe. Und was da abgeht. Es ist nicht einfach für sie, mir zu erklären, was sie fühlt, denn ihr ist dort auf dem Gelände Schlimmes widerfahren. Sie geht auf die wohl gefährlichste Uni der Welt: die öffentliche Universidade Federal da Bahia (UFBA).

Sie sammelt sich und sagt: »Immer wenn ich den Campus betrete, ist es wieder da, dieses Ziepen in der Magengegend.« Diese rasend aufsteigende Angst, die Hände werden feucht, das Herz schlägt schneller. Dann hastet sie im Eilschritt voran, dreht sich mehrfach um und schaut nach hinten, ob von irgendwoher Gefahr droht. Die 25-Jährige studiert Tiermedizin im achten Semester. Sie fühlt sich an ihrer Uni nicht mehr sicher. Vor einem halben Jahr ist es passiert. Marina ging in Richtung ihres Fakultätsgebäudes. Plötzlich dieser Schatten hinter ihr, das Geräusch vom Treten in die Pedale, das schnelle Atmen. Dann stand er mit dem Fahrrad neben ihr, dieser grobschlächtig-bullige Typ.

»Wie sah er denn aus?«, will ich wissen.

»Er sah aus wie ein in die Jahre gekommener Schwergewichts-Boxer«, antwortet Marina. »Er sprach schnell, aber betont leise: Überfall! Gib mir dein Geld und dein Handy!« Dabei nahm er seine Hände vom Lenker, zog ein Messer und hantierte damit vor ihrem Bauch herum, stach Löcher in die Luft, so behände, als sei das eine leichte Übung für ihn. »Ich gab ihm, wonach er verlangte, und er radelte davon.«

Marina schrie nicht um Hilfe, sie ging danach einfach in ihre Vorlesung. Das Thema war »Narkose bei Haustieren«, an mehr erinnert sie sich nicht, sie saß dort wie versteinert in der Sitzreihe. Erst als sie am Abend ihren Eltern von der Sache erzählte, brach es aus ihr heraus mit voller Wucht, sie weinte, krampfte und zitterte, als ihre Mutter sie in den Arm nahm. Ihr Vater sagte, er würde sie ab jetzt immer zur Uni bringen und wieder abholen.

»Toller Vater!«, entfährt es mir, und ich meine das nicht ironisch.

»Ja, das ist er. Aber das geht ja überhaupt nicht, schließlich muss er arbeiten, und was könnte er schon ausrichten, wenn der

Ganove wieder bewaffnet wäre?«, sagt Marina. Ihre Angst wird also bleiben.

Da ist sie nicht allein. Ich recherchiere weiter und drücke mich auf dem Campus herum. Spreche Leute an: Studenten, Mitarbeiter, Reinigungskräfte, Wächter, wen ich so treffe, und frage nach. Dabei erfahre ich aus mehreren Quellen: Die Universidade Federal da Bahia (UFBA) mit ihren rund 30 000 Studierenden ist wahrscheinlich die gefährlichste Hochschule Brasiliens. Vielleicht sogar der Welt. Raubüberfälle kommen hier täglich vor.

Zwar gibt es keine offiziellen Zahlen zu diesen Straftaten, aber im Flüsterton geben auch Uni-Verantwortliche zu, dass es Hunderte Fälle im Jahr sein müssen. Ich denke an mein Studium in Deutschland und frage mich, wie es gewesen wäre, wenn man auf dem Campus der Berliner Humboldt-Universität hätte Angst haben müssen, überfallen zu werden. Es kommt mir wie ein absurder Gedanke vor.

Hier in Salvador dagegen ist Gewalt und Kriminalität alltägliche Realität. Ich frage wahllos unter den Studierenden nach, oft kommt die gleiche Antwort: Ja, mich hat es auch schon erwischt. Diejenigen, die es noch nicht getroffen hat, erzählen das mit großer Erleichterung. Und jeder hier kennt garantiert jemanden, der schon ausgeraubt und vielleicht sogar dabei verletzt wurde.

Manchmal mischt sich bei den Betroffenen Furcht mit Sarkasmus, so wie bei Hilvan Santos, 24 Jahre, der mir in der Mensa, als ich ihn anspreche, antwortet: »Ob ich überfallen wurde? Ach, nur drei Mal in vier Semestern, das ist doch noch okay.« Über das Erlebte sprechen möchte er lieber nicht, so ein Panzer aus Spott schützt auch ein wenig und es bringt ja nichts, ständig die schlechten Erinnerungen und damit die eigene Panik heraufzubeschwören.

Warum gerade die UFBA so stark betroffen ist – mehr als andere Unis in Salvador? Der Campus ist sehr groß und unübersichtlich. Eigentlich unbeschreiblich schön, denke ich bei meinen Streifzügen: Es gibt Grünflächen mit tropischem Regenwald, der von eingewachsenen Schleichwegen durchzogen ist. Wilde Affen hangeln sich in den Baumkronen von Ast zu Ast, die Mangobäume werfen ihre reifen Früchte ab, für die Studenten, die sie genüsslich essen. Es hat etwas vom Paradies, denke ich. An so einer Uni studiert man doch gerne! Wenn es nur so einfach wäre.

Auch dieses Paradies hat seinen Sündenfall – der Preis für die Schönheit ist die Sicherheit. Hinter Bäumen und Sträuchern kann man sich leicht verstecken, die kleinen Wege und Trampelpfade sind nicht einzusehen, und um die Treppen, die wie Kaskaden den unteren Teil des Campus mit dem oberen auf den Hügeln des Stadtteils Federação verbinden, wächst dichtes, mannshohes Elefantengras, in dem die Räuber vor allem abends den Hinauf- und Heruntersteigenden auflauern können.

Dort hat es auch Cleiton Silva Souza, sechstes Semester Philosophie, erwischt. Ich lerne ihn vor einem Vorlesungsraum kennen. Der 29-Jährige stieg die Treppen im Morgengrauen hoch, war noch kaum wach, die Grillen zirpten, er passte seine Schritte den krummen Stufen an, als der Räuber aus dem Dunkeln hervorsprang und ihm innerhalb von Sekunden seine Wertsachen wegnahm. Cleiton geht inzwischen locker mit dem Erlebten um, so wirkt er zumindest, wenn er in der Aula des Uni-Gebäudes mit mir sitzt, die Gitarre auf dem Schoß, während er ein paar Akkorde zupft. Hinter ihm scheint Licht durch die kleinen Fenster, die in die Wand eingelassen sind und aussehen wie die Schießscharten einer Burg. Sie gehen in Richtung der angrenzenden Favela.

»Sind dort die Täter zu Hause?«, frage ich.

»Ja, die kommen von dort«, sagt Cleiton und deutet mit dem Daumen hinter sich. »Und sie bringen dich für ein paar Nikes um, wenn du sie nicht schnell genug ausziehst.« Den Armen in Brasilien reiche es endgültig, wie sehr sie benachteiligt würden. Wenn Cleiton so redet, wirkt es fast, als verstünden Täter und Opfer einander, von den sozialen Verwerfungen in ihrem Land beiderseits betroffen.

Ich will wissen, was die Verantwortlichen der Uni zu dem Problem zu sagen haben. Im Erdgeschoss der Fakultätsverwaltung geben die großen Fenster den Blick frei auf das Meer, die Dielen des Fußbodens haben Risse, eine salzige Brise weht durch den Raum. João C., der Leiter einer geisteswissenschaftlichen Uni-Fakultät, sitzt am Kopfende eines Konferenztisches aus dunklem Tropenholz. Er ist einer der wenigen Uni-Offiziellen, die bereit sind, etwas zu dem Thema zu sagen. Bevor er das tut, atmet er schwer und haucht dann mit bedeutungsschwerer Miene seine Antworten heraus, als doziere er gerade über Hegels Phänomenologie des Geistes. So nahe ihm die deutschen Denker sind, so fern ist ihm das Problem mit der brasilianischen Kriminalität.

Er glaubt, dass seine Studenten nicht mehr lange auf mehr Sicherheit warten müssen: »Mit dem Wachsen der Mittelschicht in Brasilien wird auch die Gewalt sinken, denn wenn das Land nach oben kommt, profitieren auch die Armen davon.« Sicher, die Mittelschicht umfasst jetzt über 30 Prozent der Bevölkerung. Aber dass das Land, und damit die Mittelschicht, längst in einer Krise steckt, scheint ihm keine Erwähnung wert. Er sagt lieber, dass die Uni einiges tue, um des Problems Herr zu werden.

»Was ist denn einiges?«

»Der Campus wird eingezäunt und es werden Kameras installiert, dazu mehr Sicherheitspersonal engagiert.«

Hundert Meter weit entfernt vom Büro des Gelehrten sitzt Sicherheitsmann Fabio Roque, 22, draußen auf einem Stuhl und verschränkt seine wohlgeformten Arme, lässt seinen Bizeps anschwellen; das darauf tätowierte Tribal zieht sich dabei auseinander wie eine animierte Comicfigur.

Er will mit mir sprechen, als ich nach einem Interview frage. Auch Fabio wohnt in einem Armenviertel. Vielleicht sind die, die er hier verjagen soll, zu Hause seine Nachbarn. Er weiß es nicht.

»Kannst du hier überhaupt für Sicherheit sorgen, Fabio?«, will ich von ihm wissen.

»Bei dem Hungerlohn, den ich hier verdiene, würde ich kein Risiko eingehen, wenn es brenzlig wird. Ich habe genauso Angst«, sagt er. Am liebsten würde er selbst studieren, sich ein besseres Leben erarbeiten.

Nicht weit von der UFBA, einmal die Straße hoch, gibt es auch ein Polizeirevier, das habe ich vorher aus dem Busfenster gesehen. Ich beschließe, auch dort vorbeizugehen, um über das Problem mit denen zu sprechen, die es eigentlich lösen müssten. Der Kommandant heißt Elsimar Ferrenat, vor ihm auf seinem Dienstschreibtisch steht ein altes Telefon, daneben sechs gerahmte Bilder seiner Kinder, aufgereiht wie Trophäen.

Ferrenat weiß, dass er und seine Männer das Problem eben nicht werden lösen können. Für ihn ist der Kapitalismus schuld und auch er führt das Beispiel mit den Sportschuhen der Studenten aus gutem Hause an. Womit er recht hat: Das Bildungssystem ist extrem undurchlässig, aus der armen Bevölkerung schafft es kaum jemand an eine Uni. In internationalen Rankings landet Brasilien bei der Bildung regelmäßig weit hinten.

Es ist ganz einfach: Die kostenlosen, öffentlichen Schulen sind fast überall im Land unterirdisch schlecht. Kinder, die an diesen Schulen lernen, also die Kinder der Armen, haben praktisch keine Chance, später die Aufnahmeprüfung *(vestibular)* an einer öffentlichen Uni zu bestehen. Sie müssten an einer Privatuni studieren, was sie und ihre Famlien sich nicht leisten können. Die Wohlstandskinder dagegen haben die freie Wahl: Gut ausgebildet an Privatschulen, können sie – wenn sie smart sind – an einer der guten, kostenlosen öffentlichen Unis studieren. Bringen sie das Niveau nicht, gehen sie eben an eine kostenpflichtige Privatuni. Wegen all dieser traurigen Fakten bezeichnete das Nachrichtenmagazin »Veja«, Pendant zum deutschen »Spiegel«, das brasilianische Bildungssystem sogar als »Apartheid«.

Es gibt zwar Stipendien für ärmere Studenten, aber das System ist nicht besonders ausgefeilt. Fakt ist: Wer von unten kommt,

hat es in Brasiliens Bildungssystem sehr schwer, nach oben aufzu-
steigen. Und viele reiche Brasilianer wollen auch, dass das so
bleibt. Das akademische Bürgertum, die Intelligenzia des Landes,
will seine Status bewahren.

Mehr Studienplätze – mehr Sicherheit, vielleicht würde die
Formel an der UFBA in Bahia tatsächlich aufgehen. Für Ferrenat
sind die Studenten sogar manchmal »ein bisschen selber schuld«,
schließlich rauchten viele gerne mal einen Joint und zögen so die
Kriminellen an, sodass auf dem Campus Dealer und Kleinkrimi-
nelle herumsprängen.

»Das sind doch alles Ausreden, um sich dem Problem nicht
stellen zu müssen«, sagt die 22-jährige Sibelly Silva, die im dritten
Semester Politikwissenschaften studiert. Auch sie lerne ich auf
dem Campus der UFBA vor dem Gebäude der journalistischen
Fakultät kennen. Sie trägt eine Zahnspange, was in Brasilien ein
Indiz für eine private Krankenversicherung ist und damit für
Wohlstand. Wer in Brasilien keine Krankenversicherung hat,
wird zwar in den öffentlichen Krankenhäusern im Notfall umsonst behandelt, hat aber bei gravierenden Erkrankungen, die
eine längere Behandlung voraussetzen, keine Chance. Das Ge-
sundheitssystem des fünfgrößten Landes der Erde ist ähnlich de-
solat wie das Bildungssystem.

Auch Sibelly wurde also überfallen, um ein Uhr mittags, direkt vor dem Eingang der Uni. »Bleib ruhig, lauf nicht weg!«, sagte der Gauner und zockte ihr Handy ab. Sibelly hat immer noch
Angst, wenn sie zur Uni geht. Sie fordert, dass viel mehr Geld in
die Sicherheit investiert wird. Noch mehr Kameras, noch mehr
Zäune.

Der Geschichtsprofessor Milton Moura, das erzählen mir einige seiner Studenten, fand vor einigen Jahren eine eigene Lösung: Sein Abendseminar verlegte er spontan zu sich nach Hause,
nachdem einer seiner Studenten auf dem Campus überfallen und
zusammengeschlagen worden war.

Die unterschwellige Angst wird die Studenten der UFBA weiter begleiten. Am letzten Tag meiner Recherchen werden vier Studenten an der Bushaltestelle direkt vor der Uni ausgeraubt. Die Täter waren mit Pistolen bewaffnete Jugendliche. Es fiel ein Schuss. Verletzt wurde niemand.

Kapitel

19

Marta ist kein Mittelmaß

Der Nordosten. Immer noch unterwegs in den Tropen. Eine erbarmungslose Sonne, heiß-feuchte Winde, ständiges Schwitzen, vertrocknete Böden und Menschen mit gelb-brauner Hautfarbe.

Mein Kopf ist noch nicht ganz klar. Aber das Fieber ist eindeutig weg. Die frische Seebrise hat mich wohl gerettet.

Ich fahre mit meinen beiden Kumpels weiter nach São Luis Maranhão, wo ein sympathischer Straßenkarneval gefeiert wird, bei dem die jungen Damen zum wilden Knutschen aufgelegt sind.

Was ich damals noch nicht wissen konnte:

Sieben Jahre später würde ich eine besondere Geschichte im Nordosten Brasiliens recherchieren, quasi in der Nähe, für brasilianische Verhältnisse. Auch diese Story hat mein journalistisches und menschliches Verständnis des Landes sehr geprägt, weil es eine Reise in den letzten Winkel war. An einen Ort, den ich als privat Reisender nie besucht hätte.

Ein Magazin bestellte eine Recherche bei mir: Ich sollte auf den Kinder- und Jugendpfaden der besten Fußballspielerin der Welt wandeln: Marta heißt sie. In ihre Geburtsstadt fahren und mir anhören, was alte Bekannte und Weggefährten über sie zu erzählen haben. Das Thema ist auch deswegen so spannend, weil Brasilien zwar ein Land des Fußballs ist, aber alles andere als ein Land des Frauenfußballs.

Futebol ist für Brasilianer Männersache. Umso mehr ist daher die Leistung von Marta hervorzuheben, die sich von klein auf gegen zahlreiche Widerstände durchgesetzt hat, um ihren Traum zu leben, bis sie schlussendlich für große Clubs in Schweden und den USA spielen konnte – Länder, in denen der Frauenfußball sehr erfolgreich ist.

Ich biege mitten auf dem Weg entlang der Küste nach Süden rechts ab, fahre von Maceió, der Hauptstadt des bettelarmen Bundesstaats Alagoas, weit in die brasilianische Provinz hinein, um Martas Vergangenheit nachzugehen. Es ist ein besonderer Trip, denn im Landesinneren des Nordostens, dem Sertão, sind Bevölkerungsdichte und Entwicklungsstand gering. Diese Gegend ist von einer öden Savannenlandschaft mit Kakteen und Dornenbüschen geprägt, die ideale Umgebung für Füchse und Schlangen.

Der Mietwagen, den ich am Flughafen von Maceió bestiegen habe (ich kam von Rio nach Maceió, per Flugzeug), ist für die holperigen Straßen, für die 190 Kilometer Strecke, nicht recht geschaffen. Mehrmals drohen mir die Stoßdämpfer einzuknicken wie Streichhölzer. Aber irgendwie komme ich an. Dois Riachos ist ein Provinzstädtchen mit rund 12 000 Einwohnern – genauso vielen wie in meinem Heimatort St. Georgen im Schwarzwald. Ich frage mich durch. Jeder hat etwas über Marta zu sagen, weiß eine

Geschichte zu erzählen. Und alle sagen, ich solle Tota suchen. Das
tue ich. José Júlio de Freitas, »Tota«, so nennen ihn alle, ist der Ex-
Fußballtrainer von Marta und 69 Jahre alt. Er sitzt auf der über-
dachten Veranda seines Hauses, trägt ein Trikot des Fußballver-
eins Palmeiras aus São Paulo. Seine Frau ist einkaufen gegangen.
Neben ihm steht ein blau und rosafarbener Schaukelstuhl, gegenüber eine Kühltruhe, die summt wie ein Schwarm Hornissen. An
der Wand hängt ein Holzkreuz und ein Herz-Jesu-Bild – der Herr-
gottswinkel auf Brasilianisch. Daneben hängt ein Wahlplakat von
der regierenden Arbeiterpartei (PT), die gerade so in der Kritik
steht. Er bittet mich ins Wohnzimmer, dort steht ein rot bezoge-
nes Stoffsofa, der Ton des Fernsehers ist abgestellt, gerade läuft
ein Radrennen. Tota mag Sport – egal welchen. Auf der Kommode
reihen sich einige Flaschen Cachaça aneinander. Tota spricht langsam, lauscht jedem Satz, den er sagt, hinterher, wenn er sich an die
junge Marta erinnert. Er erzählt und erzählt. Und ich unterbreche
ihn nicht.

Martas Vater habe die Familie verlassen, als sie 14 Monate alt
war, danach habe er sich weder um seine Kinder noch um die Ex-
Frau gekümmert. Marta unterstützt, seit sie erfolgreich ist, trotzdem beide Elternteile. Martas Mutter und ihre Brüder waren dagegen, dass sie Fußball spielt. Als Marta sie einmal um einen Real
bat für einen Fußball, sagte die Mutter zu ihr: »Marta, du bist ein
Mädchen.« Tota hat Marta kennengelernt, als sie acht Jahre alt war.

»Was war das Besondere an ihr?«

»Alles! Sie hat gespielt wie eine Göttin«, sagt er, schneller An-
tritt, großartiges Ballgefühl, das Dribbling, die Technik, Zug zum
Tor, ihre Schusstechnik und Abschlussstärke. Damals hat sie nur
gegen Jungs gespielt: »Das hat sie härter gemacht und kommt ihr
heute zugute. Sie war besser als alle Jungs, obwohl sie kleiner und
schwächer war.« Die Schule habe ihr keinen Spaß gemacht, sie
wollte immer auf der Straße mit den Jungs kicken. Tota hatte sie
ermutigt, Handball zu spielen, aber das wollte sie nicht.

»Sie hat dann stattdessen mit Hallenfußball angefangen und war sehr gut darin.« Als sie neun Jahre alt war, hat Tota sie auf ein Nachwuchsturnier des Jungs-Teams im benachbarten Santana do Ipanema mitgenommen, sie hat viele Tore geschossen und wurde sogar zum Kapitän des Teams ernannt.

»Wie viele Tore es waren, das weiß ich schon gar nicht mehr.«

Im nächsten Jahr gewann ihr Team aus Dois Riachos das Turnier bereits und Marta gab ein Radiointerview, wurde zum ersten Mal in ihrem Leben nach Autogrammen gefragt. Marta habe mit einer Kühltasche bewaffnet Speiseeis auf der Straße verkauft, um sich Fußballschuhe und einen Ball leisten zu können. Ihre Mutter war zu arm. Manchmal gab sie ihrer Mutter auch Geld von dem Verdienten ab.

»Ihre fußballerischen Qualitäten sind auch im Kopf angelegt. Sie besitzt eine hohe Spielintelligenz und dazu einen starken Instinkt.« Man musste nie streng sein mit ihr, sie liebte es zu trainieren. Und weiter führt Tota aus: »Sie war das größte Talent, das ich in meinem Leben gesehen habe. Gott hat mir die Augen geschenkt, sie zu entdecken.« Tota sagt, er habe Marta adoptiert, war ein bisschen wie ein Vater für sie. Später hat sie in Mädchenteams in Dois Riachos gespielt. Mit 14 Jahren kam ihre große Chance: Sie durfte beim Team von CR Vasco da Gama in Rio de Janeiro ein Probetraining absolvieren – und wurde ausgewählt. Später wechselte sie zum Verein Santa Cruz in Belo Horizonte, bevor in Schweden ihre internationale Karriere begann.

»Sie hat immer gemacht, was sie wollte. Sie hatte nur das eine Ziel: Profi-Fußballerin zu werden.« Tota zeigt stolz Jugendbilder von Marta im Fußballdress. Heute haben die beiden wenig Kontakt. Nur wenn sie einmal im Jahr zu Silvester nach Hause kommt, fallen sie sich in die Arme. Im letzten Jahr hat sie die Churrascaria »Spazzio« gemietet, 300 Leute eingeladen, eine Live-Band spielte Samba und Pagode. Es gab gegrilltes Hähnchen, Rind- und Schweinefleisch, dazu Cachaça, Whisky und Bier für die Gäste.

Die Mutter war auf dem Fest, der Vater nicht. Marta liebt Musik, vor allem den Forró, die Musik des Nordostens. Eine Ex-Trainerin bei Vasco hat ihr das Gitarrespielen beigebracht. Außerdem steht sie auf Liebesfilme im Kino, erzählt er.

»Ohne Marta wäre der Frauenfußball niemals so groß und beliebt geworden.« Auch Tota hat an ihr gezweifelt: »Frauenfußball war damals noch eine echte Randerscheinung.«

Marta lege auf Luxus keinen Wert. Sie sei immer noch sehr bescheiden und normal geblieben und werfe ihr Geld nicht raus wie andere Fußballer. »Sie ist immer noch eine von uns.« Tota sagt auch: »Sie hat nah am Wasser gebaut. Wenn sie ein besonders schönes Tor schoss, sah man sie gerne mal weinen.«

Tota will jetzt eine NGO für benachteiligte Menschen wie Waisen, Arme und Drogenabhängige gründen und plant, Marta dafür zu gewinnen: Sie soll ihren Namen und möglichst auch Geld einbringen. »Sie könnte sogar mit unserer Regierung sprechen, dass für Dois Riachos mehr getan wird. Im Moment macht Marta zu wenig. Sie denkt nicht an ihr Zuhause, sondern nur an Fußball.« »Rainha Marta« (Königin Marta) soll die NGO heißen.

Als Nächstes besuche ich Martas Mutter, Tereza Vieira de Sá, 63 Jahre alt. Die Straße ist ruhig. Nur ein Eselskarren rumpelt über die Pflastersteine, die auf der »Rua Nova« verlegt sind. Er wirbelt ein wenig Staub auf, dann ist es wieder still. Martas Mutter sitzt auf einem Plastikstuhl, sie trägt ein schwarz-weißes Kleid, dazu fliederfarbene Badelatschen und eine beige Mütze über dem schwarzgefärbten Haar. Fliegen umschwirren ihren Körper. Um sie herum stehen und sitzen rund 15 Menschen, die meisten davon sind Verwandte. Alle erzählen, wie stolz sie auf Marta sind. Aus dem Radio im Haus gegenüber weht plötzlich Arrocha-Musik durch die Straße – auch dazu tanzt man im Nordosten Brasiliens. Hier in dieser Straße ist Marta geboren, hier hat sie jeden Tag Fußball gespielt. Hier hat alles angefangen.

»Ich gebe gerne Interviews und sage nur die Wahrheit.« Wenn die Mutter von Marta spricht, sagt sie oft: »Mein kleines Mädchen.« Heute hat sie wieder mit Martas Vater Kontakt, ist mit seiner jetzigen Frau befreundet.

Als er sie einige Monate nach Martas Geburt verließ, begann ein hartes Leben, sie wusste oft am Morgen nicht, wo sie das Essen für den Tag herbekommen sollte, aber ihre Verwandten halfen ihr. Das hat sie ihnen nicht vergessen. Damals arbeitete Tereza als Putzfrau und Hausangestellte. Marta schickt ihr Geld und Geschenke, sie hat ihr einen Palast von Haus bauen lassen. »Ich könnte nicht bei ihr in den USA leben, ich gehöre doch hierher nach Dois Riachos.«

»Meldet sie sich?«

Zwei Mal im Monat rufe Marta bei ihr an. »Sie wünscht mir immer Glück und Gesundheit.« Marta habe keinen Freund, interessiere sich nur für Fußball. »Für die Liebe hat sie gar keine Zeit. Sie muss warten, bis der Richtige kommt.«

Die Mutter schaut sich die Spiele von Marta im Fernsehen an, vor allem die der brasilianischen Frauen-Nationalmannschaft. Bei einem Tor von Marta klatscht und tanzt sie. »Wahrscheinlich bin ich nervöser als Marta selbst, wenn sie spielt.« Sie betet jeden Tag für ihre Tochter und auch dafür, dass die Seleção bei jedem großen Turnier das Finale erreicht und gewinnt.

Einmal hat sie Marta in Schweden besucht, als die noch dort spielte, aber ihr war es dort viel zu kalt. Auch Marta hatte in ihrer Anfangszeit in Schweden großes Heimweh nach Brasilien. Tereza Vieira de Sá steht jetzt auf dem riesigen Balkon der Villa, die ihre Tochter für sie vor drei Jahren hat bauen lassen. Im Wohnzimmer läuft die Klimaanlage, der große Flachbildfernseher ist eingeschaltet, es läuft das Kinderprogramm. Neben dem Fernseher steht eine Schneekugel mit einem Zwerg, auf den die weißen Flocken fallen. Möbel aus Tropenholz, Marmor im Bad, Sandstein an den Wänden, ein braunes Ledersofa, ein heller

Rauhaarteppich im Wohnzimmer – in dem dreistöckigen Haus ist alles vom Feinsten.

Die Nachbarn flüstern, der Bau habe 400 000 Reais gekostet, 100 000 Euro beim derzeitigen Wechselkurs. Tereza wohnt alleine in diesem riesigen Heim, Marta schläft hier, wenn sie zu Besuch ist. Dona Tereza trägt meistens bunte Kleider, die sie zusammen mit ihrer Tochter in Maceió erstanden hat. Außerdem hat Marta ihrer Mutter ein neues Gebiss gekauft, seither strahlt das Lächeln von Dona Tereza wieder. Eine Putzfrau will sie nicht; sie macht alles selbst im Haushalt. »Mein Leben hat sich sehr verändert, ich bin gesegnet.« Sie kann bis heute nicht lesen und schreiben. Im Innenhof des Hauses ist eine brasilianische Flagge auf die Wand gemalt. Statt »Ordem e Progresso« steht aber »Marta a Melhor« (Marta ist die Beste) auf dem Spruchband, das die blaue Erde umschließt. »Viele Nachbarn sind eifersüchtig auf das Leben, das ich dank Marta führen kann. Mich würde freuen, wenn Marta mir noch ein Auto kauft.« Sie zeigt stolz ihre Fotoalben: Bilder von Marta als Schulkind und vor allem von Marta als Fußballspielerin. Marta hat fünf Geschwister: José Roberto, 44, José, 34, Ângela, 32, Valdir, 31, Daniel, 22. »Marta ist zwar berühmt, aber ich mag alle meine sechs Kinder gleich gern.« Drei Kinder sind ihr weggestorben, eines davon noch im Mutterleib.

Tota musste Tereza überreden, dass Marta überhaupt Fußball spielen darf. »Einmal hat Marta zu mir gesagt: Wenn ich sterbe, legt mir einen Fußball mit in den Sarg.«

Um 18 Uhr schließt Tereza das Haus ab, sie hat Angst vor Einbrechern. »Ich habe viel gelitten in meinem Leben. Gott und Marta haben alles verändert. Ich denke immer noch, es ist ein Traum.« Dann sagt sie noch, Martas Vater habe viel getrunken, die Trennung von ihm sei die richtige Entscheidung gewesen.

Ich besuche – Tota fährt mich – Audalio Ferreira da Silva, 62, Martas Vater. Der Weg zu ihm führt rund sieben Kilometer über Schotterpisten, vorbei an trockenen Flussbetten und verfallenen

Zäunen. Martas Vater ist gelernter Barbier, arbeitet heute aber als Bauer. Das Grundstück und den hellbraun getünchten Hof hat Marta ihm vor zwei Jahren geschenkt. Fünf Kühe, zwei Stiere, drei Pferde und ein Dutzend knochiger Hühner gehören dazu. Audalio rennt barfuß hin und her, als er seine unangekündigten Gäste sieht, schreit »Willkommen«, freut sich, macht Faxen, zwinkert mit den Augen. In der Stadt sagen alle, dass er gerne trinke. Vor dem Eingang fläzt sich ein Hund. Er hat neulich laut gebellt, erzählt Martas Vater, weil er ein Gürteltier gefangen hatte. Das Gürteltier hält die Familie jetzt in einer Regentonne und mästet es, das Fleisch schmeckt wie das vom Schwein, sagen sie. Das bedauernswerte Geschöpf liegt jetzt schon regungslos in seinem Gefängnis wie ein Tierkadaver. Lange wird es nicht mehr dauern bis zur Schlachtung.

Audalio, der sehr kräftig ist und dessen Brusthaar weiß aus dem Hemd quillt, baut Mais und Bohnen an. Auf dem Tisch im Wohnzimmer steht ein Porzellanelefant, auf einem Regal thronen ein Fernseher und eine Stereoanlage – alles von Marta.

Im ganzen Haus gibt es kein einziges Buch, dafür einen rohgezimmerten Esstisch in der Mitte der Küche. An den Wänden hängt nichts, neben der Tür hat jemand *feliz ano novo* (»Frohes neues Jahr«) in weißer Schrift geschrieben.

Später holt Audalio, der ein orangefarbenes Hemd und eine kurze, abgeschnittene Jeans trägt, die Gitarre und spielt alte Lieder von Sehnsucht und Liebe. Danach jongliert er mit einem Fußball. Auch wenn er die Familie verlassen hat, ist er sehr stolz auf seine Tochter. »Sie ist der weibliche Pelé«, sagt er. Er bewundere an ihr, dass sie ihren Traum wahr werden ließ.

Seine neue Familie – Frau Francisca, Sohn Antoniel, 16 Jahre, Tochter Ana Maria, 14 Jahre, und Tochter Joana, zwei Jahre und drei Monate – wohnt mit ihm auf dem Hof, sie leben vor allem von den angepflanzten landwirtschaftlichen Produkten. Wie ist sein Kontakt zur Tochter?

Marta ruft ihn nicht an und kommt ihn auch nicht auf dem Hof besuchen. »Wir reden nicht miteinander. Sie ist verschlossen. Sie ist nur mit dem Ball befreundet. Aber dank Marta habe ich heute ein besseres Leben, früher war ich bettelarm. Sie ist gut zu mir.« Marta hat auch ihm ein neues Gebiss spendiert, vorher hatte er kaum noch Zähne im Mund. Auf Martas Mutter sind sie wegen deren Haus nicht neidisch. »Wenn sie kommt, schlachten wir ein Huhn und machen ein Festessen«, sagt Francisca, die Frau von Audalio. Sein Sohn Antoniel will mehr werden als Bauer, am liebsten Lehrer. Audalio ist stolz, dass sein Haus Strom hat, Wasser bezieht die Familie aus einem Brunnen vor dem Haus, den Müll verbrennen sie.

»Marta hat all ihre Talente von mir geerbt«, sagt Audalio.

Dann fahre ich zu Martas alter Schule. Josete Amorim, 50, ist Direktorin an der Schule »Escola Estadoal Cônego José Bulhões«. Sie hat Marta ein Jahr lang unterrichtet, im Fach Portugiesisch.

Wie sie war? Marta sei oft ungezogen gewesen, sie habe die Schule geschwänzt, um Fußball zu spielen. Manchmal legte Marta sich in der letzten Reihe quer auf drei Stühle und döste, bis der Unterricht vorbei war.

»Oder sie ist gleich abgehauen.« Ihre Noten waren schlecht. »Wir hatten Angst, dass sie sich verrennt und es mit der Karriere nicht klappen wird.« Aber: Marta war sehr intelligent. »Die wusste immer, was sie wollte.« Sie war beliebt bei Mädchen und Jungen gleichermaßen. Nach sechs Jahren habe sie die Schule abgebrochen.

Ein anderer Lehrer, Washington Iris Alves, 30 Jahre alt, kennt Marta auch noch von früher, er ist heute Mathelehrer an der gleichen Schule. Er bestätigt Totas Monolog: »Frauenfußball ist nichts wert gewesen hier. Der Machismo ist ein Gesetz Gottes.« Zudem tuschelten manche hier, dass Marta lesbisch sein könnte. »Aber heute will sich jeder mit ihr schmücken.« Eine Sporthalle der örtlichen öffentlichen Schule ist bereits nach ihr benannt worden. Marta und ihr Erbe sind in Dois Riachos nicht mehr wegzudenken.

Kapitel

20

Die Herren des Strandes

Nach der langen Fahrt ins Hinterland und zurück brauche ich etwas Erholung. Ich reise wieder ans Meer, zurück nach Salvador. Mit dem Bus. In mir pocht so eine Sehnsucht nach dem Strand. Da die Stadtstrände ziemlich verschmutzt sind, will ich mir die »grüne Küste« nördlich von Salvador ansehen. Ich habe von einem Schildkröten-Schutzprojekt, das nur in einstündiger Entfernung liegt, gehört. Es ist in einem ehemaligen Fischerdorf angesiedelt. Also steige ich direkt vor meinem Hotel in einen klimatisierten Kleinbus ein, der bis zu 15 Leute von A nach B bringen kann. Ich liebe diese Kurztrips mit dem Bus raus in ländliche Regionen, hinter der Stadtgrenze zeigt sich rasch das erste Grün. Ich mag es, wenn Palmen und Dickicht an mir vorbeifliegen und ich manchmal vielleicht sogar vom Bus aus einen Blick aufs Meer werfen kann. Ich denke gerne an meine stundenlangen

Busfahrten in Brasilien zurück, bei denen ich gequatscht, geflirtet, gestaunt und geträumt habe. Sie haben mein Verständnis für die Kultur des Landes gestärkt.

Die Straßen in Brasilien sind meist sehr schlecht. So wie die Infrastruktur insgesamt nicht besonders gut ist. Neben dem Straßennetz sind auch Häfen, Flughäfen und der ÖPNV in Brasilien generell eine Baustelle, im wahrsten Wortsinne. Jede Regierung, die sich dieses Manko vornehmen wollte, ist daran gescheitert. Auch Großereignisse wie die Fußball-Weltmeisterschaft 2014 konnten daran nichts ändern. Und die hohen Transportkosten sind ein wesentlicher Grund dafür, dass die landesweite Verteilung von Industriegütern nicht wirklich funktioniert. Die derzeitige Wirtschaftskrise hat also auch viel mit dem Binnenmarkt und der damit zusammenhängenden Infrastruktur zu tun.

Da freut sich der Europäer über die intakte Infrastruktur zu Hause. Reisen mit Billigfliegern oder zu Sparpreisen auf der Schiene – kennt der Tourist in Brasilien nicht. Ihm bleiben nur Fernbusse auf Rumpelstraßen.

Die Fahrt dauert diesmal nicht lange, der Ort ist klein und eine nette Kellnerin, die ich in einem Restaurant nach den Umweltaktivisten gefragt habe, konnte mir Auskunft geben. Für den nächsten Tag verabrede ich mich daraufhin telefonisch mit den Schildkröten-Rettern.

Ich habe mir ein Zimmer in einer kleinen Herberge reserviert. Abends trinke ich noch ein Bier beim örtlichen Pizzaladen. Zum Tierschutzprojekt finde ich am nächsten Morgen selbst, es gibt nur eine Hauptstraße, von der es zum Strand abgeht. Die Biologin Bruna Canal begrüßt mich, und wir steigen in ihren Jeep und fahren ans Meer.

Es ist halb sechs morgens, als wir am ersten Brutplatz ankommen. Die Tropensonne gibt sich noch sachte. Bruna Canal gräbt vornübergebeugt mit bloßen Händen ein Nest aus dem Sand. Sie will etwas nachhelfen. Manche der kleinen Schildkröten sind zu schwach, um es allein aus dem Ei zu schaffen. Fingerfertig bricht sie die Schalen auf, ohne die Tiere zu verletzen. Dann ist er da, der Moment zwischen Leben und Tod. Wenn die Babyschildkröten aus ihren Eiern geschlüpft sind, schleppen sie sich sofort in Richtung Meer. Sie krabbeln über den Sand, sehen zusammen aus wie der schwarze Zug einer Brio-Bahn, der langsam über den Boden zuckelt. Jetzt kommt es darauf an, schnell zu sein. Auf den 20 Metern bis in die Wellen sind sie ein willkommenes Opfer für Vögel. Im Ozean lauern andere Feinde: Fische, tauchende Vögel und die Netze der Menschen. 80 Prozent des Nachwuchses wird die ersten drei Tage nicht überleben. Und richtig alt wird nur eine einzige Schildkröte von tausend.

Die 24-jährige Biologin arbeitet seit vier Jahren für das Schutzprojekt »Tamar«, das an der ganzen Küste Brasiliens für den Fortbestand der Schildkröten sorgt. In Brasilien heißen sie *tartarugas*, und der Name des Projekts ist die Abkürzung von *tartaruga marinha*, der Meeresschildkröte.

Der Projektstandort Praia do Forte in Bahia, 55 Kilometer von Salvador entfernt, war der erste und ist bis heute der größte des Landes. Ohne Tamar gäbe es vielleicht heute gar keine Meeresschildkröten mehr an Brasiliens Küsten, ganz sicher aber deutlich weniger.

»Wie hat es dich hierher verschlagen?«, frage ich.

»Ich liebe diese Geschöpfe einfach. Sie sind einzigartig und irgendwie erhaben. Wie sie sich bewegen. Wie friedlich sie sind. Für mich gibt es keine andere Arbeit«, sagt Bruna. Sie stammt aus dem kühleren Süden Brasiliens, kam für ein Praktikum nach dem Studium – und ist geblieben. Eine ihrer Aufgaben besteht darin, jeden Morgen 14 Kilometer Küste abzufahren und zu kontrollieren. Sie fährt mit dem Jeep über unbefestigte Zufahrtswege, dann geht es zu Fuß an den Strand. Bruna braucht das Wissen eines Fährtensuchers. Sie sucht nach Spuren der Schildkrötenmütter und findet so die Legeplätze; die Weibchen legen ihre Eier von

September bis März.

Die Nester markiert Bruna mit über einen Meter langen Holz-stangen, die sie in den Sand steckt. In jedem Nest befinden sich im Schnitt 120 Eier. Sieben Mal in ihrem Leben legt ein Weibchen Eier. Nach 60 Tagen schlüpfen die Baby-Schildkröten.

Das Projekt wurde 1979 gestartet: Die späteren Gründer von Tamar hatten im Vorfeld eine Erkundungsreise entlang der brasilianischen Küste unternommen, um in Erfahrung zu bringen, welche verschiedenen Spezies dort vorkamen. Dabei stellten sie fest, dass das Schildkrötenvorkommen nur noch gering war. Es sah nicht gut aus. Ein Jahr später wurde Tamar mit staatlicher Hilfe der brasilianischen Umweltschutzbehörde Instituto Brasileiro do Meio Ambiente (IBAMA) ins Leben gerufen.

Heute gibt es wieder Hunderttausende Schildkröten an Brasiliens Küstenabschnitten. 120 Quadratkilometer sind allein in Bahia unter Naturschutz gestellt worden. So sind die Futter- und Lege-

Milagros Lopez liebt Schildkröten, seit sie sich mit ihnen beschäftigt.

plätze der Schildkröten heute wieder sicher. Die 21 Tamar-Stand-
orte garantieren, dass zwei Millionen Schildkrötenbabys pro Jahr
aus ihren Eiern schlüpfen können.

»Der momentane Stand heute – wir haben einiges erreicht.
Aber die Erfolge sind immer in Gefahr, wenn wir nicht weiter
Wissen über die Tiere und das Meer vermitteln«, sagt Milagros
Lopez. Ich lerne sie kennen, als Bruna und ich von der Tour in die
Station zurückkehren. Milagros sitzt im Besprechungsraum der
Tamar-Zentrale, mitten im Visitors Center, wo Touristen die
Tiere bestaunen können. Milagros Lopez stammt eigentlich aus
Uruguay und ist den Meeresschildkröten ebenfalls verfallen.

Die 40-jährige Meeresbiologin und Umweltwissenschaftlerin
forscht seit sieben Jahren über die fünf verschiedenen Spezies, die
in Brasilien vorkommen. Das sind: die Großkopfschildkröte *(Caretta caretta)*, die Grüne Schildkröte *(Chelonia mydas)*, die Lederschildkröte *(Dermochelys coriacea)*, die Kammschildkröte *(Eretmo-
chelys imbriacata)* und die Olivschildkröte *(Lepidochelys olivacea)*.
Milagros Lopez mag die Lederschildkröte am liebsten, sagt sie
mit einem Guten-Morgen-Lächeln. Sie spricht von den Tieren wie
von guten Freunden. Je nach Art können die Schildkröten ein Gewicht von bis zu 800 Kilogramm erreichen und an die 100 Jahre alt
werden.

Als »bedrohte Tierarten« gelten Spezies, deren Bestand ganz oder
in bestimmten Gebieten so weit herabgesunken ist, dass ein Verschwinden der Art zu befürchten steht. Neben vielen Schildkrö-
tenarten sind unter anderem auch der Luchs, der Ozelot, der
Schneeleopard und viele Walfische bedrohte Arten.

Zu den weltweiten Bemühungen zur Rettung bedrohter Arten gehören Nachzuchten in Zoos, die ausgewildert werden. Ein
weiteres Verfahren besteht darin, Lebensräume gefährdeter Arten als Schutzgebiete zu deklarieren. Lange galt zum Beispiel
der afrikanische Elefant als bedrohte Tierart. Der internationale

Bruna Canal markiert und sichert die Nester der Meeresschildkröten.

Handel mit Elfenbein führte in vielen afrikanischen Ländern in den 1980er-Jahren zu einem dramatischen Rückgang der Bestände. In Ost- und Zentralafrika wurden bis zu 62 000 Tiere jährlich getötet.

Um die Population zu schützen, hat die internationale Gemeinschaft 1989 den Afrikanischen Elefanten auf Anhang I des Washingtoner ArtenschutzübereinkommenS gelistet und den kommerziellen Handel mit Elfenbein verboten. In Ostafrika nehmen die Bestandszahlen seither wieder stetig zu, es gibt dort einige Hunderttausende Tiere. Allerdings hat in den vergangenen Jahren auch wieder die Wilderei zugenommen. Der Elefant bleibt in Gefahr. Auch die Eisbärbestände waren bis zum Jahr 1965 auf rund 8000 Tiere weltweit geschrumpft. Eisbären leben innerhalb des nördlichen Polarkreises und der angrenzenden Landmassen. Es gibt 19 anerkannte Teilpopulationen und ihre Anzahl wird heute dank intensiver Schutzprogramme und Jagdverbote auf 20 000 bis 25 000 geschätzt. Die Population gilt entgegen vielen Presseberichten wieder als stabil.

Die Kegelrobbe gehörte ebenso zu den bedrohten Arten. Auch in ihrem Fall haben Schutzprogramme zur Rettung geführt. Robben waren zu Beginn des vergangenen Jahrhunderts an der gesamten Ostseeküste verbreitet, es waren weit über 100 000 Tiere. Innerhalb von wenigen Jahrzehnten wurde die Art in der südlichen Ostsee nahezu ausgerottet. Anfang der 1980er-Jahre waren es nur noch 2500 Tiere. Anfang 2015 wurden allein in der nördlichen Ostsee wieder 24 000 Tiere gezählt. Wiederansiedelungsprogramme, etwa vom WWF, führen auch an der deutschen Ostseeküste zu einem stetigen Anstieg der Population. So wurden jüngst allein am Greifswalder Bodden wieder rund 75 Kegelrobben gezählt.

Ich interessiere mich sehr für das Thema und deshalb weiß ich: Die Schildkröten sind nicht die einzige bedrohte Art. Wenn wir Menschen so weitermachen, werden immer mehr Spezies aussterben.

»Wie seid ihr so erfolgreich geworden?«, will ich wissen.

»Wichtig für den Erfolg unseres Naturschutzprojektes war von Anfang an, die lokale Bevölkerung mit einzubinden. Die Fischer sind dabei die Schlüsselfiguren«, sagt Milagros Lopez.

Da gibt es zum Beispiel Antonio Mendes Vieira. Ich lerne den 41 Jahre alten Mann bei meiner morgendlichen Tour mit der Biologin Bruna am nächsten Tag kennen. Er ist einer der rund 300 Fischer, die Tamar zum *tartarugeiro* gemacht hat, zum »Schildkrötenwächter«. Anfangs war das Verhältnis von Tierschützern und Fischern eher von Unverständnis und Misstrauen bestimmt.

»Welches Verhältnis hattet ihr Fischer damals zu den Tieren?«, frage ich ihn.

»Wir haben die Schildkröten eben gejagt und gegessen«, sagt Mendes Vieira, bei dem ich nicht genau weiß, ob er schüchtern oder wortkarg ist.

Die Tiere seien ohne Zutun in den Netzen der Fischer gelandet und die Weibchen ließen sich leicht einfangen, wenn sie ihre

Eier am Strand ablegten. Schon die Indios hatten die Tiere »gejagt« – lange, bevor die portugiesischen Eroberer nach Brasilien kamen.

Antonio Mendes Vieira hilft Bruna Canal dabei, den Strand zu überwachen. Er gräbt die Eier aus und bettet sie um, wenn sie an ungünstigen Orten vergraben wurden, zum Beispiel in der Nähe von Strandhotels, wo Badegäste und die Nachtbeleuchtung stören. Und er hat ein Auge darauf, dass sich seine Fischerkollegen an das Fang- und Verzehrverbot halten. »Wir haben eingesehen, dass wir die Tiere schützen müssen, wenn wir nicht wollen, dass irgendwann keine mehr da sind«, sagt er. Die Tartarugeiros werden für ihre Arbeit von Tamar entlohnt. Allerdings können auch sie nicht verhindern, dass weiter draußen auf hoher See Tausende Schildkröten in den Netzen der Industriefischer landen.

»Unsere Mitarbeiter gehen auch an die Schulen und lehren die Kinder den Umgang mit den Schildkröten und die Bedeutung von Ökologie im Allgemeinen«, sagt Bruna. Das haben mir auch ihre Kollegen im Projekt stolz erzählt. Einige dieser Kinder würden später Tamar-Mitarbeiter. 400 Festangestellte zählt das Projekt derzeit. Es finanziert sich durch Spenden, staatliche Gelder und ein Sponsoring durch den brasilianischen Erdölförderer Petrobras, der auch vor der Küste Bahias noch Bohrinseln unterhält. Vielleicht will das Unternehmen durch solches Sponsoring sein Gewissen reinwaschen, schließlich sorgt es selbst für eine Menge Umweltverschmutzung und es ist sicher gut fürs Image.

60 Prozent der Einkünfte der Naturschutzorganisation werden in Maßnahmen zum Erhalt der Arten investiert. Auch das Besucherzentrum, wo noch weitere Meerestiere wie Rochen und Haie in Schwimmbecken zu besichtigen sind, sowie Merchandising-Produkte bringen zusätzliche Einnahmen. Kunsthandwerk, T-Shirts, Stofftier-Schildkröten, Teetassen und weitere Souvenirs kann man in Brasilien in elf Shops kaufen. Sämtliche Produkte sind mit dem Tamar-Logo versehen.

Das funktioniert nicht anders als beim FC Bayern. Und zur Fußball-WM machten die Naturschützer die höchsten Umsätze in ihrer Geschichte. Jeder wollte ein Stück Schildkröten-Kult mit nach Hause nehmen.

Aber auch beim Naturschutz wird mehr getan als Eiersammeln und Gelege bewachen. Tamar arbeitet auch an wissenschaftlichen Studien. Die Biologen forschen zu den Schildkröten, sammeln Daten, studieren ihr Verhalten.

»Was habt ihr herausgefunden?«, will ich am Nachmittag von Milagros Lopez wissen. Ich will noch ein bisschen bleiben, mehr über Tamar erfahren und gerne noch ein paar Baby-Schildkröten schlüpfen sehen.

»Es besteht kein Zweifel, dass der Klimawandel schon jetzt Folgen zeitigt. Es werden mehr Weibchen als Männchen geboren, je wärmer der Sand ist«, sagt Milagros. Das hätte zur Folge, dass es immer weniger Männchen gäbe und damit auch weniger Fortpflanzung.

An das Besucherzentrum angegliedert ist auch eine Krankenstation für verletzte Tiere. In zehn kleinen und fünf großen Becken werden sie aufgepäppelt, tote Schildkröten seziert.

»Wir wissen noch gar nicht genug über die fünf Spezies«, sagt Milagros noch.

Bei der nächsten gemeinsamen Patrouillenfahrt drehen die Räder von Bruna Canals Jeep durch. Sie lässt etwas Druck aus den Reifen und probiert es noch einmal, kommt mühsam vom Fleck. Bruna hat eben noch mit dem Fischer Antonio Mendes Vieira Schutznetze über ein paar Nester gelegt. Es gibt Strandabschnitte, an denen Füchse die Eier ausgraben, knacken und dann die ungeschlüpften Schildkröten fressen. Auch diese natürlichen Fressfeinde gefährden die Population.

»Meinst du, das reicht alles, um sie zu schützen?«

»Hoffen wir, dass in den nächsten Tagen noch alle Nester da sind«, sagt Bruna. Eine Stunde später verabschieden wir uns voneinander.

Morgen um fünf wird sie wieder losfahren. Sie sagt, es gebe keinen schöneren Moment, als zu sehen, wie die frisch geschlüpften Babys ins Meer krabbeln. Eine von tausend Schildkröten wird ein langes Leben haben. Dafür lohnt sich die ganze Arbeit.

Kapitel

21

Kämpfen, tanzen,
springen

Noch am Abend bin ich wieder mit dem Bus zurück nach Salvador gefahren. Die Arbeit der Angestellten von Tamar hat mich beeindruckt. Da heißt es immer, Brasilien wäre auf vielen Ebenen noch ein Entwicklungsland. Aber was den Tier- und Umweltschutz angeht, hat sich zumindest dieses Projekt als vorbildlich erwiesen. Ich checke wieder im gleichen Hotel im Stadtteil Rio Vermelho ein. Es ist günstig und sauber und besser als manch eines, in dem ich sonst schon in Brasilien abgestiegen bin. Ich gehe schlafen und denke an die Schildkröten.

Der Morgen darauf beginnt mit einem Fußtritt. Schon frühmorgens habe ich mich mit dem Bus in die historische Altstadt von Salvador aufgemacht. Dort laufe ich die Paar Meter zum Vorplatz der großen Kathedrale. Mestre Makaku reißt das Bein hoch und lässt es mit einer kreisenden Bewegung in Richtung des Kopfs seines Gegners hochschnellen. Der duckt sich im letzten Moment und taucht wie ein Surfer unter einer hohen Welle unter dem Angriff weg, tänzelt dabei hin und her, weicht zurück und kontert dann mit einem schnellen Gegenangriff. Aber auch dieser Tritt verfehlt sein Ziel: Mestre Makaku sitzt längst in der Hocke und dreht sich um die eigene Achse wie ein Breakdancer.

Ich habe selbst lange Karate gemacht und es bis zum braunen Gurt gebracht. Aber was die Beweglichkeit und Schnelligkeit dieser Kämpfer angeht, hätte ich selbst in meiner aktiven Zeit nicht mithalten können. Capoeira lebt von der Technik und – noch wichtiger – davon, dass die Athleten beweglich sind wie Gummi.

Die Außentemperatur ist schon auf über 25 Grad gestiegen. Es ist heiß an diesem Morgen in Pelourinho, der historischen Altstadt von Salvador, die zum UNESCO-Weltkulturerbe zählt. Eine leichte Brise weht vom Atlantik auf den großen Platz vor der Kathedrale herüber und streichelt die Haut, wie der Wind eines Ventilators auf Mittelstufe. Ein paar Touristen bleiben neben der Gruppe von Kämpfern stehen, holen ihre Kameras aus den Fototaschen und knipsen drauflos. Danach legen sie Geldscheine in die Strohhüte, die auf dem mit groben Steinen gepflasterten Boden liegen. Wahrscheinlich sind die Zuschauer froh darüber, dass sie selbst gerade keinen Sport machen müssen. Aber Mestre Makaku und seinen Mitstreitern macht die Hitze nichts aus.

»Wir kämpfen auch noch bei über 40 Grad. Capoeira ist unser Job. Und unser Stolz«, sagt Mestre Makaku, nachdem ich ihn gefragt habe, ob das nicht zu anstrengend sei. Dieser Stolz gilt einer langen Tradition. Capoeira ist die Kampfkunst, die afrikanische Sklaven in Brasilien entwickelt haben, als ihnen das Kämpfen von ihren Herren verboten war. Man könnte sagen, dass diese Kampfkunst wie eine Art trojanisches Pferd in die brasilianische Gesellschaft Einzug hielt.

Im 16. Jahrhundert hatten die portugiesischen Kolonialherren begonnen, Sklaven als Arbeitskräfte ins Land zu holen, um sie vor

allem auf den Zuckerplantagen im Nordosten des Landes einzu-
setzen. Später wurden die »Zwangsarbeiter« im 16. und 17. Jahrhundert auch im Gold- und Diamantenabbau um Minas Gerais
eingesetzt. Die Sklaverei ist schon lange Geschichte, Capoeira inzwischen aber ein sehr beliebter Kampfsport – nicht nur in Brasilien. Capoeira ist bis heute Tanz, Kampftechnik, Akrobatik, spie-
lerische Ausdrucksform, ja sogar eine Lebenseinstellung für die,
die es betreiben, denn es geht gleichermaßen um Selbstbeherr-
schung und Entspannung. Wer einmal damit angefangen hat und
dabeibleibt, macht es oft ein Leben lang, denn es kommt nicht auf
Schnelligkeit oder Erfolg bei Turnieren an, sondern darauf dass
man die Übungen mit Freude macht.

Es ist Mittag. Mestre Makaku und seine fünf Kameraden sind
fertig mit ihrer Show. Obwohl er schon über 50 ist – sein genaues
Alter will er nicht verraten –, hat er auch im Kampf gegen die jungen Männer gut mithalten können.

»Wie lange kann man diesen Sport auf hohem Niveau ausüben?«

»Capoeira kennt kein Alter. Ich reife. Und mit mir reifen meine Fähigkeiten«, sagt Mestre Makaku. Mestre steht im Capoeira
für Meister, den Titel kann man nur von einem anderen Meister
verliehen bekommen. Dafür muss man lange Zeit trainieren und
ein hohes Level erreicht haben. Auf Portugiesisch bedeutet Makaku Affe. Und tatsächlich erinnern Mestre Makakus anmutige,
aber auch kräftige Bewegungen an die eines ausgewachsenen Gib-
bons, der sich behände von Baum zu Baum bewegt.

Heute sind 160 Reais, umgerechnet rund 40 Euro, zusammen-
gekommen, die die Schaulustigen den Athleten bereitwillig ge-
spendet haben. Das Geld wird gerecht geteilt. Die Männer leben
von diesen Einnahmen. Wenn nur wenige Touristen in der Stadt
sind, wird es manchmal knapp. Jetzt gehen Mestre Makaku und
die anderen nach Hause. Für heute haben sie sich genug veraus-
gabt. Gegen Abend werden sie trainieren, dabei aber unter sich

bleiben. Und morgen um neun Uhr werden sie wieder in die Altstadt kommen und ihre Schaukämpfe zeigen.

Mestre Makaku bezeichnet seine Stilrichtung als »Capoeira
der Straße«. Damit drückt er aus, dass sich seine Kollegen und er
an kein strenges Regelkorsett halten – sie verwenden alle Techniken, die es beim Capoeira heute gibt. Wo darin der Unterschied zu
anderen Capoeira-Kämpfern liegt?

»Wir sehen uns als Vorreiter eines neuen Kampfstils im Capoeira. Vielleicht zeigen wir hier die Zukunft dieses Sports. Wir
sind schon einen Schritt weiter«, sagt er und grinst dabei ein wenig
selbstgefällig.

Was wirklich die Zukunft des Capoeira ist, lässt sich nur
schwer abschätzen, denn es gibt so viele Ausprägungen. Allge-
mein werden aber die beiden großen Stilrichtungen »Angola« und
»Regional« unterschieden. »Angola« ist der Überbegriff für das
traditionelle Capoeira, das die afrikanische Herkunft betont. Es
ist langsamer und tänzerischer, weniger effektiv als Kampfsport,
dafür aber eleganter. Im Capoeira »Regional« sind modernere
Formen der Kampfkunst zu sehen. Es schließt Techniken aus anderen Kampfkunst-Sportarten wie Jiu-Jitsu oder Ringen mit ein
und ist erst in den 1970er-Jahren entstanden.

Seinen Ursprung hat das Capoeira aber in westafrikanischen
Kampfkünsten, Tänzen und Kulten, die die nach Brasilien ver-
schleppten Sklaven mitbrachten. Im 18. Jahrhundert wird Capoeira zum ersten Mal in der Literatur erwähnt. Es entwickelt sich
als Kampf- und Selbstverteidigungskunst der Sklaven, die keine
Waffen tragen durften. Die Musik, die zum Capoeira bis heute
gehört wie die Fangesänge zum Fußball, und auch das Tänzerische sollten die weißen Herren in die Irre führen. Sie durften auf
keinen Fall erfahren, dass hier eine effektive Art der Selbstvertei-
digung entstand.

Nach der Abschaffung der Sklaverei im Jahre 1888 entwickelte
sich die Sportart weiter, vor allem in den Städten Recife, Salvador

und Rio de Janeiro. Zwischen 1889 und 1937 war Capoeira in Brasilien verboten, bis der damalige Diktator Getúlio Vargas es zum Nationalsport machen wollte.

Und das ist Capoeira inzwischen längst geworden. Am Mercado Modelo, einem Souvenirmarkt am Hafen von Salvador, zu dem ich mit einem Aufzug von der Altstadt hinunter zur Strandpromenade gelange, gibt es eine runde Bühne, auf der ebenfalls Kämpfer auftreten. Ich schaue kurz zu und schlendere ins Innere des Marktgebäudes. Dort steht Mazinho dos Santos mit verschränkten Armen vor seinem Stand. Der 38-Jährige verkauft hier Musikinstrumente, mit denen man die zum Capoeira passende Musik spielt.

Das wichtigste Instrument ist das *berimbau*: Es besteht aus einem Holzbogen, einer Metallsaite und einem schalenförmigen Klangkörper. Mit einem Schlagstöckchen wird die Saite angeschlagen. Einer der Musiker schlägt mit einer Holzrassel den Takt. Meist sekundiert ein anderer Kämpfer noch mit einem Schellentamburin. Mit diesen Instrumenten wird der Rhythmus vorgegeben, dazu singen die Capoeiristas ihre uralten Lieder, oft sind es Gesänge aus der Sklavenzeit. Mazinho dos Santos hat eine große Auswahl an Instrumenten, vor allem an Berimbaus in verschiedenen Größen.

»Willst du das echte Capoeira sehen?«, fragt er. »Dann komm mich heute Abend besuchen.« Der Ort, wo ich Mazinho dos Santos wiedertreffe, ist eine marode Turnhalle in einer Schule, nicht weit vom Zentrum der Stadt. Hier trainiert der Nachwuchs, wo sonst Schulkinder Bockspringen oder Hallenfußball spielen. Mazinho und sein Bruder Nego Topazio, beide 40 Jahre alt, sind die Übungsleiter. Die Schüler liegen gerade kreuz und quer barbrüstig auf blauen Gummimatratzen und halten sich in verschiedenen Würgegriffen in Schach – das Training beginnt heute mit Jiu-Jitsu. Eine defekte Neonröhre an der Decke flackert wie ein Stroboskop, Mazinho versucht, sie mit einem Besen wiederzubeleben.

»Wenn ihr den Gegner erst einmal am Boden habt und ihr auf ihm liegt, dann ist der Kampf schon halb gewonnen«, schreit Mazinho. Zudem, so erklärt er weiter, sei es sehr effektiv, dem am Boden Liegenden die Luft abzudrücken, bis er schließlich aufgebe. Was das mit Capoeira zu tun hat?

»Wir betreiben hier Capoeira Regional und versuchen, uns ständig weiterzuentwickeln. Wem das zu fortschrittlich ist, der braucht nicht zu uns zu kommen.« Mazinho fand meine Frage wohl zu provokant.

Dann wird es still, der Meister betritt den Raum. Mestre Olavo schlurft mit einem Berimbau unter dem Arm auf die Gruppe zu und grüßt. Damit ist die Jiu-Jitsu-Einlage zu Ende. Die Schüler ziehen sich nun die für das Capoeira typischen Trainingshosen aus Baumwolle an.

Mestre Olavo ist 71 Jahre alt. Er hat 28 Kinder mit sechs Frauen, acht Töchter und 20 Söhne; Mazinho und Nego sind zwei von ihnen. »Wie sagt man Liebe machen auf Deutsch? So umgangssprachlich, meine ich«, ist dann auch seine erste Frage an mich, und er lacht dabei in sich hinein wie ein kleines Kind, das sich gerade über einen unflätigen Witz freut, von dem es nicht so genau weiß, ob er nun einen Schritt zu weit gegangen ist.

Nachdem die Frage geklärt ist – Mestre Olavo hat mit einem Kugelschreiber das entsprechende Wort auf einen Notizzettel geschrieben –, wendet er sich den jungen Kämpfern zu: »Wir zeigen unserem Gast jetzt gleich, wie schön Capoeira ist, aber zuerst, das wisst ihr, machen wir uns warm!«

Olavo schaut mich scharf an, allerdings nur aus dem rechten Auge, das linke hat er verloren, als ihm einmal nach einem Schlag der eigene Arm ins Gesicht gestoßen wurde. Natürlich trauerte er um seine halbe Sehkraft, aber für ihn ist auch klar: Er hat sein Auge für die wichtigste Sache in seinem Leben verloren. Hätte er das Auge beim Sex verloren, wäre das viel tragischer gewesen, sagt Olavo und giggelt dabei wieder herum.

Das Aufwärmen sieht um einiges spektakulärer aus als bei anderen Sportarten. Man fragt sich fast, ob diese Art nicht die Gefahr von Verletzungen sogar fördert, statt sie zu minimieren. Die Jungen stellen sich in einer Reihe auf und einer nach dem anderen nimmt Anlauf, um kurz vor den blauen Matten abzuheben und zum Sprung anzusetzen.

Hier sieht man, wie artistisch Capoeira tatsächlich sein kann. Sie zeigen Vorwärts- und Rückwärtssaltos, Sprungtechniken mit gestrecktem und angewinkeltem Bein, Drehungen in der Luft, die mit einem Beinstoß enden. Je länger die Aufwärmphase dauert, desto mehr trauen sich die Athleten zu. Ein Schüler, der mit zwölf Jahren schon die Bauchmuskulatur eines Models für Herrendüfte hat, zeigt einen Radschlag ohne Arme, ein anderer sogar einen auf dem Kopf.

Schließlich finden sich die Kämpfer in der *roda* zusammen, sie bilden einen Kreis, in dessen Mitte je zwei Mann gegeneinander antreten. Die Roda ist der Höhepunkt, in der immer Capoeiristas zusammenkommen. Mestre Olavo gibt mit seinem Berimbau den Rhythmus vor, der Rest stimmt ein und singt die alten Lieder mit. Zeile für Zeile, es kommt hier nicht darauf an, ein begnadeter Barde zu sein, vielmehr muss der Text mit Inbrunst in die Welt hinaus geschmettert werden:

»Avisa meu mano, avisa meu mano
Avisa meu mano, capoeira mandou me chamar
Capoeira é luta nossa, da era colonial
É nasceu foi na Bahia, Angola e Regional.«

»Sag es meinem Bruder, sag es meinem Bruder.
Sag es meinem Bruder, Capoeira hat mich gerufen.
Capoeira ist unser Kampf, aus der Kolonialzeit.
Es ist geboren in Bahia, Angola und Regional.«

Irgendwann tritt der Kleinste gegen den Größten an: Zarias, zehn Jahre alt und schmächtig, steht vor dem 16-jährigen Gabriel, 1,90

Meter groß, dieser Kampf wird eine klare Sache sein. Wichtig fürs Capoeira ist, dass man dem Gegner immer die Chance gibt auszuweichen; die Schläge und Tritte werden immer nur angedeutet und nicht durchgezogen, weshalb der Sport von so vielen fälschlich aufs Tänzerische reduziert wird.

»Wie effektiv ist das Ganze?«, frage ich in die Runde.

»Mit den Bewegungen gewollt nicht zu treffen ist noch schwieriger, als sie voll auszuführen. Bei uns zählt Körperbeherrschung mehr als bei anderen Kampfsportarten«, sagt Mestre Olavo und spielt weiter sein liebstes Berimbau, 41 Jahre besitzt er es schon. Oft wollten es ihm Sammler für mehrere Tausend Euro abkaufen, »aber das wäre, als würde ich meine Seele verkaufen«, sagt Olavo, »dieses Berimbau geht entweder irgendwann kaputt oder ich nehme es mit in den Sarg.«

Der kleine Zarias kommt mit einem Radschlag ins Innere des Kreises, Gabriel tut es ihm gleich, als seien die beiden Artisten in einer Zirkusmanege. Gleich legt Gabriel, der Hüne, mit einem Drehschlag vor, einer sogenannten *armada*. Zarias ist nicht groß, er kann sich leicht ducken, geht zurück in den Grundschritt, bei dem die Kämpfer hin- und hertänzeln. Oder vor und zurück.

Dann geht er einen Schritt nach vorne und deutet einen Fußfeger an, *rasteira* genannt. So geht es weiter, Angriff und Verteidigung immer im Wechsel und mit großer Vorsicht, den Gegner nie richtig zu berühren, aber trotzdem dem Treffer möglichst nahe zu kommen. Drehschläge, Kopfstöße, Hämmer an die Kinnlade, Beinscheren – die beiden ungleichen Kämpfer zeigen, was sie können. Und auch für den Rest der Truppe ist dieser Kampf der spektakulärste. Sie singen und klatschen und feiern die beiden Athleten, als träten sie gerade als Gladiatoren auf.

Nach dem Kampf zwischen Zwerg und Riese ist die Runde vorbei, die Sportler verabschieden sich und gehen nach Hause. Morgen wird wieder trainiert. Mazinho dos Santos ist stolz auf das, was die Schüler eben gezeigt haben.

»Wir gehen jetzt zu mir nach Hause, damit du mal siehst, wie wir hier leben«, sagt er mit einem Blick, der über jeden möglichen Widerspruch erhaben ist. Auch Mestre Olavo kommt mit ins Haus seines Sohnes. Mit seiner Ex-Frau Maria Luisa dos Santos hat er ein gutes Verhältnis, »aber wir poppen nicht mehr«, sagt er und grinst, weil er sich das deutsche Verb von vorhin schon gemerkt hat.

Fünf Minuten zu Fuß von der Turnhalle geht es in eine Seitenstraße, die bergab in eine kleine Favela führt. Eine schwanzlose Katze läuft über das Gässchen, das hier die Hauptstraße bildet, sie ist mit Autos nicht passierbar. Die Häuser sind bunt angestrichen, es riecht zeitweise streng, aber überall ist Leben; hier spielen zwei weißbärtige Männer Karten, dort hängt eine junge Frau die Wäsche ab.

Einige Brasilianer sind der Meinung, man sollte für eine Favela nicht das Synonym »Slum« verwenden, denn es sei in Brasiliens Armenvierteln so viel Schönes zu sehen und die Alltagskultur so reich. Ich bin da anderer Meinung: Schlussendlich sind Favelas der einzige Ort, an dem es sich viele Brasilianer leisten können zu wohnen. Sie leben dort meist auf engem Raum zusammen, die Arbeitslosigkeit ist groß und die Kriminalitätsrate hoch. Doch es gibt auch hier Unterschiede. Mazinhos Haus hätte ich mir anders vorgestellt: zwei Stockwerke mit Dachterrasse, sieben Menschen leben hier, neben seiner Mutter noch weitere Verwandte.

»Ich habe nicht sauber gemacht«, sagt Maria Luisa dos Santos, die 67 Jahre alt ist. Ihr Sohn Mazinho ist stolz auf das Haus. Von der Dachterrasse aus kann man über die ganze Stadt blicken und sogar im Dunkeln die Wellen des Atlantiks branden sehen. Schon als Kind war Mazinho Capoeirista, lernte emsig bei seinem Vater. Als Jugendlicher probierte er es auch mit Kickboxen, Jiu-Jitsu und Boxen.

»Was gefiel dir am besten?«, frage ich.

»Ich bin immer wieder zum Capoeira zurückgekommen.« Er

würde nie ein böses Wort über Mestre Olavo verlieren, auch
wenn der sicher ein besserer Sportlehrer als ein Vater gewesen ist.

Mazinho ist als Capoeirista von Sportkameraden schon in ihre
Länder eingeladen worden: Er war in Spanien, Frankreich, Argentinien, Paraguay, Bolivien und Peru.

»Deutschland fehlt noch!«, sagt er. Im oberen Stock hat er sich
ein kleines Fitnessstudio eingerichtet mit einer Hantelbank und
einem Zuggerät. Hier trainiert er intensiv seine Muskelpartien.
Mit einem Schritt ist er auf der Dachterrasse, von dort hat er, zwischen leeren Bierflaschen und einem alten Camping-Grill ste-
hend, wieder den Postkarten-Blick auf Salvador. Unterhalb seines
Hauses hört er in den Straßen aber oft Nachbarn, mit denen er
nichts zu tun haben will. Da knallt und rattert es regelmäßig,
wenn sich die Drogenbanden mal wieder bekriegen. Capoeira mache ihn auch stark gegen diese negativen Energien, sagt Mazinho
dos Santos, der jetzt ein wenig klingt wie ein Esoteriker. Es hätte
in seinem Leben auch oft anders ausgehen können, das weiß er. Si-

Salvador vom Boot aus betrachtet:eine Symbiose
aus Hochhäusern und Kolonialbauten.

cher, er verdient nicht viel Geld mit seinem Stand da unten am Mercado Modelo. Aber für das wenige, das er brauche, reiche es.

»Wie bringt dich Capoeira weiter?«

»Capoeira ist positives Denken, Respekt vor dem anderen und der Glaube an sich. Ich meine, dass man mit dieser Einstellung ein gutes Leben führt«, sagt er. Seinem Vater, Mestre Olavo, geht es auch finanziell leidlich. Er verdient rund 3000 Reais (rund 750 Euro) im Monat mit dem Verkauf von Capoeira-Instrumenten, die er selber herstellt. Er hat vor allem Kunden im Ausland und muss sich keine Sorgen machen. »Ich werde die letzten Jahre meines Lebens genießen. Und Capoeira wird immer ein Teil davon bleiben«, sagt er. Mestre Olavo rät noch, bevor er nach Hause geht: »Fahr auf die Insel. Dort gibt es noch weitere Formen von Capoeira. Die musst du sehen.«

Ich nehme das als Bestätigung für einen Plan, den ich schon länger mit mir herumtrage. Ich packe im Hotel wieder einmal meinen Rucksack und lege mich schlafen. Am Morgen werde ich nach Morro de São Paulo übersetzen. Dieser Ort liegt auf einer Insel, die einer meiner absoluten Lieblingsplätze in ganz Brasilien ist, vielleicht sogar mein Favorit. Sie heißt Ilha de Tinharé und ist zwei Stunden mit dem Schnellboot von Salvadors Hafen entfernt. Morro de São Paulo ist ein ehemaliges Fischerdorf. Mittlerweile gibt es dort viele Touristen, denn es gibt keine Autos, kaum Kriminalität und keinen Ärger. Kurz nachdem ich in dem kleinen Hafen angekommen bin, frage ich mich durch. Ich habe noch nicht einmal eine Unterkunft, darum will ich mich erst später kümmern und finde mein Ziel prompt.

In einer kleinen offenen Halle, direkt an der Strandzeile, gibt Mestre Carlito Unterricht. Man merkt, dass hier alle entspannter sind. Er ist 48, vereint Capoeira Angola und Regional beim Unterricht seiner Gruppe. Seine fünf Kinder trainieren ebenfalls mit. Die Schüler üben gerade, aus dem Grundschritt heraus ein Rad zu schlagen. Ein Mädchen scheitert dabei wiederholt, sie plumpst jedes Mal auf ihren Po. Sie sieht europäisch aus und scheint nicht von hier zu sein, wohl eher ein hoffnungsloser Fall, so ungelenk und ohne jede Grazie. Aber sie macht tapfer weiter und versucht es immer wieder. Mir ging das bei vielen Sportarten genauso. Wenn ich daran denke, wie unbegabt ich immer beim Turnen im Schulunterricht war – ich habe mich jedenfalls nicht so angestrengt wie sie, sondern meine Defizite als gegeben angesehen und schneller aufgegeben.

Für Mestre Carlito ist das Meditative beim Capoeira wichtig: »Das ist ein Sport, der wie eine Entspannungstherapie wirken kann«, sagt er. Sie schaffe es, hier ihre große Nervosität und Anspannung abzulegen, sagt auch Vera Lucia de Sousa. »Ich bin hier in drei Monaten ein anderer Mensch geworden.« Auch bei ihrem Job – sie arbeitet als Rezeptionistin in einem Hotel – sei das den Chefs schon aufgefallen.

Die 24-jährige Vera lebt erst seit Kurzem auf der Insel. Sie ist sehnig und hat kein Gramm Fett an ihrem Körper, sie vereinigt perfekte Technik und Schnelligkeit. Auch Mestre Carlito ist voll des Lobes, Vera sei ein ganz großes Talent. Sie schlägt ein Rad und gleitet darauf in die Verteidigungshaltung. Sie hat etwas von einem Bondgirl, natürlich einem, das auf der richtigen Seite steht. Ihre Reise hat längst begonnen.

Kapitel

22

Dollar für Doraden

era, das Bondgirl, ist es auch, die mir von der Nachbarinsel Boipeba erzählt: »Willst du die traditionellen Fischer treffen, dann geh' dorthin.« Sie sagt mir auch, dass Boipeba sehr verschlafen sei. Dass die Insel heute so ist, wie die Ilha de Tinharé vor 20 Jahren war, bevor der Tourismus Einzug hielt. Das macht mich neugierig. Sosehr ich Morro de São Paulo und die Ilha de Tinharé auch schätze – Boipeba klingt wie ein Platz, den ich neu entdecken sollte.

Ich steige also noch am selben Tag in ein Boot, das die beiden Inseln verbindet. Einmal am Tag hin und zurück. An Bord bin ich schnell in Gedanken versunken, während ich den Diesel rieche und zum Rhythmus des tuckernden Motors mit den Fingern schnipse. Ich liebe Bahia!

Auf Boipeba angekommen, frage ich Einheimische in einer Strandbar nach den Fischern der Insel und die schicken mich zu

Adilton, den ich nicht lange suchen muss. Ich finde ihn fischend am Strand, was sonst. Ich muss nur ein paar Dutzend Meter gehen, meine Schlappen ausziehen und zu ihm ins seichte Wasser waten. Ich merke, dass das gerade nicht der Moment ist, um zu reden. Also beobachte ich ihn und warte.

Wenn Adilton de Ferreira Marques sein Netz auswirft, hat das etwas Andächtiges. Er ist konzentriert, steht knietief im Meer, legt sich das Netz über die Schulter, holt aus, um es schließlich mit aller Kraft geschickt über den Kopf ins Wasser zu schleudern. Das Netz sinkt schnell, greift nach den Fischen am seichten Grund, aber als Adilton es wieder einholt, ist das Netz leer.

»Ich würde dich gerne interviewen«, sage ich gerade so laut, dass meine Stimme mit dem Geräusch der landwärts schwappenden Welle mithalten kann. Gerade fängt es an zu regnen, als mir Adilton von seiner Arbeit erzählt wie von einem alten, geliebten Freund. Der Strand ist ziemlich verwaist; wer nicht muss, verlässt

Adilton de Ferreira Marques wirft sein selbst geknüpftes Netz aus.

sein Haus heute nicht. Adilton stellt sich vor: »Ich bin 58 Jahre alt, hier rufen mich alle nur Dito.«

»Warum wartest du nicht auf besseres Wetter?«, frage ich.

»Ein Tag ohne Fischen ist für mich kein Tag.«

Die Palmwedel wiegen sich im Wind, aus der nahe gelegenen Strandbar dringen Samba-Rhythmen. Mögen Boipeba und sein Fischerdorf Velha Boipeba Pause machen, Adilton arbeitet weiter. Auch wenn er heute kein Glück hat, wirft er das Netz immer wieder aus, um mir zu zeigen, was er kann.

Der Fischer der älteren Generation macht sich große Sorgen, dass das Pausemachen zum Dauerzustand werden könnte. Die gesamte Insel hat nur rund 3000 Einwohner, die seit ewigen Zeiten vom Fischfang lebten. Erst seit rund zehn Jahren spielt auch hier der Tourismus eine immer wichtigere Rolle – und damit auch das Tauchen, Schnorcheln und Sportfischen.

Das bringt Geld für die Bevölkerung, eine Chance auf Entwicklung und Wohlstand, aber auch Konflikte: Die jungen Männer wollen nicht mehr Fischer werden, sie arbeiten lieber im Tourismus. Der alte Geist geht verloren – Adilton und seine Kollegen fürchten um ihre Traditionen. Doch wer heute noch Fischer wird, geht nicht mehr mit der Zeit, so sehen es die Jungen. Adilton, der sein ergrautes Haar kurz trägt und schlechte Zähne hat, liebt sein Fischerdorf.

»Ich bin hier als kleiner Junge mit meinen Eltern hergezogen. Wo sonst könnte ich wohnen?«, fragt er. Neben dem Fischen am Strand lebt er vom Verkauf seiner selbst hergestellten Netze. Am nächsten Tag sitzt er auf einem weißen Plastikstuhl, knüpft mit einer Akribie und Geduld ein Netz. Adilton hat mich eingeladen, ihn in seinem Haus zu besuchen, das an einer der zwei Hauptstraßen liegt, die das Dorf kreuzen. Um acht Uhr morgens ist Adilton schon bei der Arbeit. Im Hintergrund hört man einen Fußballreporter das Spiel im Fernsehen kommentieren. Bahia Esporte Clube aus Salvador spielt gegen den Stadtrivalen Vitoria. Adilton schiebt seine Brille den Nasenrücken hinauf vor die Augen, wenn er, im Schatten seines Hauses sitzend, mit einer neuen Masche beginnt. Der Anblick erinnert mich – was das konzentrierte Tun betrifft – an meine Mutter, wenn sie einen Pullover strickt.

Aber es kommt immer seltener vor, dass jemand ein neues Netz kaufen will. Denn die jungen Männer haben längst begriffen, dass sie mit weniger anstrengenden Jobs schneller mehr Geld verdienen können. Und sie brauchen dafür noch nicht mal länger zur Schule zu gehen, denn der Tourismus spült ihnen die Kunden direkt an den Strand.

Adilton hat drei Söhne, zwei sind aufs Festland gezogen und haben studiert, einer ist Touristenführer geworden. Wenn er rausfährt mit seinem Boot, tut er das nicht mehr, um Netze auszuwerfen; er zeigt den Besuchern lieber die Natur. Oder er geht mit Touristen zum Sportfischen auf den Ozean. Die Tradition ist den meisten nicht mehr so wichtig und die alten Geschichten, die Männer wie Adilton erzählen, sind ihnen fremd geworden.

»Wie bewahrt ihr denn eure Traditionen?«, frage ich nach.

»Meine Söhne sollen, nein, sie müssen wissen, wie es früher war und dass ihr Großvater der beste Fischer von Boipeba genannt wurde. Er war von allen geachtet«, sagt Adilton und wirkt dabei wie ein Pastor, der auf der Kanzel steht und vergeblich versucht, Zuhörer für seine Predigt zu begeistern. Und wenn schon seine Söhne nicht zuhören wollen, dann bin nun ich an der Reihe.

Sein Vater Roberto Muniz Marques habe 80 Kilogramm Fisch an einem Tag gefangen und einmal sogar zehn Mal so viel. Seine Netze seien immer die vollsten gewesen und der kleine Adilton sei immer frühmorgens mit hinausgefahren, um den Beruf zu erlernen, lange bevor er lesen und schreiben konnte.

Adiltons Vater starb mit 79 Jahren, sein Vermächtnis waren ein paar alte Holzkähne und das Wissen, was man mit ihnen erreichen kann, wenn man nur fleißig genug ist und seine volle Körperkraft einbringt.

Die stolzen Fischer: Wer den dicksten Fisch fängt,
erntet auch den Respekt der Kollegen.

Für mich sind diese alten Geschichten mehr als Seemanns-
garn. Ich versuche mich in die Vergangenheit hineinzudenken, als
ich auf der Veranda des Hostels in einer grün karierten Hängematte hin- und herschwinge. Wie es wohl hier ausgesehen haben mag?
Früh am Morgen, tags darauf, Punkt sechs Uhr, bin ich wach. Adilton schläft noch. Sein Bruder Ataide Miranda Marques – er betreibt ein kleines Hotel am Strand – fährt heute mit mir und einem dänischen Paar zum Sportfischen. Adilton hat das vermittelt
und darauf bestanden, dass ich nichts bezahlen muss dafür. Ich
hatte sofort Lust und gebe jetzt diesem rundlichen, nett lächeln-
den Mann die Hand. Auch die Söhne des 60-jährigen Ataide sind
keine Fischer geworden, er selbst fischt nur noch mit Touristen.
Der Bootsmotor rattert, nachdem ihn Ataide gestartet hat, wie
ein schnell getaktetes Stanzgerät, das Geräusch weckt kein Vertrauen – wenn der Motor ausfällt, treibt das Boot führungslos und
nicht steuerbar auf dem Wasser.

»Aber das ist noch nie passiert. Wir kennen unsere Boote genau. Wir hören, wenn etwas nicht stimmt«, sagt Ataide beruhigend.

Wir fahren die Flussmündung des Rio Negro hinauf. Ataide sucht
den richtigen Spot, an dem wir beim Fischen Glück haben. Er hat
zwar viel Erfahrung, aber auch für ihn ist das immer wieder eine Her-
ausforderung. Er stellt immer wieder den Motor ab. Hier sind die Fische zwar kleiner als auf hoher See, aber dafür sind sie leichter an die
Leine zu bekommen für Anfänger, sagt er zu mir gewandt. Das dänische Paar versteht kein Portugiesisch, aber sie scheinen die Fahrt
jetzt schon zu genießen. Sie grinsen viel, wir unterhalten uns auf Englisch und sind uns einig: Der Trip war eine gute Idee.

Immer wieder macht Ataide den Motor aus, wenn er eine aus-
sichtsreiche Stelle gefunden zu haben glaubt. Er wirft die Fangleine nicht einfach planlos ins Wasser, sondern betreibt »aktives Angeln«, wie es im Sportfischer-Jargon heißt – er sucht den Fisch,
statt zu warten, dass der Fisch ihn sucht.

Und er kennt die richtigen Stellen, um den Anker auszuwerfen. Heute braucht es nicht viel Geduld: Die Dänen und er ziehen
etliche Fische aus dem Wasser, vor allem *dorado*, Barsch, und *sioba*, wie sie hier heißen. Nur mir will kein Fang gelingen.

»Ich war noch nie sportfischen. Es ist eine völlig neue Erfahrung
für mich. Hätte nicht gedacht, dass das so viel Spaß macht. Einen
Fisch zu fangen, das hat so etwas Archaisches«, sagt der 24-jährige
Jakob Grandgean Bamberger, der in Kopenhagen Global Studies
studiert. Seine Freundin Caroline Holt Udesin, 25, nickt zustim-
mend. Die beiden halten sich sonst mit Joggen fit und betonen beide, dass sie Fischen vorher nie als Sport angesehen hätten.

Aber das ist es sehr wohl: Ataide zeigt ihnen, wie man mit dem
großen Fang umgeht. Er hält einen fetten Sioba an der Leine, hat
den richtigen Zeitpunkt zum »Anschlag«, also dem ruckartigen
Zug an der Leine, um den Fisch zu fangen, nicht verpasst.

»Worauf muss man denn achten, wenn man erfolgreich fischen will?«, frage ich etwas irritiert darüber, dass es mir selbst
nicht gelingen will.

»Die Kunst besteht dann darin, ihn jetzt müde zu machen«, sagt Ataide. Er kämpft mit dem Fisch, der, bereits am Haken hängend, in alle Richtungen schwimmt, um seinem Todeslos zu entgehen. Ataide schwitzt, aber er lässt den Sioba nicht entwischen. Zuerst zieht er nur ein wenig an der Leine und gleicht den Zug des Fisches aus. Dann rollt er langsam die Leine auf und holt ihn ins Boot. In Brasilien wird in der Regel nicht mit der Rute gefischt, sondern mit besonders starken Fangleinen, an die Gewichte von 50 bis 200 Gramm gehängt werden.

Nach vier Stunden kehren wir zurück nach Boipeba, vorbei an von Mangroven bewachsenen Flussufern. Ataides Frau bereitet den Fisch in ihrer geräumigen Küche zu, sie macht eine *moqueca* daraus, ein bahianisches Eintopfgericht, das mit Palmöl gekocht wird. Die Dänen sind begeistert. Und ich auch.

Am nächsten Morgen will auch ich mein Glück noch einmal versuchen. Ich fahre mit einem erfahrenen Bootsführer raus aufs Meer, auch den Kontakt hat Adilton direkt am Strand für mich klargemacht. Gilmario Rodrigo dos Santos, 40 Jahre, hat längst begriffen, dass die Zukunft im Tourismus liegt. Er fährt Besucher zu Tauchgängen und zum Schnorcheln. Sein Traum: Er möchte der Erste sein, der auf der Insel Wasserski und Jetski-Fahren anbietet.

Wie er das anstellen will?

»Ich spare gerade Geld, um in dieses Geschäft einzusteigen«, sagt Gilmario. Er wird nicht der Letzte bleiben, der das Potenzial der Insel für Wassersport erkennt. Aber ihm kommt es vor allem darauf an, Pionier zu sein.

Wir fahren los. Aber heute meint das Meer es nicht gut mit uns. Das moderne Motorboot röhrt, kommt aber nur schwer voran. Der Wellengang ist zu heftig. Wir finden keine Ruhe zum Ankern und beschließen, umzukehren und den Törn zum Sportfischen auf den nächsten Tag zu verschieben.

Einige Fischer kombinieren ihren Beruf mit einem Angebot für die Touristen, erzählt mir Gilmaro. Er meint, ich solle einfach mal am Hafen die Männer ansprechen, wenn sie abends von ihren Booten steigen. Ein Handy hat hier keiner. Man trifft sich ja sowieso irgendwann. Delmar Sousa Costa, 35, und sein Kumpel Cristoval Pasos, 38, fahren immer um fünf Uhr morgens los, sagen sie. Ich könne sie begleiten, allerdings sei ich selbst für meine Gesundheit verantwortlich, meinen sie. Ich werde schnell merken, was die beiden meinen.

Delmar ist der Besitzer des alten orange-blau gestrichenen Holzkahns mit Namen »Majulsara«. Er nimmt Touristen mit, wenn er fischen geht, zeigt ihnen seine Arbeit und geht danach mit ihnen sportfischen.

Als Boipeba am Ufer immer kleiner wird und wir immer weiter aufs Meer hinausfahren, merke ich bereits, dass das ein Abenteuer wird – für solche Momente geht man auf Reisen. Heute ist der Wellengang unerbittlich hoch. Das Boot springt übers Wasser wie ein scheues Pferd, die Wellen sind die Hindernisse. Wer sich jetzt nicht festhält, der geht über Bord. Und wer einen empfindlichen Magen hat, so wie ich, der wird schnell seekrank, schwankt wie betrunken über das Deck.

Delmar und Cristoval sind das alles gewöhnt, und auch wenn leider immer wieder mal ein Fischer aus Boipeba ertrinkt, haben sie keine Angst vor der Dünung oder zeigen ihre Angst nicht. Sie fahren jeden Werktag um fünf Uhr morgens und dann noch mal gegen 17 Uhr raus. Vor jeder Fahrt beten sie, bitten Gott und ihren Schutzheiligen Petrus, dass sie heil und mit vollen Netzen heimkehren. So viel Vorsicht gehört dann doch dazu.

Insgesamt gibt es in Velha Boipeba nur noch 30 Männer, die hauptberuflich vom Fischen leben. Im Juni, Juli und August bekommen sie vom Staat Geld bezahlt, damit sie eine Fischpause einlegen, in der sich die Bestände erholen können. Viele streichen das Geld ein und fahren trotzdem noch raus – wer will das auch kontrollieren?

Die Sonne geht auf und erlaubt den Blick auf die hellen Wolken, die sich am Himmel auftürmen und erneuten Regen verheißen. Mein Mund ist trocken von der Seeluft. Es riecht nach Diesel. Delmar und Cristoval hängen zusammen das Schleppnetz aus, das sie zehn Meter nach unten sinken lassen und hinter dem Boot herziehen. Eine Stunde später wird es halb voll sein mit Garnelen, Krebsen, Langusten und Hummern – und mit kiloweise Seetang.

Wenn es schlecht läuft, holen sie je Fahrt 30 Kilo Fisch und Meeresfrüchte aus dem Ozean, bei guten Bedingungen das Doppelte oder sogar mehr. Heute ist kein besonders guter Tag. Delmar, der eine Zahnspange trägt und dessen einziges Kleidungsstück an diesem Tag eine Badehose bleibt, schwört auf den Vollmond: »Da fischen wir immer am meisten aus dem Wasser. Irgendwie sind die Meerestiere da leichter zu überlisten.«

»Warum das?«, frage ich.

»Weil die Fische dann verrückt sind und tanzen«, antwortet er.

Die Männer werfen das Treibnetz aus, das, an einigen Bojen befestigt, im Meer hängt und vor allem zum Fang von größeren Fischen taugt. Die Fischer lassen es für ein paar Stunden treiben, das Wiederfinden ist dank der Bojen für einen, der das Meer gut kennt, kein Problem. Und Delmar kennt das Meer, es ist sein Wohnzimmer und sein Hobbyraum, egal ob das Treibnetz oder die Sandbänke vor Boipeba – er liest die See und weiß, wo er entlangfahren muss.

Dann kommt meine Stunde. Denn das Meer ist auch Delmars Fitness-Gym. Wir fahren weiter aufs offene Meer. Auch wir wollen jetzt fischen. Delmar wirft den Anker, wir bestücken die Angelhaken an den Fangleinen mit je einer Garnele. Das zusätzlich angehängte Gewicht ist 200 Gramm schwer. Es muss schwerer sein als auf dem Fluss, denn die Strömung am Grund des Meeres ist wesentlich stärker.

Ich stelle mich ungeschickt an, ganz wie ich es erwartet habe. Zwar spüre ich ein Zucken, wenn die Fische anbeißen, aber ich reagiere viel zu spät. Wenn ich die Fangleine einhole, baumelt ein nackter Angelhaken vor mir, die Garnele abgefressen. Delmar und Cristoval können sich das Grinsen nicht verkneifen.

»Das geht jedem so, du lernst es schon noch«, versucht Delmar mir Mut zu machen.

»Was soll ich anders machen?«

»Du musst den Fisch verstehen, er redet mir dir.«

Bei ihnen dauert es nicht lange: Sie ziehen vor allem große *cavallas*, Stachelmakrelen, aus dem Wasser, aber auch Sioba, einen Rochen und sogar einen kleinen Hai. Auch sie müssen mit Fischen dieser Größe ringen; wenn sie die Fangleine festhalten, dann dürfen sie nicht lockerlassen. Sie ziehen die Fische erst ins Boot, wenn sie müde geworden sind. Bei jedem Erfolgserlebnis lachen und jubeln sie, freuen sich wie kleine Kinder. Mögen viele den Job zu anstrengend finden – sie lieben ihn.

Schließlich komme ich doch noch zu meinem Erfolgserlebnis. Als ich das Zucken wieder spüre, den »Anbiss«, wie es Angler nen-

Am Ende muss sich der Autor mit fremden Fischen schmücken:
Er ist ein lausiger Angler.

nen, ziehe ich mit Schnellkraft, aber auch Gefühl an der Leine. Jetzt habe ich ihn. Langsam hole ich sie ein, wickle sie um die Trommel, warte wieder einen Moment, rolle weiter. Es ist ein bisschen wie beim Hanteltraining. Und nicht weniger anstrengend. Delmar hat Sorge, dass ich den Fisch noch im letzten Moment verlieren könnte, und hilft mir. Zusammen holen wir den Cavalla an Bord. Am Ende hat er keine Chance. Der Fisch ist fast einen halben Meter lang. Ich bin stolz, aber auch ein wenig beschämt, denn alleine hätte ich es wohl nicht hinbekommen.

Irgendwann ist jedes Abenteuer vorbei. Zurück im Hafen von Boipeba, bringen Delmar und Cristoval ihren Fang in Eimern an Land. Sie haben jetzt keinen Blick für die Strandschönheit, die nebenan über den Sand defiliert, als sei das hier ihr Catwalk, Touristen essen daneben frittierten Sioba-Fisch, eingewickelt in Bananenblätter. Auch für mich wird der Fisch, den ich gefangen habe, jetzt zubereitet und aufgetischt. Meine Erkenntnis des Tages: Fischen ist tatsächlich Sport. Ich werde es wieder versuchen.

Kapitel

23

Sushi made in Brazil

Boipeba war kurzweilig, auch wenn ich spätestens dort beschlossen habe, dass aus mir kein Fischer wird. Ich bin zurück in Morro de São Paulo, dem ehemaligen Fischerdorf auf der Ilha de Tinharé. Wieder bin ich auf ein Boot gestiegen und mein neues Ziel ist zugleich das alte. Diesmal suche ich mir eine schicke Pension aus, mit üppigem Frühstücksbuffet und Meerblick. Normalerweise lege ich auf solche Dinge keinen Wert. Aber diese Insel ist ein magischer Ort, und ich will meinen Aufenthalt genießen.

Aber auch Arbeiten will ich, ein reines Am-Strand-Herumlungern ist nichts für mich. Irgendwie hat mich das Fischerthema gepackt. Gerne möchte ich auch etwas über die Fischer von Morro de São Paulo erfahren. Denn hier ist der Tourismus bereits viel etablierter, was Veränderungen zur Folge hat. Egal, wen ich frage, alle sagen, ich solle nach Báda suchen, der wüsste alles über das alte Handwerk. Irgendwann finde ich ihn. Er sitzt auf einem umgedrehten Kanu am Hafen. Als ich ihn anspreche, ist er zurückhaltend, aber sehr freundlich. Tags darauf treffen wir uns wieder. Als Báda und ich uns ein wenig kennengelernt haben, lädt er mich zu sich nach Hause auf einen Kaffee ein. Er sagt, dass es bei ihm immer guten Kaffee gebe. Und dass er alle meine Fragen beantworten will.

Ich schlage ihm vor: »Báda, ich will dir nicht nur Fragen stellen. Ich würde dich gerne ein paar Tage durch dein Leben begleiten, dich und deinen Alltag kennenlernen.«

»Und dann schreibst du über mich?«

»Ja, Báda. Über dich und was wir zusammen erlebt haben.«

Báda überlegt kurz. Dann sagt er: »Ich hoffe, es wird dir nicht langweilig werden mit mir.«

»Nein, bestimmt nicht. Erzähle mir doch mal, wie sich das Leben hier auf der Insel entwickelt und auch verändert hat«, sage ich. Und mir ist dabei noch nicht ganz klar, dass das genau die Frage ist, die Báda seit Langem umtreibt.

Denn für Báda sind Pflastersteine nicht immer Fortschritt: Mit den Pflastersteinen begann dieses Paradies zu sterben, findet er. Es ist zwei Jahre her, da kamen die Arbeiter in ihren blauen Anzügen auf die Insel und klopften und klopften die Steine in den Boden, bis aus Sandpisten feste Straßen und Gassen geworden waren. Viele *nativos*, Ureinwohner, ja, so nennen sie sich hier stolz, protestierten, aber es half nichts – niemand hält den Fortschritt auf, bekamen sie gesagt.

Der Fortschritt hatte schnell menschliche Gesichter: Heute laufen an jedem Abend Frauen in Cocktailkleidern mit ihren hohen Hacken über die Straßen, Kinder rollen mit Skateboards den beleuchteten Marktplatz entlang. Was so ein paar Steine ausmachen.

Unten am Hafen klatschen die Wellen gegen die Kaimauer. Der Tag schmeckt nach Meersalz und Müßiggang unter einem

wolkenverhangenen Himmel; die Lastenträger dösen in ihren
Schubkarren, mit denen sie gleich die Koffer der Reisenden und
andere Güter in die kleinen Herbergen fahren werden. Alle warten auf den nächsten Katamaran, der neue Besucher für die Insel
ausspuckt. Um zwölf soll er kommen. Planmäßig.

Auch Báda hat protestiert, als sie ihm seine Sandwege nah-
men, er scharte die anderen Fischer um sich, protestierte lautstark bei den Vertretern der Inselverwaltung, zumindest durften
die nicht denken, dass die *nativos* weiter alles mit sich würden machen lassen. Vom Balkon seines Hauses kann Báda den ganzen
Marktplatz überblicken; mit freiem Oberkörper steht er da, seine
grauen Brusthaare zittern in der Meeresbrise. Báda ist klein und
sehnig, seine Zehen kurz und knubbelig, in seinem Lächeln klaf-
fen Zahnlücken und er sagt, dass er Schuhe hasse.

»Warum?«, frage ich.

»Ich habe noch nie welche getragen, nicht mal Badelatschen.
Ich brauche keine.« Noch nicht einmal Badelatschen! Das würden
nicht viele Brasilianer von sich sagen, wo sie doch ihre Ginelas aus
Gummi gewöhnlich so lieben. Bádas Hautfarbe ist zu hell, um als
Schwarzer, aber zu dunkel, um als Weißer durchzugehen. Mit seinen 61 Jahren gehört Báda zu den Alten auf der Insel. Er ist hier
geboren, wuchs hier auf, als die Häuser häufig noch keine Türen
hatten und die wenigen Türen keine Schlösser. Alle grüßen ihn
und er grüßt alle.

»Hallo, mein Bruder!«, ruft er einem Vorbeigehenden vom Balkon aus zu, als wir dort zusammensitzen.

Und »Du bist mein Stein!« einem anderen, womit er sagen will:
Auf dich kann ich zählen!

Báda hat einen Lieblingssatz, den er oft für sich und andere re-
zitiert: »Wie schön ist es, hier zu leben – für den, der es zu schätzen weiß!« Aber es gibt auch neue Nachbarn und es scheint, als
würden viele davon die Insel auf eine Art zu schätzen wissen, die
Báda nicht gefällt.

So wie Felipe Vilani, den ich schon vor ein paar Tagen zufällig am Strand kennengelernt habe. Eigentlich war mir gleich klar, dass die beiden in einem Theaterstück Antagonisten wären. Wahrscheinlich ist es ihnen selbst nicht bewusst. Sie kennen sich. Sie respektieren sich. Aber sie wollen das diametral Entgegengesetzte.

Vilani wohnt erst seit anderthalb Jahren auf der Ilha de Tinharé, der Heimat von Báda. Die Insel hat rund 11 000 Einwohner, so genau weiß es niemand, denn es werden ständig mehr. Und der Zustrom bringt Veränderungen. Jedenfalls ist die Einwohnerschaft zahlenmäßig größer als die der Nachbarinsel Boipeba. Die Inselverwaltung nennt die Veränderungen Fortschritt, die schöne neue Welt der Ökonomie, die Alteingesessenen wie Báda sprechen von Invasion. Es ist ein Widerstreit zwischen diesen beiden Polen, der keinen Kompromiss duldet. Für beide Parteien gilt nur das eine oder das andere, bewahren oder erneuern.

Felipe Vilani streichelt, nachdem ich auch ihn gefragt habe, ob ich ihn wohl für die nächsten Tage würde begleiten dürfen, über die Köpfe seiner Pflanzen, als seien sie Haustiere. Im Garten eines Hotels hat er ein System aus Wasserrohren gebaut, in die er Löcher gebohrt hat, um Erdbeeren, Tomaten und Kräuter zu züchten. Die Wurzeln der Pflanzen reichen ins Wasser, es ist kein Humus nötig, damit sie wachsen, denn der geschlossene Kreislauf wird auch durch einen Teich mit Buntbarschen geleitet; mit ihren Ausscheidungen sorgen sie für die Nährstoffe.

Es ist tatsächlich ein geschlossener Kreislauf, jedenfalls für Felipe Vilani, denn er investiert, um später zu ernten. Er ist halb so alt wie Báda, der Fischer, und stammt aus dem reicheren Süden Brasiliens, dort, wo es Geld gibt für Bildung und Innovationen. Er hat Aquaponik in seinem Biologiestudium kennengelernt, eine Wissenschaft, die Aquakultur und Hydroponik verbindet zur Aufzucht von Fischen und Nutzpflanzen; in Neuseeland hat er als Student im Praktikum Krabben und Muscheln gezüchtet. Ein Mann, der lange gelernt hat, um zu machen, was er tut.

Vilani glaubt, dass Aquaponik und Aquakultur auch die Zukunft für Morro de São Paulo und seine Fischer sind. Er glaubt,
dass sie von ihm lernen müssen, Fische, Garnelen, Tintenfische
und Muscheln nicht mehr einfach aus dem Meer zu holen und zu
verkaufen. Vielmehr gehören sie gefangen und dann weiter aufge-
züchtet, quasi gemästet, damit sie mehr Ertrag bringen. Größer,
fetter, teurer – Vilani ist ein Anhänger der Gewinnmaximierung.

»Was ist dein Ziel?«, frage ich ihn.

»Morro schläft! Ich will es aufwecken, hier gibt es Potenzial
für vieles. Die Leute können nichts für ihr Unvermögen«, sagt
Vilani.

Er weiß, dass er ganz langsam vorgehen muss, Fisch für Fisch
sozusagen, er sollte sich keine Feinde machen. Mittlerweile grüßen auch ihn die meisten Einheimischen, wenn sie an ihm vorbei-
laufen, er ist auf dem Weg in ihre Mitte. Auch Báda kennt und
schätzt ihn, wie gesagt.

Kurz nach Mittag – der Katamaran ist angekommen. Bleich-
häutige Europäer und Besucher aus den wohlhabenderen Regionen Brasiliens schleichen durch das Tor am Hafen, sie zahlen ihre
Kurtaxe, trinken in großen Schlucken ihre Softdrinks. Sie kommen mit voller Reisekasse. Báda aber trinkt zu Hause den zweiten
Kaffee des Tages. Im Stehen, denn er sitzt nicht gern.

»Warum bist du immer so hibbelig?«, will ich wissen, ohne dabei genervt zu sein.

»Ich muss mich immer bewegen. Wenn ich mich einmal nicht
mehr bewege, bin ich tot.«

Es gibt nur eine Lebenslage, in der es Báda vorzieht zu sitzen:
Wenn er mit seinem hellblau gestrichenen Holzkanu zum Fischen
rausfährt. Denn schon mit drei Jahren lernte Báda schwimmen,
mit fünf warf er das erste Mal mit seinem Vater die Netze aus; als
er gerade zwölf geworden war, starb der Vater und Báda wurde
zum Versorger der neunköpfigen Familie. Er drückte nur vier Jahre die Schulbank, die Schule des Lebens war wichtiger. Lesen und

Schreiben sind heute noch immer nicht Bádas Sache, aber er ist mit Leib und Seele Fischer. Beim Fischen kommt es darauf an, die richtige Stelle zu finden, wo die meisten Sardinen schwärmen, das Netz muss engmaschig geknüpft und mit Gewichten beschwert sein. Man könnte sagen, es kommt auf die richtige Mischung an: die richtige Mischung aus Behutsamkeit und Kraft, aus List und Intuition, aus Gnadenlosigkeit und Tierliebe. Báda sagt, dass sein Berufsstand im Sterben begriffen sei.

»Die Preise sind so schlecht, dass viele ihren Fisch selber essen.«

Woran das liegt?

»Das weiß ich nicht. Aber wahrscheinlich an der Regierung.«

Der rasante vorübergehende wirtschaftliche Aufstieg Brasiliens – die Fischer hatten nie etwas davon, sagt Báda. Für sie ging die Entwicklung zu schnell, Männer wie Felipe Vilani haben sie mit ihren neuen Konzepten überrundet, als seien sie Lahme beim Staffellauf. Fische fett züchten und gepflasterte Straßen, das scheint viel auf einmal zu sein.

In Bádas Haus riecht es nach dem Meer, salzig und fischig. Er hat es, wenn auch nicht mit dem Fischen, zu etwas Wohlstand gebracht. Die Wände sind satt-gelb gestrichen, der Boden gefliest, in die Schrankwand ist ein großer Flachbildfernseher eingelassen, auf dem gerade Nachrichtenbilder ohne Ton von einer blutigen Schießerei in Rio de Janeiro gezeigt werden.

»Da will ich gar nicht hin«, kommentiert Báda.

»Ein Urlaub in Rio. Wäre das nicht etwas?«

»Nein, ich bleibe auf meiner Insel«, antwortet Báda bestimmt. Ich frage ihn nach seiner Lebensgeschichte. Er ist seit 40 Jahren verheiratet, seine Frau, Dona Sesé, hat ihm drei Söhne geboren. Keiner von ihnen wollte Fischer werden, auch sie arbeiten im Tourismus. Es klingelt, jemand ruft an, das Telefon schreit wie ein Schwein bei der Schlachtung, Báda nervt dieser Klingelton schon lange, seine Frau solle ihn endlich ändern, sagt er. Er nimmt den Hörer, wie immer, nicht ab. Seine Augen hätten nachgelassen, dafür sind die Ohren umso besser. Der Anruf ist gewiss nicht für ihn, Báda redet lieber persönlich mit den Leuten. So wie jetzt mit mir.

Abends lese ich noch mal etwas im Internet nach. Sehr viel findet sich nicht über die Insel. Aber zusammen mit Bádas Erzählungen fügen sich die Teile zu einer Geschichte zusammen. Die Ilha de Tinharé hat Erfahrung mit Eindringlingen, die sich von ihr nehmen, was sie brauchen. Morro de São Paulo war 1531 vom Eroberer Martim Afonso de Sousa als Dorf auf der davor unbewohnten Insel gegründet worden. Die Portugiesen nannten ihr Eiland ein Paradies, genossen die Schönheit der Natur und bauten in der Kolonialzeit ein Fort, das sie vor den Angriffen der Franzosen und Holländer schützen sollte.

Drei Jahrhunderte später kamen die Schwarzen. Es waren ehemalige Leibeigene, die nach der Abschaffung der Sklaverei in Brasilien 1888 auf die Insel übersiedelten. Sie ernährten sich von dem, was der Regenwald und das Meer ihnen boten; ein paar Hundert Menschen, die es vor allem schätzten, endlich frei zu leben, und stolz auf ihre Unabhängigkeit waren und deren Nachkommen es heute noch sind.

Bis ins 20. Jahrhundert blieb die Insel lange in der Hand dieser kleinen Bevölkerung. Als die Brasilianer in Rio oder Salvador längst den Wasserhahn auf- und zudrehten, holten sich die Bewohner das Wasser in Eimern von den Quellen im Wald, es gab keinen Strom, nur Kerzen, Taschenlampen und Glühwürmchen. Sie lebten fernab der Zivilisation. Aber waren sie nicht trotzdem glücklich?

Dann fielen die Gringos ein. In den 1970er- und 1980er-Jahren entdeckten Aussteiger, vor allem aus Europa, Argentinien und den USA, die Insel für sich, viele von ihnen Hippies mit Blumen im Haar. Die Expats feierten Strandpartys, brachten ganz nebenbei den Kapitalismus mit, kauften den Einheimischen für wenig Geld Grundstücke ab, bauten darauf Häuser, besorgten Dieselgeneratoren, der Strom kam über Nacht nach Morro. Die wahren Bewohner waren erst einmal begeistert, denn diese merkwürdigen Gringos hatten das Licht nach Morro gebracht, und das war ja ein guter Fortschritt.

Schnell wurden die ersten *pousadas*, Pensionen, hochgezogen, maximal zwei Stockwerke, um das Flair der Insel nicht zu zerstören, so sahen es auch die Gringos; Autos waren verboten, Maulesel und Männer mit Schubkarren waren die Lastenträger für die Bauherren. Für Typen wie den Fischmäster Felipe Vilani, der Morro neu erfinden will, wäre die Insel damals nichts gewesen, glaube ich. Ganz zaghaft begann der Tourismus, seine Förderer wollten nicht zu viele Fremde in Morro. Sie wollten zwar, dass alles besser würde – und doch sollte alles so bleiben, wie es war.

Frühmorgens um fünf mag Báda seine Insel am liebsten. Wir sind bei ihm verabredet. Langsam gewöhnt er sich daran, dass ich immer dabei bin. Die Tropensonne wird bald aufgehen, aber ich habe mich besser an sie gewöhnt, glaube ich. Es dämmert, Sonnencreme braucht Báda nicht, seine gegerbte, stumpf gewordene Haut schützt ihn wie ein Astronautenanzug.

Wir steigen in den kleinen Kahn ein. Báda zieht den Anker seines Kanus hoch und schiebt es weiter ins Wasser, dann steigt er ein, linkes Bein, rechtes Bein, nimmt das Paddel in die Hände und taucht es in die Wellen ein. Langsam, Schlag für Schlag, entfernen wir uns vom Hafen. Das Meer ist ruhig, gischtend nur von Zeit zu Zeit. So ein Kanu hat seine Vorzüge gegenüber den neueren, großen Fischerbooten, die ich schon kennengelernt habe: Zu zweit lässt sich die Arbeit am besten verrichten, der eine, das bin ich in diesem Fall, paddelt, der andere wirft das Netz aus und holt es wieder ein; Arbeiten im Team, wie sie es beim Fischfang auf der Insel schon immer taten. Genug Zeit, kein Druck, kein Stress, die richtige Mischung, wie gesagt.

Beide Beteiligten bekommen danach ihren Anteil am Fisch, Bádas Anteil ist natürlich größer, denn es ist sein Kanu. Báda sagt, das Gemeinschaftsgefühl unter den Insulanern gehe allmählich verloren. Was er genau damit meint?

»Wir stehen nicht mehr zusammen. Wir haben hier so viele Veränderungen gehabt, seit ich ein kleiner Junge war. Aber manche Sachen werden auch noch so sein, wenn wir alle tot sind«, sagt Báda und meint damit wohl Ebbe und Flut. Zumindest die Gezeiten haben alle Invasionen überstanden.

Das Auswerfen des Netzes macht ein Geräusch, als treffe man mit einem Basketball in den Korb. Pffft. Báda kann geduldig sein, klopft mit dem Paddel auf den Bootsrumpf, um die Fische anzulocken, immer wieder wirft er das Netz aus und holt es ein, bis der gelbe Eimer zwischen seinen Beinen voll ist mit Sardinen. Den Beifang, kleine Krebse und andere Fische, wirft er zurück ins Wasser. Zwei Mal am Tag fährt er raus.

»Wie ist euer Verhältnis als traditionelle Fischer zum Meer?«, frage ich.

»Wir dürfen nicht zu viel vom Meer nehmen, sonst gibt es uns nichts mehr. Die Natur ist unser Freund – aber nur, wenn wir sie nicht missbrauchen«, sagt Báda und legt seine Stirn dabei in Falten. Seine Art zu fischen will Báda nicht überdenken. Er hat immer so gefischt, und er wird immer weiter so fischen, bis er nicht mehr kann. Der Vater hat ihn schließlich dieses Handwerk gelehrt.

Ab und an nimmt er einen Schluck aus seiner Wasserflasche. Báda hat Kräuter in die Flasche gestreut und sie geschüttelt, das sei gut für den Magen, beuge Durchfall vor. Báda fragt mich, ob es stimme, dass die Menschen in Europa kein Wasser mehr mögen, denn ihm schmecke sein Wasser sehr. Er hasst Softdrinks. Nach anderthalb Stunden fährt er zurück zum Hafen, macht das Kanu wieder fest und trägt seinen schweren gelben Eimer durchs seichte Wasser an Land. Als der Fisch zu Hause in der Kühltruhe liegt, fordert mich Báda auf, ihm zu folgen. Báda geht schnell.

Wenn seine Lippen spröde werden, beschmiert er sie mit frischem Kakao, das schütze sie am besten vor Sonne und Austrocknung, sagt er und murmelt wieder: »Wie schön ist es, hier zu leben.«

Wenn Ebbe ist und sich die Wellen von der Insel wegschieben, ist der Strand wie eine breite Straße, die sich an den Regenwald schmiegt. Eine Straße, die sie niemals pflastern werden. Auf dem Strandboden liegt eine Coca-Cola-Flasche, Báda hebt sie auf und nimmt sie mit, der nächste Mülleimer ist weit, aber es geht ja um nicht weniger als die Rettung seiner Welt. Jeder denkt nur noch an sich, keiner mehr ans große Ganze, das fängt beim Müll an und hört beim Fisch nicht auf. Vor ein paar Wochen erst ist seine Mutter gestorben, mit 89, zur Beerdigung kamen viele der alten Inselbewohner und schluchzten und schnäuzten sich, denn mit der alten Frau starb für jeden ein Stück seiner eigenen Geschichte. Báda sagt, die Mutter sei jetzt daheim.

Dann endet unser Fußmarsch am Strand entlang. Báda steht vor seinem Geburtshaus. Das weiß angemalte Gebäude mit einem Flachdach aus Holz hat einen großen Garten, das Grundstück ist von einer zweieinhalb Meter hohen Mauer umfriedet. Hier ist Báda aufgewachsen, hier spielte er mit seinen Geschwistern; sie fingen Frösche und Kröten und wetteten, welches Tier am weitesten springen würde.

Später, die Kinder waren inzwischen erwachsen geworden, verkaufte Bádas Bruder das Haus an einen Gringo für 3000 US-Dollar. Viel Geld, dachte der Bruder – Báda steht immer noch die Wut ins Gesicht geschrieben, wenn er davon erzählt. Er wolle gar nicht wissen, was das Areal heute wert sei, faucht er mit umwölkter Stirn, der Miene eines Betrogenen.

Drei Stunden nach Bádas Rückkehr geht Felipe Vilani mit seinem gelb-weißen Surfbrett über den Marktplatz. Er trägt es locker unter dem rechten Arm wie ein Prokurist die Aktentasche. Schon in

Florianopolis, seiner Heimat, ging er zum Wellenreiten, hat gelernt, wie er das Gleichgewicht hält und wie er das Board steuern kann. Die Touristen fläzen sich am Strand in ihren Liegestühlen, essen in Öl und Knoblauch gebratene Garnelen oder einen heißen Käse mit Oregano am Stiel; die Kleinen vergnügen sich im feinen Sand. Dunkelhäutige Kindermädchen passen auf rosaweiße Kinder auf. Vilani braucht niemanden, um zu surfen. Er ist ganz allein dabei, paddelt raus aufs Wasser, benötigt nur die starke Welle, die ihn trägt. Man kann darüber streiten, ob Bádas Kanu oder Vilanis Brett besser auf dem Meer gleitet. Aber das Brett ist auf jeden Fall moderner. Und schneller.

Nach seinem Wellenritt stellt Vilani sein Brett auf die Veranda seiner Wohnung, in die er mich eingeladen hat. Er lebt mit seiner Freundin am Rande von Morro, abseits der Pousadas und Bars, dort, wo auch die alten Bewohner hingezogen sind. Das Paar hat ein kleines Schlafzimmer mit Bad und ein Wohnzimmer mit integrierter Küche für sich, im ersten Stock führt eine marode Steintreppe in den Wohnbereich, die ich regelrecht hinaufgestolpert bin. Er bedaure, dass er so einfach lebe, sagt Vilani entschuldigend. Ich glaube, deine Art zu leben, wird sich bald ändern, denke ich.

Eine Wand hat Vilani gelb gestrichen. In einem Regal stehen eine Flasche Rum und eine orientalische Wasserpfeife; Vilani kombiniert das Beste aus aller Welt, zwei neugeborene Katzen tapern durch die Wohnung, die kleine schwarze haben sie »Pantherchen« getauft. Auf dem runden Tisch im Wohnzimmer liegt ein Laptop. Vilani spielt Musik ab, amerikanischen Indie-Pop.

Das Internet ist für Menschen auf einer Insel auch immer eine Flucht vor der Kleingeistigkeit. Vilani zeigt Diagramme zur Anwendung von Aquakultur auf einschlägigen Webseiten. Sein Credo: Fischzucht in großem Maßstab. Der Computer ist ziemlich am Ende, der Ventilator surrt laut, »wir müssen bald einen neuen kaufen, aber ich weiß noch nicht, wovon«, sagt Vilani. Noch verdient er kaum etwas mit seinen Projekten. Man könnte sagen, er hat neue Ideen, aber kein Geld, während es sich bei Báda umgekehrt verhält. Auch Vilani weiß eine Menge über die Insel, allerdings vor allem über die jüngere Geschichte.

In den 1990er-Jahren wurde Morro de São Paulo endgültig zum Urlaubsort, immer mehr Touristen kamen, weil sie gehört hatten, wie schön die Insel sei. Eine Pension nach der anderen wurde gebaut, meist auf Grundstücken, die einmal den Einheimischen gehört hatten. Die Hippies waren zu guten Geschäftsleuten geworden und bald lebte kaum mehr ein Fischer im Ort, die meisten zogen an den Rand von Morro, bauten dort neue Häuser, nur Báda ist einer der wenigen, der blieb.

Und so konnte er von seinem Balkon aus dem Entern seines Paradieses zuschauen. In Städten wie Johannesburg, Lagos oder wie in diesem Buch beschrieben Rios Armenviertel würde man es wohl Gentrifizierung nennen. Da kommen neue Menschen an einen Ort und verändern ihn, werten ihn auf, zumindest vorder-

Der deutsche Auswanderer Horst Drechsler:
Er liebt das Meer genauso wie Báda, der Fischer.

gründig, verändern aber die Lebenswelt aller. Die Alteingesessenen sträuben sich, manche steigen mit ein. Ein paar Inselbewohner erzählen mir sogar, dass Báda bei dieser Entwicklung nicht unbeteiligt war.

»Der war doch das größte Schlitzohr von allen. Man sagt, Báda habe Land besetzt, das ihm gar nicht gehörte, und es an die Neuankömmlinge verkauft«, sagt Horst Drechsler in rheinischem Singsang. Drechsler stammt aus Köln, betreibt auf der Insel die Natureza, in der ich abgestiegen bin, sowie einen Segelclub. Wir haben uns angefreundet; ich schätze seine Gastfreundschaft und auch seinen Rat. Er war hier einer der ersten Ausländer, vielleicht so etwas wie ein echter Hippie, und hält nicht viel vom Jammern über die neue Zeit: Sie habe der Insel schließlich auch einen Entwicklungsschub gebracht.

Mit dem schnell verdienten Geld wollte Báda dann selbst durchstarten, sagt Horst: Báda schwebte ein Bootsunternehmen vor, mit dem er die Insel mit dem Festland verbinden wollte. So viele Menschen, die mussten doch kommen und gehen. Warum sollte nicht auch er etwas davon haben? Er wollte genau die Leute auf die Insel bringen, über die er heute so schimpft. Aber statt auf kleine Schnellboote setzte er auf große alte Holzkähne. Báda hatte sich verkalkuliert, die richtige Mischung seiner Fertigkeiten fehlte – als Geschäftsmann taugte er nicht recht.

Báda sagt, als ich ihn später auf meine Rechercheergebnisse anspreche, er habe nie etwas Verbotenes getan und über ihn würden gerne auch Geschichten erzählt, das bleibe nicht aus, wenn man so bekannt sei – ein Schlitzohr, ja, das sei er. Aber was heißt das schon? Er lacht. Er hat den *jeitinho brasileiro*. Und sein Portugiesisch ist das eines einfachen Mannes, der sich den Übermut seiner Jugendjahre bewahrt zu haben scheint.

Zwischendurch, in den 1980er-Jahren, hatte der Fischer Báda auch noch acht Jahre einen Nebenjob als Hilfspolizist auf der Insel. Er, der hier jeden beim Namen kannte, sollte als Ordnungshüter dafür sorgen, dass es friedlich blieb. Báda, der *delegado*, mochte diese neue Tätigkeit. Bei dem vielen Marihuana auf der Insel drückte er hier und da ein Auge zu, umarmte die Gangster und die Arglosen und sagte zu ihnen Sätze wie: »Gott gab euch die Fähigkeit zu lieben, also liebt!«

Er wünschte, dass alle eine große Familie waren. Aber als ein Mord passierte, musste er den Täter vor einer Horde Inselbewohner schützen, die ihn lynchen wollten – sein heikelster Fall. Báda hatte sogar eine Dienstwaffe, ein Stück Herrschaftsgewalt der neuen Welt, und er ist stolz darauf, dass er sie nie hat einsetzen müssen.

Felipe Vilani, der blonde Brasilianer, der die Aquaponik auf die Insel gebracht hat, rollt das Algenblatt mit einer Bambusmatte um den Reis, den Crème-Käse, den rohen Fisch und das Avocado-Stück, als hätte er nie etwas anderes getan. Sein Maki ist das beste auf der Insel. Sein Maki ist auch das einzige auf der Insel. Worauf es beim Sushi ankommt?

»Frische Zutaten sind alles. Ich bin stolz, dass ich die Sushi-Küche nach Morro gebracht habe. Das könnte hier ein Renner werden.«

Eine Box mit zwölf Stück verkauft Vilani für zwölf Reais, rund drei Euro, bei ihm können die Kunden per Internet bestellen. Ein Hotel hat schon angefragt, ob er größere Mengen fürs Buffet liefern könnte. Vilanis Traum: irgendwann das Sushi mit dem eigenen Fisch zuzubereiten, den er vorher gezüchtet hat. Aquakultur auf Japanisch in Brasilien – er ist nicht weit davon entfernt. Vielleicht braucht er einen Bankkredit; er würde ihn wohl bekommen.

Seit einigen Jahren zieht es immer mehr Brasilianer auf die Insel, die, wie Vilani, ein Stück abhaben wollen von der fetten Torte Tourismus. Die meisten kommen vom nahe gelegenen Festland, aus Valença, einer armen bahianischen Stadt, wo Vilani immer seine Zutaten fürs Sushi einkauft.

Sie bauen sich Backsteinhäuschen in den Favelas, die rund um Morro entstanden sind, hoffen auf eine Anstellung in den Pensionen, oder sie werden Fischer und drücken mit ihrem Fang, den sie günstiger anbieten als die Alteingesessenen, die Preise. Die Neuen verkaufen ihn ein Drittel billiger. Vielleicht sind sie nur einfach mit der Zeit gegangen und haben den Markt geprüft. Vielleicht wirken sie umso moderner, weil die alten Fischer so rückständig sind.

»So können wir nicht weitermachen!«, kommentiert Báda das Ganze.

Die Menschen, die hier auf den Inseln arm sind, leben ähnlich wie in Rio oder Salvador – der Unterschied ist, dass sie hier bessere Chancen haben, Geld zu verdienen, als Rezeptionist, Reinemacherin, als Gepäckträger. Auch hier: Favela deluxe. Sie kommen, weil ein besseres Leben lockt, aber sind sie deshalb schlechte Menschen? Jeder hat seinen eigenen Businessplan, auch wenn nicht jeder weiß, was das Wort Neoliberalismus bedeutet.

Ich versuche in meinem Kopf zu ordnen, was ich über die Insel erfahren habe. Was ich hier sah und lernte. Es gibt seit Beginn des Jahrtausends nicht nur immer mehr Einwohner, sondern auch mehr Koks, Crack und Überfälle. Vor einer Woche haben sie einer Touristin am alten Fort die Nikon vom Arm gerissen; früher wäre das undenkbar gewesen. So was passiert nicht in Morro, hätten alle gesagt. Vielleicht stimmt das nur, weil sie früher nichts hatten, was man ihnen hätte wegnehmen können. Es gibt jetzt einen richtigen Polizeiposten, die Beamten fahren auf Motocross-Maschinen durch den Ort und über den Strand, die Touristen sollen vor sich selbst geschützt werden – vor all dem, was durch ihr eigenes Kommen wie eine Riesenwelle auf die Insel geschwappt ist.

Auch die Gesundheitsversorgung hat sich verbessert, der Ort hat eine eigene Krankenstation und ein Krankentransport-Boot. Den Müll holen heute nicht mehr die Männer mit den Eseln ab, sondern Quads mit Anhängern, deren Motoren durch die Gassen des Ortes brüllen. Keine motorisierten Fahrzeuge in Morro, das war einmal – man kann das eine wohl nicht ohne das andere haben.

»Sind das nicht auch gute Sachen?«

Báda zögert mit der Antwort, als wir uns wiedersehen. Ja, das mit der Krankenstation wäre schon gut, sagt er. Vieles weitere aber nicht. Báda mag zum Beispiel keine großen Feste. Báda tanzt nicht.

»Warum nicht? Du bist doch Brasilianer!«, sage ich und versuche scherzhaft zu lächeln.

»Dieses Gehüpfe ist nichts für mich. Ich habe auch früher nie mit meiner Frau getanzt, nicht einmal bei meiner eigenen Hochzeit und auch nicht beim Karneval. Manchmal schaue ich den Leuten mit einem Schnaps dabei zu. Das ist viel lustiger.«

Aber die Insel tanzt. Denn heute steigt das große Festival in Morro de São Paulo. Seit drei Jahren versucht die Verwaltung, die Insel mit einer großen Party bei Touristen noch populärer zu machen. Dazu beauftragt und bezahlt sie die Künstler, teilweise sehr bekannte brasilianische Musiker, die auf einer großen Bühne am Strand auftreten. Báda nervt das Gewummer und Getöse.

»Warum magst du es nicht?«, frage ich noch einmal.

»Was ist denn das Ergebnis dieses Festivals?«, fragt er zurück, »am Ende ein vermüllter, vollgepinkelter Strand, an dem wir wieder baden wollen.« Báda verrammelt heute Abend die Fensterläden zum Balkon hinaus, ein seltenes Bild, und verkriecht sich in sein Haus, setzt sich auf die Couch, die ihn zu verschlucken droht, er schaut fern, einen Krimi vielleicht, alles ist besser als heute das Haus zu verlassen, der Marktplatz ist voller denn je.

Schräg gegenüber von Bádas Balkon steht der Dudelsackspieler, den er jetzt nicht sehen kann. Er ist von weit her gekommen, aus Tschechien, und bläst kräftig in sein Instrument. Mittelalterliche Melodien, die Merseburger Zaubersprüche sind dabei, nichts, was man hier so kennt, noch was man hier vermutet, die

Musik eines Vagabunden, der mit wenig Gepäck durch Südamerika reist. Ich genieße die Töne, ich finde diese Musik hier in Brasilien so charmant wie deplatziert. Die Passanten reagieren teils angetan, teils befremdet, viele werfen ihm eine Spende in die Mütze. Der Spielmann grinst und nickt bei jeder Münze mit dem Kopf; am meisten Geld bekommt er, als er das Mittelalter kurz verlässt und das Thema von »Titanic« spielt.

Unten am Strand laufen die eigens hergeschafften Diesel-Generatoren, das Stromnetz von Morro würde die gefräßige Bühnentechnik nicht packen. Gerade tritt Lenine auf, Rock mit psychedelischen Klängen, die bunten Scheinwerfer vereinen sich und schießen einen Lichterdom in den Himmel, Pink Floyd auf Brasilianisch. Für Báda ist das die dunkle Seite des Mondes. Die Menge tobt. Mein Hitzkopf ist heute nur einem Sonnenbrand auf den Wangen geschuldet. Felipe Vilani ist mit Freunden auf dem Festival und findet die Musik richtig gut.

»Hier bekommst du Top-Musiker umsonst. Wo gibt es so etwas schon?«, fragt er. Vilani lässt sich fürwahr gerne einladen; wenn jemand eine Runde Bier ausgibt, trinkt er gerne mit. Das eigene Geld spart er dagegen lieber, denn er hat nicht nur wenig davon, sondern mit dem wenigen auch eine Menge vor. Er will damit den Fischfang auf der Insel revolutionieren. Auf dem brasilianischen Festland ist Sushi bereits ein viel geschätztes Lebensmittel, warum also nicht auch hier auf der Urlaubsinsel?

»Was ist dein genauer Plan?«, frage ich.

»Wenn alles klappt, wie ich es mir vorstelle, werde ich mit Aquaponik hier die Erträge um ein Vielfaches steigern. Aber ich will nicht allein reich werden. Alle sollen etwas davon haben, nur dann hilft es Morro.« Morro helfen klingt gut, aber kann er das wirklich?

Zwei Tage darauf – Báda ist wieder zeitig aufgestanden, und wir ziehen zusammen los. Vielleicht hat er Angst vor diesem Tag, zumindest ist er aufgeregt, trippelt von einem Bein aufs andere. Er will mir heute etwas Wichtiges zeigen. Eine halbe Stunde später schießen ihm die Tränen wie Sturzbäche aus den Augen. Báda wusste, dass es diesen Ort auf der Insel gibt, er wollte ihn immer einmal besuchen und drückte sich doch darum: die Müllkippe von Morro de São Paulo, das hässlichste Areal der Insel, mitten im Wald auf einem Hügel, weit weg von allem, weggewischt wie ein schlechtes Gewissen. Nach 20 Minuten erreichen wir einen bewaldeten Hügel. Hier wird der gesamte Unrat der Insel auf eine Lichtung geschüttet. Da liegen Bierdosen, alte Kleider, Bananenschalen, Regalböden aus Sperrholz, Plastiktüten, Fischgräten, Rasierklingen, Hundeknochen. Mittendrin steht ein zerbrochenes Surfbrett. Es stinkt erbärmlich, nach Müll und Müll und Müll. Geier und andere Vögel sitzen auf den Haufen und krächzen, es schwirren so viele Fliegen umher, dass man kaum geradeaus sieht, sie krabbeln in die Augen und setzen sich auf aufgekratzte Mückenstiche.

Báda wollte diesen Ort sehen, er hat mich eingeladen, mitzukommen, damit ich auch wirklich alles auf seiner Insel kennengelernt habe. Und jetzt erträgt er ihn nicht, muss weinen und wünscht sich das erste Mal in seinem Leben, er trüge Schuhe. Die Welt hat sich verändert. Touristen, Einheimische, Zugezogene – im Müll sind alle gleich.

Wir schauen und ekeln uns. Ein paar arme Teufel, die sich hier eine Hütte errichtet haben, durchwühlen den Müll nach Brauchbarem, sammeln die Getränkedosen ein und quetschen sie zusammen; auf dem Festland bekommen sie Geld dafür bei einer Recyclingfirma. Er will schnell weg hier, spricht nur noch dürre Sätze.

»Wir haben genug gesehen«, sagt er. Er will zurück ins Dorf, zu seinen Freunden an den Strand, sich den Geruch im Meer vom Leib waschen, und um nichts in der Welt wird er ihnen erzählen, was er hier gesehen hat. »Wir müssen unsere Insel schützen. Ich weiß nicht, ob überhaupt jemand von diesem Ort erfahren soll. So weit ist es gekommen«, sagt Báda und es ist nicht ganz klar, ob er damit die bloße Existenz der Müllhalde meint oder das Verdrängen.

Den folgenden Tag verbringe ich wieder mit Felipe Vilani. Der Außenborder des Schnellboots röhrt. Felipe Vilani hält sein Basecap mit der Rechten fest, damit der Fahrtwind es nicht fortträgt. Heute will mir Vilani zeigen, dass seine Ideen nicht exklusiv sind. Eine Stunde dauert die Fahrt zu den Fischfarmen nahe der Nachbarinsel Boipeba, wo es mir so gut gefallen hat. Das Meer ist unruhig, das Boot springt und setzt wieder auf, in einem fortwährenden Stakkato-Rhythmus.

Auf dem Wasser schwimmt ein großes Floß. Die Unterwasserkäfige, die an ihm hängen, sind voll mit Fischen: *abadejo, beijupira* und Sioba werden hier gezüchtet, dazu Austern in Körben. Touristen, die mit Knoblauch bestreute Austern schlürfen oder einen dicken roten Fisch vor sich liegen haben mit Reis und Bohnen als Beilage; große Bierflaschen im Kühler auf den Tischen, dazu Arocha aus den Lautsprecherboxen, die brasilianische Version des Schmalzschlagers.

»Die Floßkultivierung erlaubt es, mehr Austern auf kleinem Raum zu züchten als etwa bei der Leinenkultivierung«, doziert Vilani, der sich auf der kleinen Farm gleich wohl fühlt. In Frankreich würden »Fleischaustern« aus der Floßkultivierung in Aquakultur oft noch veredelt, hier in Brasilien dagegen sofort verkauft und gegessen.

Auch bei den Fischen ist das Züchten recht banal: rein in das große Netzgehege, viel Futtermais sowie Abfallprodukte aus der Landwirtschaft, und aus einem Beijupira wird ein Fisch, der bis zu 20 Kilo wiegt. Das bringt einen höheren Gewinn, als den Fisch zu fangen und gleich zu verkaufen; keine Planwirtschaft, dafür ein planbarer Ertrag. Die Reproduktion von Fischen in großen Becken wird in Bahia noch kaum betrieben. Vilani weiß, dass er

nicht mehr viel Zeit hat. Aber mit seinem Wissen ist er den hiesi-
gen Züchtern noch weit voraus, denn auch über Sushi hat hier
noch keiner nachgedacht.

»Glaubst du, deine Ideen setzen sich durch?«, frage ich Vilani
und versuche, dabei skeptisch auszusehen.

»Gute Ideen setzen sich immer durch«, antwortet der Surfer.
Der frühe Nachmittag hat Schäfchenwolken gebracht. Wir sind
zurück auf der Insel. Am Strand hilft Felipe Vilani, Báda, dem Fischer, bei der Verarbeitung des Fischs. Die beiden haben sich vor
Monaten kennengelernt und langsam angenähert, Vilani geht be-
hutsam mit Báda um, Fisch für Fisch. Er weiß wohl, dass er für alles steht, was Báda fürchtet. Aber die Bösen sind manchmal die
Guten, nicht nur im Italo-Western, auch hier in Morro. Mit dem
Messer schaben sie die grau glänzenden Schuppen ab, die wie
Konfetti durch die Luft fliegen. Dann schneiden sie die Flossen
und den Kopf weg, Bádas Messer ist stumpf geworden, aber er beherrscht diese Arbeit schlafwandlerisch. Sie nehmen die Sardinen
eine nach der anderen aus, waschen sie im Wasser und werfen die
Abfälle ins Meer.

»Das ist Nahrung für größere Fische und für die Muränen, alles bleibt in der Natur«, sagt Báda und fügt hinzu, dass Sardinen
viel Omeg-3-Fettsäuren enthalten. Báda weiß nicht, was der graue
Star ist, aber wenn ihm ein einzelner Fisch in den Sand fällt, sieht
er ihn nicht mehr richtig und greift ins Leere; er überlegt, einmal
zur Krankenstation zu gehen.

»Und wenn du in ein Hospital auf dem Festland musst?«, will
ich wissen.

Báda sagt nur ein Wort: »Nein.«

Direkt am Wasser ist die Baracke von Cacá, einem ehemaligen Fischer, der jetzt Bier ausschenkt. Tische und Stühle stehen
durcheinander wie Strandgut, der Blick geht aufs Meer. Bei Cacá
frittieren sie die Sardinen für Báda, Vilani und mich. An der Wand
hängt das große Gebiss eines Haifischs. 100 Kilo schwer war der

Das alte Fort in Morro zieht Touristen und Einheimische gleichermaßen an.

Bursche und Cacá habe ihn allein aus dem Wasser gezogen, mit schierer Muskelkraft, so erzählen sie es hier. Sie picheln braunen Cachaça, Vilani hat eine Frage: »Báda, was hilft gegen die Wunden, wenn man sich an einer Koralle geschnitten hat?« Báda, den Glanz des Schnapses in den Augen, denkt nur kurz nach: »Du musst dir deinen Urin am Morgen draufreiben.«

Dann kommt der Fisch. Er schmeckt salzig und nach Limonensaft, den sie drübergeträufelt haben, die Konsistenz ist hart, aber die Mischung stimmt. Wenn Báda und Vilani zusammen an einem Tisch essen können, dann ist alles möglich in Morro. Dann werden aus Pflastersteinen Brücken gebaut. Ob Báda wohl Lust habe, irgendwann sein Sushi zu kosten, fragt Felipe Vilani, als die beiden nach Hause gehen. Báda will es sich überlegen.

Kapitel

24

Der Müll der anderen

Meine Zeit mit Báda und Felipe Vilani ging insgesamt über zwei Wochen. Selten bin ich so in die Lebenswelt zweier Menschen eingetaucht. Noch seltener habe ich so für eine Geschichte gebrannt. Aber mit der Insel bin ich noch nicht fertig. Nach meinem Frühstück in der Nobelpension will ich noch mal dahin, wo es wehtut. Ich habe beschlossen, noch einmal die stinkende Müllkippe zu besuchen. Ich will die Menschen treffen, die auf ihr leben und arbeiten. Was treibt sie an? Warum machen sie das? Haben sie eine Perspektive, von diesem schaurigen Ort fortzukommen?

Ich bin zu Fuß auf den Berg gestiegen, eine halbe Stunde über Sandwege mit Löchern und Kuhlen – dahin, wo, versteckt im Urwald, auf einer gerodeten Fläche der Müllberg immer größer wird. Auf dem Weg begegne ich nicht einem Menschen, nur ein Traktor tuckert an mir vorbei. Als ich angekommen bin, sind im ersten Moment die Fliegen das Schlimmste. Sie krabbeln einem in die Augenwinkel, in die Ohren, wie ein schwarzer Nebel hängen sie in der Luft, schwirren so zahlreich umher, dass man kaum etwas sieht. Es hilft nichts, sie mit der Hand zu verscheuchen, weil es einfach zu viele sind. Ob sie Krankheiten übertragen? Auf den Bäumen, die um die Müllkippe stehen, sitzen wieder die Geier und andere Aasfresser. Es ist über 30 Grad warm, der Gestank kaum auszuhalten.

Rui de Jesus hält ihn jeden Tag im Jahr aus, er riecht selbst so und er nimmt das wohl kaum noch wahr, denn er wohnt und arbeitet hier. Als ich ihn und seine Familie anspreche, freut er sich, dass ich wiedergekommen bin, und begrüßt mich freundlich. Er möchte mit mir reden.

»Seit wann machst du das?«, will ich wissen.

»Ich lebe seit 25 Jahren von dem, was andere Menschen wegwerfen. Wir sind hier seit zehn Jahren, um zu überleben. Es ist eine ehrliche Arbeit, ich bin nicht kriminell«, antwortet er.

Mit seiner Familie bewohnt der 43-Jährige ein kleines Haus, das er am Rande der Müllhalde der Ilha de Tinharé gebaut hat. »Gott ist treu« hat ein Freund der Familie auf die Hauswand gepinselt. Ob das stimmt, möchte ich in diesem Moment wirklich in Frage stellen, als ich die Familie so sehe.

Morro de São Paulo steht als Touristenziel für den wachsenden Wohlstand der brasilianischen Mittelschicht. Aber die Art der Entsorgung des Abfalls der Insel ist auch ein Beleg dafür, dass Brasilien nicht nur ein reiches Schwellenland, sondern gleichzeitig immer noch ein rückständiges Entwicklungsland ist. Die Müllkippe ist so etwas wie eine Mikroökonomie der Armen, die es eigentlich gar nicht mehr geben dürfte. Das dachte ich zumindest, bevor ich hier gestanden habe.

Sieben Kilometer Luftlinie von der Müllhalde entfernt liegt der Strand von Morro de São Paulo. Morro hat pro Jahr 150 000

Besucher; vor zehn Jahren waren es gerade mal ein Drittel davon.
Solche Dinge habe ich bei der Inselverwaltung erfahren, wo ich in
den letzten Tagen zweimal vorbeigegangen bin. Ich wollte sie dort
auch nach Báda fragen, da sie ihn lange kennt und sie mit ihm eine
Rivalität verbindet. Das Müllthema habe ich dagegen noch nicht
angeschnitten.

Auf dem Weg zur Müllkippe bin ich auch am Strand von Morro vorbei gelaufen. Es war elf Uhr morgens, fast alle Liegestühle
waren besetzt. Die Urlauber aßen Fisch mit Fritten oder die vio-
lettfarbenen Açai-Beeren. Die Sonne ließ den Sand glutheiß werden, wer irgend konnte, saß schon im Schatten, trank ein kühles
Bier und hing seinen Gedanken nach. Aber ich wollte zum stin-
kenden Ungetüm Müllhalde, was ich jetzt fast bereue.

Der Arbeitstag von Rui de Jesus hat längst angefangen. Um
zehn Uhr fährt jeden Morgen der erste Lkw vor, der neuen Müll
auf die Deponie kippt. Er kommt bis zu fünfmal täglich. Dann
zieht Rui seine löchrigen Gummistiefel an und durchwühlt den

Für Rui de Jesus und Maria Silva Conceição ist die Müllkippe der einzige Ort,
an dem sie überleben können.

Unrat mit den Händen. Die ganze Familie hilft mit. Ruis Frau Maria Silva Conceição ist 55 Jahre alt, sie hat in ihrem Leben 18 Kinder geboren, von denen nur sieben überlebt haben.

Dazu Marias und Ruis Enkel Cristiano, und Marisvaldo, deren Mutter allein ist, als Zimmermädchen arbeitet und daher nicht für die beiden sorgen kann. Die Großeltern nennen die Jungs ihre Kinder. Cristiano ist acht Jahre alt, Marisvaldo neun. Sie gehen zur Schule in der nahe gelegenen Insel-Favela Zimbo. Ihre Mitschüler kommen zwar auch aus einfachen Verhältnissen, aber die beiden Jungs werden wegen des Müllgeruchs oft gehänselt, keiner spielt mit ihnen, sie sind die Parias unter den Armen.

Es gibt auch Konkurrenz: Außer der kleinen Familie von Rui suchen noch sieben andere Männer im Müll nach Verwertbarem. Sie wohnen aber in Zimbo und kommen nur zum Arbeiten auf die Halde. Abends können sie sich duschen, das Licht anknipsen und fernsehen – all das, was Ruis, Maria, Cristiano und Marisvaldo in ihrem kleinen Haus mit Ziegeldach verwehrt bleibt. Ich denke in diesem Moment nur, dass ich keinem Kind auf der Welt wünsche, so aufwachsen zu müssen.

Drinnen ist es abends duster, außer Maria macht eine Kerze an. Zwei Matratzen, ein Regal und ein kleiner Schrein mit Heiligenfiguren, Rosenkränzen und Holzkreuzen – Ausdruck ihrer Religiosität, das ist alles, was in dem Haus Platz findet. An der Wand hängt ein Kunstdruck: Picasso, Kubismus, auch aus dem Müll. Was Rui aber wichtig ist: »Es gibt hier auf der Müllkippe nie Streit.«

»Nicht mal, wenn ihr wirklich einmal etwas Besonderes findet?«

»Nein. Wer etwas zuerst findet, dem gehört es auch.«

Wenn Rui de Jesus im Müll wühlt, wirkt er konzentriert – nicht anders als ein Programmierer, der gerade seine Software schreibt. »Ich muss aufpassen, dass ich nichts übersehe«, sagt er und gräbt mit seinen dreckigen Händen, die voller Schwielen sind, im Unrat des Tages. Wenn er etwas Brauchbares findet, legt er es auf die Seite.

Seine »Söhne« helfen mit. Bierdosen kommen in Plastiktüten, die Rui dann vom Müllauto platt fahren lässt. Erst dann wäscht er sie mit Wasser, denn er kann sie nur an die Recyclingstation auf dem Festland verkaufen, wenn sie sauber sind.

Die Bandbreite dessen, was für die Familie noch von Wert sein kann, ist groß. Am wichtigsten sind die Getränkedosen, denn davon gibt es am meisten, ein Kilo davon bringt 1,50 Reais – rund 40 Cent. Für ein Kilo Metall bekommt Ruis umgerechnet 1,10 Euro, für Schnapsflaschen sieben Cent, für einen alten Kühlschrankmotor 1,50 Euro. In guten Monaten machen Ruis und seine Familie 600 Reais (150 Euro), manchmal sind es auch nur 150 Reais (40 Euro).

»Wie bewertet ihr euer eigenes Leben?«, frage ich.

»Ich bin immer glücklich, wenn die Jungs genug zu essen haben«, sagt Maria, die von dem Geld vor allem Reis und Bohnen kauft. Und Schnaps für ihren Mann, ohne den er sein Leben vielleicht nicht aushalten könnte.

»Aber Rui ist gut zu mir. Meine früheren Männer haben mich geschlagen. Er würde das nie tun.«

Sie essen und trinken auch Nahrungsmittel, die sie im Müll finden, sonst würden sie oft Hunger leiden. Orangen, Brot, Getränkereste – Rui und seine Familie können es sich nicht erlauben, wählerisch zu sein. Gekocht wird auf einem Grill, unter dem Maria Feuerholz aus dem Wald abbrennt. Dort findet die Familie auch bei einer Quelle sauberes Wasser zum Waschen und Spülen, zur Toilette gehen sie ins Gebüsch.

»Manchmal finde ich auch so etwas«, sagt Rui. hält eine Dose Deodorant in die Höhe, sprüht sich den verbliebenen Inhalt unter die Achseln und lacht – ob selbstbewusst oder doch eher verschämt, lässt sich schwer sagen.

Eigentlich entspricht ein Leben, wie es Rui und seine kleine Familie fristen, nicht mehr der Zeit, in der Brasilien angekommen ist. Sicher klagt das Land momentan über eine Wirtschaftskrise. Man weiß nicht, wie es weitergeht. Aber ein Entwicklungsland wird Brasilien nicht mehr sein.

Zusammen mit China, Russland und Indien gehört Brasilien zu den Ländern, die die Investmentbank Goldman Sachs als »BRIC-Staaten« klassifiziert hat. Das sind die Schwellenländer mit den am schnellsten wachsenden Volkswirtschaften auf der Welt. Auch die Vereinten Nationen gehen davon aus, dass diese Länder bis zur Mitte des Jahrhunderts mit den etablierten Industrienationen auf einer Stufe stehen werden.

Aber das Land hat eben – es klang öfter an in diesem Buch – auch große Probleme: zum Beispiel Kriminalität, Korruption, eine marode Infrastruktur und ein desolates Bildungssystem. Neuerdings sogar eine wieder einsetzende Wirtschaftskrise.

Zwar wird die brasilianische Mittelschicht immer größer, was neben dem Wirtschaftswachstum vor allem den Reformen des Ex-Präsidenten Lula und seiner Nachfolgerin Dilma Rousseff, die inzwischen angeklagt und ihres Amtes enthoben wurde, zu verdanken ist. Die Wirtschaft schwächelt inzwischen wieder, sie hat aber dennoch eine gute Prognose, vor allem, weil sie nicht von einigen wenigen Märkten abhängig ist. Aber die gesellschaftliche Spaltung in Arm und Reich ist – egal, wie sich die Ökonomie weiterentwickelt – lange nicht überwunden.

»Wenn ich auf eine gute Schule gegangen wäre, ginge es mir heute besser«, glaubt auch Rui de Jesus, der Müllsammler. Er kann kaum lesen und schreiben, kommt wie seine Frau Maria aus dem armen Hinterland des Bundesstaates Bahia. Beide mussten schon als Kinder in der Landwirtschaft arbeiten und waren froh, wenn ihnen am Abend nicht vor Hunger der Magen schmerzte.

Heute bleiben den Kindern zumindest ihre Träume.

»Was wollt ihr einmal werden?«, frage ich die beiden Jungs.

Der kleine Marisvaldo sagt, er wolle später Polizist werden. Sein Bruder Cristiano weiß es noch nicht so genau. »Meine Lieb-

Die Familie und der Müll: Was andere wegwerfen,
ernährt vier Menschen übers ganze Jahr.

lingsfächer sind Portugiesisch und Sport«, sagt er und schneidet
eine Grimasse.

Für Rui de Jesus wäre eine funktionierende Müllentsorgung,
die für Außenstehende ein Zeichen des Wohlstands bedeutete,
erst einmal eine Katastrophe.

»Warum wäre das schlimm?«

»Ich war immer stolz darauf, dass ich nicht klauen gehe oder
Leute überfalle. Ich brauche diese Arbeit«, sagt er.

Seine Frau Maria nickt energisch. »Wir machen das, solange
Gott uns hier sein lässt. Und hoffen, dass wir nicht krank werden
durch den Müll«, bekräftigt sie.

Heute Abend, wenn die Fliegen weniger werden, dafür aber
die Moskitos durch die Luft schwirren, will sie Reis und Bohnen
für ihre Familie zubereiten. Wie meistens. Sie hätte auch gerne
ein Stück Fleisch dazu gebraten. Aber das war nicht drin. Es war
ein schwacher Monat, es ist wenig Geld da.

Rui wird ein paar Schlucke Schnaps die Gurgel runterspülen.
Es werden immer weiter viele Touristen kommen, auch nach

Morro, die allesamt viel trinken. Und danach ihre Bierdosen wegwerfen.

Ich verabschiede mich, gehe den langen Weg zurück und denke wieder viel nach. Irgendwie brennt mir jetzt der Kopf. Im
Hostel packe ich als erstes meine Schuhe, Socken und die restliche
Kleidung in einen Plastiksack und werfe sie weg. Ich dusche ausgiebig, aber irgendwie werde ich den Gestank nicht los an diesem
Tag. Es ist, als rächte sich nun, dass ich mich so weit vorgewagt
habe.

Dennoch war es richtig, nach dem kurzen Besuch mit Báda,
diese Müllkippe nochmals aufzusuchen. Ich werde dieses Erlebnis
nicht vergessen.

Am nächsten Morgen beschließe ich, einen Tag, bevor ich
Morro verlasse, doch noch einmal zur Inselverwaltung zu gehen.
Ich habe die unangenehmen Fragen für heute aufgespart.

»Waren Sie mal da oben? Haben Sie das gesehen?«, frage ich.

»Wir haben das Müllproblem von Morro durchaus im Visier.
Irgendwann wird er abgeholt und entsorgt. Wann genau, kann ich
noch nicht vorhersehen«, sagt Dona Petruska, die die Inselverwaltung als Umweltdezernentin in ihrem Büro am Hauptsträßchen
von Morro vertritt. Wie viel Müll die Insel überhaupt produziert,
kann sie nicht sagen.

Die Klimaanlage steht auf Maximum. So dreckig es da oben
war, so steril ist es hier im Büro. Je größer das gerade besprochene
Problem, desto raumgreifender werden die Gesten von Dona Petruska. Sie ist es gewohnt, Kontra zu geben.

»Es muss doch eine Lösung geben, den Müll anders zu entsor-
gen. Das kann doch nicht ewig so weitergehen!«, sage ich zu ihr.

Aber Dona Petruska spricht nicht gern vom Müll, lieber betet
sie vor, dass die Kriminalität im letzten Jahr um 50 Prozent gesun-
ken sei, obwohl die Population auf der Insel rasant ansteige, die
Favelas immer größer würden. Es gebe drei Anziehungsgründe,
die die Insel biete: Bildung für die Kinder, Arbeit für die Erwach-

senen, Gesundheit für alle zusammen. »Pull-Faktoren« würde das ein Professor für Demografie nennen, vielleicht von »Armutswanderern« sprechen. Ich erinnere mich bei ihrem Monolog an mein Soziologiestudium. Aber noch mehr denke ich an Rui und seine Familie.

Ich habe manchmal das Gefühl, Brasiliens Bevölkerung schätzt nicht genug, welch erhaltenswerte Natur ihr geschenkt wurde.

Dona Petruska doziert schnell und wechselt oft das Thema. Sie ist stolz darauf, dass in den letzten Jahren zwar ein Viertel weniger Touristen aus Europa kamen, dafür aber ein Viertel mehr Brasilianer. »Ihr habt wohl andere Probleme«, sagt sie und zuckt die Achseln. Sie glaubt, die Insel hat ihr Potenzial noch lange nicht ausgeschöpft. Zu den Müllmenschen will sie sich nicht weiter äußern. Vielleicht sind sie ihr peinlich. Vielleicht sind sie ihr egal. Vielleicht auch beides.

Epilog
Ein Prosit der Gemütlichkeit

Es ist seltsam, dass ich während all meiner Reisen nach Brasilien bisher nie die »deutscheste« aller Regionen des Landes besucht habe. In Blumenau gibt es eine verrückte Kopie des Münchner Oktoberfestes. Oft habe ich davon gehört, aber erst jetzt schaffe ich es, dorthin zu fahren.

Schon in Deutschland, bei der Planung der Reise, denke ich: Jetzt muss gefeiert werden! Begegnungen wie die auf der Müllkippe waren wichtig und wertvoll. Ich werde sie bei mir tragen und nicht vergessen. Aber zum Ende einer großen Reise durch dieses wunderbare Land muss einfach gefeiert werden. Es muss opulent gefeiert werden mit allem Drum und Dran, darauf bestehe ich. Nicht nur für die Leser, sondern auch für mich selbst.

Vielleicht ist Blumenau im Süden der richtige Ort, um das Eigene im Fremden wiederzufinden. Denn hier sind die Brasilianer ein bisschen deutsch. Und die Deutschen sehr brasilianisch. Je nach Perspektive. Oft hörte ich, dass Blumenau und sein berühmtes Oktoberfest eine lustige Melange der Kulturen ist und noch besser sein soll als die große Ausgabe in München. Also geht es für mich von Deutschland nach Rio und dann in den Bundesstaat Santa Catarina. Ein Flug nach Florianopolis, die Küstenstadt. Und weiter mit dem Bus nach Blumenau, die Vorfreude ist groß.

Als ich in Blumenau bin, checke ich in einem urigen alten Hotel im Fachwerkstil ein, gleich neben der Rezeption wird Fassbier ausgeschenkt. Ich bringe meinen Rucksack aufs Zimmer und melde mich telefonisch, wie in Deutschland schon via Email verabredet, bei Ivone Lemke, die für die Journalisten zuständig ist. Sie begrüßt mich ein wenig zurückhaltend, sehr deutsch eben, nachdem ich mit dem Taxi zum Festivalgelände gefahren bin, vorbei an Fachwerkhäusern mit Spitzdach und kleinen Fenstern. Ivone erklärt mir das Fest, den Ablauf, alles was so in den nächsten Tagen passieren wird. Dann gehe ich auf eigene Faust in einen der riesigen Festsäle und bin sofort mittendrin. Von der Decke hängen bunte Fahnen. Tische und Bänke bieten Platz für Esser und Trinker. Der Rest der Feiergemeinde steht vor der Bühne.

Was mir in etwas Entfernung zur Tanzfläche auffällt: Beim »Fliegerlied« ticken sie alle aus. Sogar die Gäste, die gerade eine mit weißer Schokolade ummantelte Brezel auf die Hand bekommen haben. João Carlos Cunico brüllt auf der Bühne in sein Mikrofon: »Und ich flieg, flieg, flieg, wie ein Flieger, bin so stark, stark, stark, wie ein Tiger«, flankiert von zwei Tänzerinnen im Dirndl; die Hände in den Hüften recken sie ihre Knie in die Luft. Der Disco-Nebel touchiert ihre Beine bis zu den Waden. Das Publikum tanzt, tollt, tobt.

Es ist eines der größten Oktoberfeste außerhalb Deutschlands. Die Veranstalter sagen sogar: das größte. Hier im Süden Brasiliens leben viele Nachfahren deutscher Einwanderer, hier schlägt das Herz ein bisschen europäischer als anderswo im Land.

Im ganzen Süden Brasiliens gibt es weitere, kleinere Oktoberfeste. »Kaum eine Gemeinde lässt sich lumpen, die Traditionen der Altvorderen feucht-fröhlich hochleben zu lassen, selbst wenn die Müller, Meier, Schulzes außer ›Prost‹ kein Deutsch mehr sprechen und Vornamen wie Julio, Carlos oder Guilherme (Wilhelm) tragen«, schreibt Carl D. Goerdeler in »Kulturschock Brasilien«.

Man könnte sagen: München ist original, Blumenau ist originell. Weil es so bunt und lebendig rüberkommt, wie Brasilien auch anderswo ist: in Rio, in Bahia oder am Amazonas – nur das Bier ist besser. Es ist ein Fest, das sich auf Deutschland bezieht, ohne zu deutschtümeln. Es ist eine Melange, die das Beste aus beiden Kulturen zu verbinden weiß. Das Gewicht der dominierenden Kultur verlagert sich hin und her wie auf einer Kinderwippe.

Ich darf den Sänger des Fliegerlieds am nächsten Tag schon vor dem Auftritt interviewen. Er hat mich zu sich nach Hause eingeladen. Cunico wohnt am Rande der Stadt in einem geräumigen Neubau, die Türklingel ist eine Kuhglocke, innen ist das Haus aber modern eingerichtet – kein Landhausstil.

Wenn Cunico zum Bajuwaren wird, zählt die Ordnung allein. Vor dem Auftritt legt der 37-jährige Musiker die Tracht an wie ein Ritter seine Rüstung. Socken. Stulpen. Kariertes Hemd. Lederhose. Hosenträger. Alles hängt sauber über der Lehne des grauen Stoffsofas in seinem Wohnzimmer. Für das Outfit hat er mehrere hundert Reais bezahlt. Cunico in der Lederhose: Markig. Schneidig. Fesch.

»Was habt ihr bloß mit diesem komischen Fliegerlied?«, will ich wissen, etwas peinlich berührt ob der Tatsache, dass dieser Schwachsinn hier als deutsche Kultur gefeiert wird.

Cunico kann kein Deutsch. Er hat sich der Sprache phonetisch genähert, weiß, wie man sie ausspricht. Was die einzelnen Worte bedeuten, weiß er nicht. Es habe einfach so gut funktioniert, das Fliegerlied vom deutschen Gaudi-Sänger Tim Toupet. »Da ist es zum Top Act in diesem Jahr geworden«, sagt Cunico.

Er nimmt mich in seinem Wagen mit zurück zum Festgelände. Wir reden ein wenig über Musik und schon sind wir da. Auf der Bühne – die darf ich mit hochsteigen, umarmt der Frontmann der »Stadtkapelle Blumenau« das Publikum mit seinem Gesang. Seine Augen schweifen über das Meer von Köpfen, auf denen die Lichtorgel ihre Strahlen explodieren lässt. Er singt »Rosamunde«, singt »Einer geht noch«, er singt »Alle Vöglein sind schon da«, er singt »Ein Prosit« und dazwischen ruft er in sein Mikrofon und kreist dabei – sehr brasilianisch – mit den Hüften.

Zum Ende des Auftritts, ich bin längst wieder in den hinteren Zuschauerbereich geflüchtet, breitet Cunico die Arme aus – einen Augenblick sieht er aus wie die Jesusstatue in Rio. Zwar steht auf der brasilianischen Nationalflagge »Ordnung und Fortschritt«, aber Cunico ist real-brasilianisch genug, um nicht ganz Deutscher zu sein. Bei ihm heißt die Symbiose: Ordnung und Tanzschritt.

Ich treffe einen »echten Deutschen«, der zum Brasilianer geworden ist. »Wie ist das mit der Curry-Wurst?«, frage ich den »Wiesn-Koch«.

»Es geht hier nicht um eine Kopie. Wir müssen unsere eigene Idee vom Oktoberfest entwickeln«, sagt Heiko Grabolle. Er sagt »wir«. Der deutsche Koch aus dem Sauerland lebt seit zwölf Jahren in Brasilien. Er berät das Oktoberfest in kulinarischen Fragen.

Zum Beispiel habe er die anderen Gastronomen gefragt, was sie mit Sauerkraut und Rotkohl aus der Dose zu tun gedächten. Dass beides besser schmecke, wenn man es kocht, statt es nur zu erhitzen. Sie dankten ihm für diese Tipps. Dieses Jahr will der 39-Jährige den Brasilianern die Curry-Wurst näherbringen.

Bratfettgeruch wabert durch die Luft. Stolz betätigt Grabolle an seinem eigenen Stand seine Wurstschneidemaschine, die er aus Deutschland mitgebracht hat. Er zeigt, wie schnell er seine weißen und roten Würste in Häppchen guillotiniert hat. An seinem Stand verkauft er auch Bockwurst, Krakauer und Bratwurst. Sie kosten alle umgerechnet drei Euro. Momentan sei die Wurst auf Platz drei der beliebtesten Gerichte, knapp geschlagen von der gefüllten Kartoffel auf eins und Eisbein auf Platz zwei.

»Worauf kommt es besonders an?«, frage ich ihn, als Süddeutscher durchaus interessiert, mehr über die Spezialität aus dem Ruhrpott und Berlin zu erfahren.

»Wichtig ist bei einer guten Curry-Wurst, dass frisches Schulter- und Beinfleisch verarbeitet wird, dazu Speck, das Ganze mit einem Fettanteil von 22 Prozent. Alles vom Schwein, denn Kalbfleisch, das in Deutschland mitunter verwendet wird, ist in Brasilien rar.« Das nenne ich eine kompetente Antwort.

Grabolle bestellt seine Würste bei einem Fleischer aus der Region. Die Schweine kommen aus einem Umkreis von weniger als 50 Kilometern.

Noch wichtiger sei natürlich die Soße. Was man dabei verkehrt machen kann?

»Die macht zwei Drittel des Geschmackserlebnisses aus«, sagt Grabolle mit einem Expertengesicht. Sein Rezept: Tomatensoße, Barbecue-Sauce, Worcestersauce, Curry und Wasser. Die Sauce – ihre Konsistenz muss sämig sein – kommt bei einer Temperatur von rund 70 Grad auf die geschnittene Wurst. Nur 15 Sekunden darf das Anrichten dauern, erklärt Grabolle.

Und er hat das Mischverhältnis für die Mitarbeiter auf ein großes Poster im Vorratsraum geschrieben.

»Traust du ihnen nicht?«, frage ich etwas höhnisch.

»Die Brasilianer improvisieren gerne. Bei der Curry-Sauce muss man aber genau sein.«

Abends bemühe ich mal wieder das Internet, um etwas über das Fest zu erfahren. Und ich sichte das Pressematerial, das mir Ivone Lemke gegeben hat. Meine Mission ist hier nicht nur Bier trinken.

Wenn München die Königin der Oktoberfeste ist, dann ist Blumenau die Kronprinzessin. Das bayerische Original stieg bisher 182, das brasilianische Fest 32 Mal. Die Dauer: 16 Tage in

München – 19 in Blumenau. Besucherzahl: 5,9 Millionen zu 483 000. Das getrunkene Bier: 7,9 Millionen Maß – gegenüber 622 000 Litern. Die gegessenen Schweinshaxen: 59 000 in München – von Blumenau gibt es nur eine allgemeine Zahl: 340 446 gegessene Teller mit deutscher Kost. Die Festivalfläche umfasst auf der Wiesn 42 Hektar – in Brasilien erstreckt sich das Gelände auf fünf Hektar über drei Hallen, einen Biergarten und ein paar Budenstraßen.

In München trinkt man aus Maßkrügen, in Blumenau aus Aluminium-, Glas- oder Plastikhumpen, jeder bringt sein eigenes Trinkgefäß mit und hängt es sich an einem Band um den Hals. Und noch ein Unterschied: Die Dirndl sind in Blumenau züchtiger als in München. Die Bluse der Deutsch-Brasilianerin ist meist hochgeschlossen und zeigt nicht allzu viel Dekolleté.

Viele Besucher sind im Trachtenstil gewandet: Dirndl eben, Sepplhüte mit falschen Gamsbärten, Lodenjanker, Karohemden, echte oder falsche Lederhosen, mal mit, mal ohne aufgestickte Blumenornamente. Für einige wenige Einheimische ist das gepflegtes Brauchtum, für die vielen Gäste aus anderen brasilianischen Regionen eine Gaudi im karnevalesken Stil.

Heiko Grabolle, der deutsche Koch, kam übrigens der Liebe wegen ins fünftgrößte Land der Erde. Er lernte seine spätere Frau als Tourist am Ballermann auf Mallorca kennen. Der erste Kuss: im »Oberbayern«. Wo sonst.

Seit er in Brasilien lebt, berät er Gastro-Unternehmen und Volksfeste und hat ein Kochbuch mit deutschen Gerichten geschrieben. Er hatte eine TV-Show mit Namen »Stammtisch«. Zudem ist er Chefkoch in einem Schulungsrestaurant.

»Kamst du gleich gut klar?«, habe ich ihn am Nachmittag gefragt.

»Ich musste mir erst einmal meinen Perfektionismus abgewöhnen. Hier gibt es einfach nur wenige Regeln. Aber in Deutschland wäre ich nur irgendein Koch. Hier bin ich *der* Koch.«

Den nächsten Morgen nutze ich, um etwas auszuschlafen, gegen elf Uhr bin ich aber wieder in der Festhalle. Ich will mehr über den Sänger Cunico und seine Band wissen. Und sie natürlich noch einmal auftreten sehen.

João Carlos Cunico ist dunkelhäutig, kam in Curitiba zur Welt, einer anderen Stadt im Süden. Seine Großmutter war Afro-Brasilianerin. Viele seiner Kumpels hätten sich früh für den Fußball entschieden – er wollte immer Musik machen, spielte als Zehnjähriger passabel Trompete und Posaune. Und das deutsche Liedgut – er hatte immer ein Faible dafür, er mochte den getragenen Klang und den gleichförmigen Rhythmus.

»Was gefällt dir am Deutschtum?«, frage ich Cunico.

»Von eurer Kultur habe ich gelernt, dass es manchmal auf Genauigkeit ankommt, auf Geradlinigkeit.«

Ich höre mir noch einmal das Fliegerlied an, das ich schon in Deutschland nicht leiden kann. Dann muss ich mich einmal ablenken vom Feierstress und gehe in Blumenau spazieren.

Im Zentrum der 300 000-Einwohner-Stadt sind viele Häuser im Fachwerkstil erbaut. Im 19. Jahrhundert kamen die deutschen Einwanderer in die Region, die meisten aus Pommern, Böhmen und Sachsen. Dort, wo in Blumenau noch Deutsch gesprochen wird, klingt es ein wenig altmodisch. »Willst anschmecken?« heißt zum Beispiel: Wollen Sie kosten? Ich beschließe, dieses Fest zu genießen, aber irgendwann einmal wiederzukommen, wenn es ruhiger ist.

Der ursprüngliche Grund, das Oktoberfest zu veranstalten, war eine Überschwemmung im Jahre 1983. Der Fluss Rio Itajaí trat über seine Ufer und verwüstete die Stadt. Das Fest sollte wirken wie ein deutsches Wirtschaftswunder, der Plan war, die Kosten für die Renovierung wieder reinzuholen, damit sich die Stadt wieder erholen konnte. Die Erwartungen wurden sogar noch übertroffen.

Das Fest ist heute nach dem Karneval das größte Massenevent Brasiliens – und ein echtes Familienfest. Probleme mit Gewalt und Kriminalität sind deutlich weniger verbreitet als anderswo in Brasilien – und auch als in München. Schlägereien auf dem Oktoberfest von Blumenau sind rar. Es gilt zudem die Null-Promille-Grenze im Straßenverkehr, trotz des vielen Bieres.

Dieses Bier ist tatsächlich ein Gedicht. »Eisenbahn« heißt die größte Brauerei am Ort – die Fabrik mit drei Braukesseln und 31 Biertanks steht nahe einer alten Bahnlinie.

Ich fahre mit dem Taxi hin, das Unternehmen ist nicht weit vom Stadtzentrum gelegen, man kann die Brauerei täglich besuchen und dabei auch Bier verkosten.

Als ich eintrete, fällt mir gleich auf, wie familiär und klein hier alles ist. Das bestätigen mir auch die Mitarbeiter, die ich bei meinem Rundgang treffe.

Hier wird mit 82 Mitarbeitern, 46 davon in der Produktion, nach dem deutschen Reinheitsgebot gebraut, 3000 Hektoliter im Monat. Es gibt die Sorten Pilsner, Lager, Helles, Dunkelbier, Weizen. Neu in der Produktion: ein Oktoberfestbier und ein Doppelbock nach belgischer Art mit starkem Hopfenanteil und 8,5 Prozent Alkohol.

Keine große Brauerei, aber dafür eine, die genau weiß, wo sie hingehört und was ihre Kunden verlangen.

Man könnte sagen: Brasilianer sind von der Globalisierung oft negativ betroffen. Aber manchmal leben sie uns vor, wie eine Wirtschaftsleistung auch anders als mit Ellenbogen erreicht werden kann.

Das bestätigt meine nächste Begegnung. Ich treffe Gerhard Bentling, den 65-jährigen, sehr rührigen Braumeister.

»Worauf kommt's an beim Bier?«, will ich wissen.

»Ein gutes Bier braucht Malz, Wasser, neuen Hopfen, Seele, Liebe – fertig«, sagt er. »Und natürlich auch Gerste.«

Das Bier ist so deutsch wie das Essen des Oktoberfestes.

Ich habe Hunger und will das Essen auf dem Fest probieren, nachdem mir der Taxifahrer auf dem Rückweg von der Brauerei versichert hat, dass es sehr lecker und »hundert Prozent deutsch« sei.

Da gibt es etwa ein großes Buffet mit Weißwurst, Schweinshaxe, Eisbein, Kassler, Spätzle, Kartoffelbrei, Sauerkraut mit Speck, Rotkohl und Bananen-Streuselkuchen, einer Weiterentwicklung von Omas Apfelkuchen.

Ich sehe weitere kulinarische Spielarten, so etwa eine Bude mit allen Varianten von Entengerichten, darunter ein Entenwurst-Hotdog mit Gorgonzola. Oder die Brezeln im Schokoladenmantel. Ich esse mich durch das Angebot und bin am Ende nicht von allem überzeugt. Aber Sauerkraut und die süße Brezel waren wirklich gut.

Und dann ist Samstag, der vorletzte Tag, an dem ich hier bin. Die Gäste strömen auf die Rua XV de Novembro, ehemals hieß sie »Wurststraße«. Der Umzug zieht durch die Stadt, schiebt sich wie ein Bandwurm an den Zuschauern vorbei, die auf den Gehsteigen dicht an dicht stehen, Humpen an Humpen.

Sogar das Wetter ist deutsch: Nieselregen und 15 Grad statt Tropendunst. 106 Gruppen, Trachtenkapellen mit Namen wie »Ente Straßenbahn« und »Fortsetzung«, Ringelreihen tanzende Mädchen mit Schwarzwälder Bollenhüten und Trommlergruppen defilieren vorbei. Hier und da meint man auch einen Samba-Rhythmus zu erkennen. Jedenfalls ist das hier mehr als Ahnenkult. Es gibt einen »Wurstwagen« und Lkw, auf denen die Oktoberfest-Bands aufspielen. Streetparade mit Blasmusik-Techno.

Dann nähert sich der behäbige »Schweinewagen«. Die Trachtengruppe singt: »Schwei, Schwei – Schweinewagen, Schwei, Schwei – Schweinewagen«. Die Idee sei ihnen in einer bierseligen Runde gekommen, sagt einer.

»Warum das denn?«, will ich wissen.

»Es muss hier ja nicht alles einen Sinn haben.« Er hebt den Humpen, stößt mit einem Kumpan an, so fest, dass das Bier wie

eine Fontäne in alle Richtungen spritzt. Danach ziehen die Schuh-
plattler über die Straße.

João Carlos Cunico hat heute ebenfalls seinen letzten Auftritt.
Ein Höhepunkt in seiner Show nach dem Umzug: »Bier her, Bier
her, oder ich fall um!« Cunico krächzt sich durch sein Repertoire.
Er wischt mit der Hand über seine verschwitzte Stirn. Dann das
Fliegerlied zum Schluss, Cunicos Lucky Punch: Diesmal feiern sie
nicht nur vor der Bühne ab.

Viele Gäste sind auf die Biertische geklettert; ein Wunder,
dass sie halten. Die Tanzenden haben eine eigene Choreografie
für das Lied gefunden, fuchteln mit Armen, springen mit den Beinen; die Meute verschmilzt zu einem großen Monstrum. Selbst
die Betrunkenen, die nur noch wanken wie Mondkälber, wanken
immerhin im Takt. Es ist ein tropischer Rausch, ja ein Feierfie-
ber, obwohl ich mich längst in subtropischen Gefilden aufhalte,
die in allen Belangen deutlich kühler daherkommen.

Mittlerweile ist aus dem Fremdschämen bei mir ein großes
Wohlwollen geworden. Warum müssen wir Deutschen auch immer meckern und maunzen? Ist doch okay, wenn deutsche Kultur
hier so begangen wird. Und gerade in der Mischung mit dem Brasilianischen hat es doch seinen Reiz.

Abends trinkt Cunico, der Sänger, ein Eisenbahn-Weizen, isst
ein Stück Schokoladenkuchen dazu.

Zu dem Zeitpunkt ist Heiko Grabolle noch beschäftigt. Seine
Küchenschürze ist voller Fettspritzer. Er achtet kaum auf die
Band, die nach Cunico auf der Bühne steht, auch nicht, als ihr
Sänger jodelt wie der Geißen-Peter aus Heidi.

Grabolle schneidet, rührt, lächelt und serviert. »Die Curry-
Wurst ist bestens angekommen. Wir haben über 26 000 davon
verkauft.«

Doch bevor das Fest zu Ende geht, braucht es noch eine neue,
von der Feiergemeinde gekrönte Königin. Im vergangenen Jahr
wurde Tamíris Gallois Ficht, 22, von einer Jury gewählt. Zwölf Mo-

nate tourte sie von Termin zu Termin, allerorten beschenkt mit Blumenbouquets, war sogar eine Woche in Deutschland.

Ich bin wieder ein bisschen aufgeregt, als ich die Schönheit interviewen darf. »Ich bin Juristin. Aber ich will umsatteln und Schauspielerin werden«, sagt sie. Den ganzen Abend war sie melancholisch, dass sie ihr Amt abgeben muss. Sie steht auf der Bühne mit zehn ausgewählten jungen Frauen, die sich beworben haben um den Job.

Jede kommt in Tracht und im Abendkleid. Sie müssen tanzen, denn tanzen heißt, Brasilianerin zu sein. Manche Mädchen überzeugen mit Deutschkenntnissen. Eine ruft in die Menge: »Ein Prosit der Gemütlichkeit!« Am Ende gewinnt sie, wiegt sich auf der Bühne hin und her. Da ist sie wieder, die Kinderwippe. Sie ist Deutsche. Sie ist Brasilianerin. Ordnung und Tanzschritt.

Ein paar Tage später sitze ich im Flieger nach Deutschland. Das ist immer ein seltsames Gefühl – auch ich spüre dann immer ein Stück Saudade, koste von dieser weltschmerzlichen Sehnsucht.

Ich kann den Schlusszeilen von Stefan Zweig in »Brasilien – Ein Land der Zukunft« nur beipflichten: »Alles Reisen in Brasilien heißt Entdecken und doch gleichzeitig Verzichten: Jeder sieht nur einen Teil, keiner kennt das Ganze. Aber wer klug ist, der ist auch dankbar und sagt in der rechten Stunde: genug für diesmal!« Ich muss jetzt auch mein Tropenfieber auskurieren, das mich, wenn ich ehrlich bin, über die ganzen Reisen auf irgendeine Art begleitet hat.

Aber es wird eine Rückkehr geben. Bald sogar. Zweig hat noch einmal so recht, wenn er sein Buch schließt mit dem Satz: »Wer Brasilien wirklich zu erleben weiß, der hat Schönheit genug für ein halbes Leben gesehen.«

Quellen und Literatur

Amado, Jorge: Gabriela wie Zimt und Nelken. Rowohlt, Reinbek 1966.

Bernecker, Walther L.; Pietschmann, Horst; Zoller, Rüdiger: Eine kleine Geschichte Brasiliens. Suhrkamp, Frankfurt am Main 2000.

De Moraes, Vinicius: Antologia Poética. São Paulo 1992.

De Oliveira Pinto, Tiago; Tucci, Dudu: Samba und Sambistas in Brasilien. Noetzel, Wilhelmshaven 1992.

Döblin, Alfred: Amazonas. Deutsche Buchgemeinschaft, Berlin Darmstadt Wien 1963.

Ferreira, Felipe: O Livro de Ouro do Carnaval Brasileiro. Ediouro, Rio de Janeiro 2004.

Goerdeler, Carl D.: Kulturschock Brasilien. Reise Know-how Verlag Bielefeld 2006.

Müller, Robert: Tropen. Reclam, Stuttgart 1993.

Niemeyer, Oscar: Wir müssen die Welt verändern. Antje Kunstmann Verlag, München 2013.

Rainer, Fabian: Das Rauschen der Welt. Klett-Cotta, Stuttgart 2003.

Ribeiro, João Ubaldo: Ein Brasilianer in Berlin. Aus dem brasilianischen Portugiesisch von Ray-Güde Mertin. © Suhrkamp Verlag

Frankfurt am Main 1994. Alle Rechte bei und vorbehalten durch Suhrkamp Verlag Berlin.

Schaeber, Petra; Busch, Alexander: Bahia. Dumont, Köln 2001.

Schwarz, Thomas: Robert Müllers Tropen – Ein Reiseführer in den imperialen Exotismus. Synchron, Heidelberg 2006.

Wunn, Andreas: Brasilien für Insider – Nahaufnahme eines Sehnsuchtslandes. © 2014 Wilhelm Heyne Verlag, München, in der Verlagsgruppe Random House GmbH.

Zweig, Stefan: Brasilien – Ein Land der Zukunft. Insel, Frankfurt am Main 1981.

Internet:
www.survivalinternational.de/indigene/brasiliens

PAPERBACK, 248 SEITEN
ISBN 978-3-7701-8273-2
PREIS 14,99 € [D]/15,50 € [A]
AUCH ALS E-BOOK ERHÄLTLICH

DUMONTREISE.DE

Stadt im Rausch

*Auf der Suche nach dem
Glück in Las Vegas*

von Christoph Wöhrle

Es gibt viele Arten von Glück in Las Vegas: Glück im Spiel, Glück in der Liebe oder Glück im Big Business. Aber es gibt hier auch viele Verlierer, die bei all diesem Glück nicht mithalten können. »Stadt im Rausch« ist ein Buch über die Glücksritter von Las Vegas, über ihre Träume, und das, was daraus wurde. Christoph Wöhrle trifft Pokerspieler, Stripperinnen, Boxer, Unternehmer, Magier und Obdachlose, die alle ihre Fortune in Sin City gesucht und herausgefordert haben. Und natürlich probiert er sich auch selbst am Spieltisch, er lässt sich nach einer durchzechten Nacht den Kater von einem Arzt wegdoktern, er versucht erfolglos, einen Hamburger mit acht Lagen Fleisch zu essen, und er sucht nach den Gegensätzen der Glitzermetropole, pendelt zwischen denen, die es nach ganz oben geschafft haben, und denen, die es nach ganz unten zog. Die Stadt ist für ihn eine Amour Fou geworden, in deren Arme es ihn immer wieder treibt. En passant bereist er die Gegend rund um die Neonmetropole in der Wüste, er nimmt die Leser mit in ein Indianerreservat oder zum wunderschönen Lake Mead. »Stadt im Rausch« ist ein Buch für Las Vegas-Fans und für Las Vegas-Hasser, für USA-Reisende und für Liebhaber guter Geschichten.

PAPERBACK, 288 SEITEN
ISBN 978-3-7701-8270-1
PREIS 14,99 € [D]/15,50 € [A]
AUCH ALS E-BOOK ERHÄLTLICH

DUMONTREISE.DE

Unter dem Schutz des heiligen Gaucho

Siebentausend Kilometer durch Argentinien

von Christoph Gurk

Als der Reisebus plötzlich mitten im Nirgendwo hält, lernt Christoph Gurk Argentiniens größten Volksheiligen kennen: »Gauchito Gil«. Direkt neben der Landstraße liegt sein Grab, Hunderttausende pilgern jedes Jahr zu ihm. Mit Rotwein, Zigaretten und roten Kerzen bedanken sie sich beim heiligen Gaucho für Glück in der Liebe, einen neuen Job oder eine sichere Fahrt. Eine Kerze für eine gute Reise: Für Christoph Gurk klingt das nach einem gutem Geschäft. Und so bricht er auf, monatelang fährt er durch Argentinien. Das Land ist arm und reich, laut und hektisch, südamerikanisch und europäisch. Der Autor »erfährt« sich sein Argentinien, ist in den Häuserschluchten von Buenos Aires ebenso unterwegs wie in den Weiten Patagoniens. Dabei begegnet er einem Land im Umbruch: Vom Rinder- zum Sojastaat, vom Agrarland zur Industrienation, vom Krisenopfer zum Wirtschaftswunder und wieder zurück. Er sieht ein Argentinien fernab von Fußball, Steaks und Tango, gekennzeichnet von Krisen und Korruption, aber ebenso von Heimatliebe, Lebensfreude und unbändigem Optimismus.

Paperback, 336 Seiten
ISBN 978-3-7701-8269-5
Preis 14,99 € [D]/15,50 € [A]
Auch als E-Book erhältlich

DUMONTREISE.DE

Hymnus –
Die Suche nach Amerika

*Ein Roadtrip
von Küste zu Küste*

von Dennis Freischlad

Mit seinem Gefährten »Mister Jefferson«, einem fünfundzwanzig Jahre alten Van, begibt sich Dennis Freischlad auf einen dreimonatigen Roadtrip durch die Vereinigten Staaten. Es ist eine Reise von Küste zu Küste, auf der er zwischen New York und Kalifonien dem amerikanischen Mythos in vielerlei Facetten begegnet, während er den großen Erzählungen, Liedern und Sehnsüchten des Landes nachspürt. In New York, Tennessee, der Mississippi-Region, New Orleans und Texas findet er an den Stätten großer Musikgeschichte zugleich die Spuren der sozialen, politischen und kulturellen Umbrüche des Landes. Zwischen der ursprünglichen Siedlerkultur in den Weiten Amerikas und der High-Tech-Industrie im Silicon Valley spürt er der Seele des Landes und dem sprichwörtlichen American Way of Life nach. Das Buch ist zugleich ein Hymnus an das Unterwegssein und das Leben an sich: Neben einer Bestandsaufnahme der USA, die der Autor mit Herz, Sinn und Verstand wiedergibt, lässt er uns in kraftvollen poetischen Bildern an den Geschehnissen und Begegnungen teilhaben, die ihn auf seinem Weg erwarten – fast so, als säße man auf dem Beifahrersitz.

PAPERBACK, 264 SEITEN
ISBN 978-3-7701-8262-6
PREIS 14,99 € [D]/15,50 € [A]
AUCH ALS E-BOOK ERHÄLTLICH

Up & Down Under

Mit Kind und Känguru durch Australien

von Martin Wittmann

Australien gilt als warmer Sehnsuchtsort für Urlauber, die Easy-Going, Strand und Kängurus suchen. Bei genauerem Hinsehen aber zeigt sich das Land als vielschichtiger und widersprüchlicher Kontinent. Martin Wittmanns Reise ist voller besonderer Eindrücke und intensiver Erlebnisse: Er taucht am Great Barrier Reef mit Haien, trifft an der Westküste Aborigines, er spricht am Bondi Beach mit einem dreizehnjährigen Wunderkind und einem neunzigjährigen Rettungsschwimmer. Er wird beim Rafting in Tasmanien fast aufgespießt und auf einer Kreuzfahrt an der Ostküste um einige Kilo schwerer. Und Wittmann fragt sich: Was ist das für ein Land, in dem die Menschen freundlicher und fieser sind als an jedem anderen Ort der westlichen Welt? Wo Probleme wie der Klimawandel mit Ozonloch, Hautkrebs und Buschbränden zur Lebenswirklichkeit gehören? Wittmanns Reise über den südlichen Kontinent ist mehr als ein entspannter Roadtrip mit Familie, er schaut genau hin und entdeckt dabei eine Welt, die der unseren ähnlich und doch ganz anders ist.

PAPERBACK, 504 SEITEN
ISBN 978-3-7701-8264-0
PREIS 16,99 € [D]/17,50 € [A]
AUCH ALS E-BOOK ERHÄLTLICH

DUMONTREISE.DE

Wilde Küste

Durch Sumpf und Regenwald zwischen Orinoco und Amazonas

von John Gimlette

Übersetzt von Corinna Wieja

Zwischen Orinoco und Amazonas liegt im Nordosten Südamerikas ein Flecken Erde, den kaum jemand kennt. Guyana, Suriname und Französisch-Guiana werden bis heute von Dschungel und Wasser beherrscht. Die frühen Konquistadoren Südamerikas machten einen Bogen um dieses Gebiet, dessen Kolonialgeschichte schließlich Holländer, Briten und Franzosen prägten. John Gimlette begibt sich auf eine Reise entlang der neunhundert Kilometer langen Sumpfküste und durch ihr wildes Hinterland und sammelt dabei verwunderliche Geschichten und Hinweise auf eine erstaunliche Vergangenheit ein. Er stößt in unzugänglichen Regenwald vor, trifft auf die Verstecke entlaufener Sklaven und ehemalige Strafgefangenenlager, seltsame Forts und weltabgeschiedene Eingeborenensiedlungen – aber auch auf einen Weltraumbahnhof. Er begegnet Rebellen, Banditen und Hexenmeistern und sieht sich in Jonestown um, wo 1978 Hunderte Amerikaner dem Anführer ihrer Sekte in den Tod folgten. Wie über so viele andere Ereignisse hat der Dschungel auch darüber längst wieder das Tuch des Schweigens gelegt. Spannend und humorvoll geschrieben, öffnet das Buch die Tür zu einer wunderschönen, bizarren Küste, die zu den vergessenen Winkeln dieser Welt gehört.

PAPERBACK, 256 SEITEN
ISBN 978-3-7701-8253-4
PREIS 14,99 € [D]/15,50 € [A]
AUCH ALS E-BOOK ERHÄLTLICH

DUMONTREISE.DE

Das verlorene Paradies

Eine Reise durch Haiti und die Dominikanische Republik

von Philipp Lichterbeck

Was tut man, wenn man während eines Vodou-Rituals in Haiti plötzlich zum Objekt der Zeremonie auserkoren wird? Was haben Sextouristen in der Dominikanischen Republik mit Kolumbus gemein? Warum ist Haiti eines der ärmsten Länder der Welt, obwohl Milliarden von Dollar in die winzige Nation gepumpt werden? Philipp Lichterbeck ist mehrere Monate durch die Dominikanische Republik und das erdbebenversehrte Haiti gereist. In Sosúa traf er einen Aussteiger, der die Menschheit mit seinen Raumschiffen retten will, in den dominikanischen Zentralkordilleren den Hexenjäger Bernardo Távarez und in Port-au-Prince zwei Bildhauer, die aus Schrott und Menschenschädeln Weltkunst montieren. Er war auf seiner Reise ganz unten: bei den Minenarbeitern, die den Halbedelstein Larimar schürfen. Und er war ganz oben: auf der Citadelle La Ferrière, dem »Machu Picchu Haitis«. Philipp Lichterbecks einundzwanzig Storys sind mal witzig, mal abenteuerlich, mal tragisch. Zusammengesetzt ergeben sie das Porträt einer Insel, auf der Schönheit, Kreativität und Witz neben Korruption, Gewalt und Ausbeutung existieren.

Paperback, 272 Seiten
ISBN 978-3-7701-8251-0
Preis 14,99 € [D]/15,50 € [A]
Auch als E-Book erhältlich

DUMONTREISE.DE

DUMONT

»Beste Symbiose von Krimi
und Infotainment ...«
Rüdiger Nehberg, TARGET

Der Mann, der den Tod auslacht

Begegnungen auf meiner Reise durch Äthiopien

von Philipp Hedemann

»Wer nicht reist, wird immer glauben, dass seine Mutter die beste Köchin ist«, lautet ein afrikanisches Sprichwort. Philipp Hedemann wollte wissen, wie andere Mütter kochen und reiste mit dem Geländewagen mehrere Tausend Kilometer durch Äthiopien. Er ließ sich von einem Aidsheiler den Teufel austreiben, lachte mit dem äthiopischen Lachweltmeister, besuchte die heilige Quelle des blauen Nils, bestieg den höchsten Berg des Landes und wäre beinahe Mönch geworden. Er traf Flüchtlinge in trostlosen Lagern und versuchte, das Rätsel der Bundeslade, in der die Zehn Gebote verwahrt werden, zu lüften. Er fürchtete in der Danakil, der heißesten Wüste der Welt, von Rebellen entführt zu werden, und trainierte mit äthiopischen Wunderläufern. Er feierte mit bekifften Rastafaris den Geburtstag Haile Selassies und fütterte wilde Hyänen ...

»Der Mann, der den Tod auslacht« erzählt von abenteuerlichen Reisen und spannenden Begegnungen und porträtiert unterhaltsam ein geheimnisvolles und widersprüchliches Land im Osten Afrikas.

PAPERBACK, 312 SEITEN
ISBN 978-3-7701-8254-1
PREIS 14,99 € [D]/15,50 € [A]
AUCH ALS E-BOOK ERHÄLTLICH

DUMONTREISE.DE

DUMONT

»*Im wahrsten Sinne eine Reise der Extreme*«

Axel Lischke, Tontechniker

Über die Anden bis ans Ende der Welt

8000 Kilometer Motorrad extrem

von Thomas Aders

»Ich segne die Motorräder mit den amtlichen Kennzeichen NG 71981 und 71988.« Der wettergegerbte Priester Julio Mamani gießt hochprozentigen Schnaps über die staubigen Straßenmaschinen des Fernsehteams, in der anderen Hand schwenkt er den getrockneten Fötus eines Lamas. Schnellsegen auf 4300 Metern Höhe, in der Nähe eines Andenpasses in Bolivien. Gleich werden ARD-Südamerikakorrespondent Thomas Aders und sein Kollege den »Camino de la muerte« hinunterfahren, eine halsbrecherische Route, die über 3000 Höhenmeter hinunter ins tropische Tal der Yungas führt. Eine enge Schlaglochpiste, glitschig wie Schmierseife, extremes Gefälle, keine Leitplanken, kein Warnschild. Nebenan geht es senkrecht in die Tiefe. Hunderte Menschen sind hier zu Tode gekommen. Der »Weg des Todes« ist die gefährlichste Straße der Welt. Eine Episode aus der fast siebenwöchigen Tour, die das Team um den Journalisten Thomas Aders von Peru über Bolivien bis nach Feuerland bringt. Spannungsgeladen und dramatisch, witzig und hautnah schildert der Autor seine Erlebnisse in Südamerika. Sie sind extrem für Technik und Team, bis hin zu Höhenkrankheit, Lungenentzündung, vollkommener Erschöpfung und mehreren Beinahe-Katastrophen.

PAPERBACK, 408 SEITEN
ISBN 978-3-7701-8268-8
PREIS 14,99 € [D]/15,50 € [A]
AUCH ALS E-BOOK ERHÄLTLICH

Dschungelfieber und Wüstenkolle

*Abenteuer
West- und Zentralafrika*

von Wolf-Ulrich Cropp

Als kleiner Junge hatte Wolf-Ulrich Cro
bei seinem Großvater den ›Urwalddokt
Albert Schweitzer kennengelernt. Der
Wunsch, dessen Hospital in Lambaréné
zu besuchen, ist der Anlass für eine gro
Reise durch West- und Zentralafrika.
Cropp reist von Gabun in den Urwald
des Kongobeckens, geht mit Pygmäen
sammeln und jagen, beobachtet Elefant
und Gorillas aus nächster Nähe und erfährt Erstaunliches über unsere nächste
Verwandten, die Bonobos. Eine Piroger
fahrt auf dem Kongo bringt ihn ins dun
Herz Afrikas, wo er mit Kindersoldaten
konfrontiert wird. In N'Djamena schlie
er sich einer Expedition in die kaum
erforschte Wüste des Nord-Tschad an.
Hier brodelnde Metropolen, in denen d
Menschen bis heute einer Geister- und
Dämonenwelt ergeben sind, dort fiebri
Dschungel mit unberechenbarer Urnatt
oder die Einsamkeit der Wüste: Stets ge
es dem Autor darum, das Afrika hinter
den Kulissen zu entdecken. Es bringt Fa
zinierendes und Überraschendes, biswe
len auch Groteskes und Erschreckendes
zum Vorschein und ist für den Autor nic
immer ganz ungefährlich ...

Paperback, 384 Seiten
ISBN 978-3-7701-8258-9
Preis 14,99 € [D]/15,50 € [A]

*»Ein spektakuläres
Reportage-Buch«*

Stern

Mein russisches Abenteuer

*Auf der Suche nach der wahren
russischen Seele*

von Jens Mühling

Als der Journalist Jens Mühling in Berlin den russischen Fernsehproduzenten Juri kennenlernt, verändert sich sein Leben. Juri, der deutschen Sendern erfundene Geschichten über Russland verkauft, sagt: »Die wahren Geschichten sind viel unglaublicher als alles, was ich mir ausdenken könnte.« Seitdem reist Jens Mühling immer wieder nach Russland, getrieben von der Idee, diese wahren Geschichten zu finden.

Die Menschen, denen er unterwegs begegnet, sind das echte Russland. Eine Einsiedlerin in der Taiga, die erst als Erwachsene erfahren hat, dass es jenseits der Wälder eine Welt gibt. Ein Mathematiker, der tausend Jahre der russischen Geschichte für erfunden hält. Ein Priester, der in der atomar verseuchten Sperrzone von Tschernobyl predigt. »Mein russisches Abenteuer« ist eine Reiseerzählung, die durch das heutige Russland führt. Aus ganz persönlicher Perspektive porträtiert Jens Mühling eine Gesellschaft, deren Lebensgewohnheiten, Widersprüche, Absurditäten und Reize hierzulande nach wie vor wenigen vertraut sind.

DUMONTREISE.DE

DUMONT